职业教育教材
大学生通识教育
“健康中国2030”素质教育系列教材
高等院校数字化融媒体特色教材

Health Education of University Students

大学生健康教育

茅小燕 主 编
黄爱平 周幼龙 副主编

ZHEJIANG UNIVERSITY PRESS
浙江大学出版社
·杭州·

图书在版编目（CIP）数据

大学生健康教育/茅小燕主编．—杭州：浙江大学出版社，2023.8

ISBN 978-7-308-23943-1

Ⅰ．①大… Ⅱ．①茅… Ⅲ．①大学生—健康教育 Ⅳ．①G647.9

中国国家版本馆CIP数据核字(2023)第122201号

大学生健康教育

DAXUESHENG JIANKANG JIAOYU

茅小燕　主编

策划编辑　阮海潮（1020497465@qq.com）
责任编辑　阮海潮
责任校对　王元新
封面设计　续设计
出版发行　浙江大学出版社
（杭州市天目山路148号　　邮政编码　310007）
（网址：http：//www.zjupress.com）
排　　版　杭州林智广告有限公司
印　　刷　浙江临安曙光印务有限公司
开　　本　787mm×1092mm　1/16
印　　张　14.25
字　　数　279千
版 印 次　2023年8月第1版　2023年8月第1次印刷
书　　号　ISBN 978-7-308-23943-1
定　　价　43.00元

浙江大学出版社市场运营中心联系方式：0571－88925591；http：//zjdxcbs.tmall.com

《大学生健康教育》编委会

主　编　茅小燕

副主编　黄爱平　周幼龙

编　者（以姓氏笔画为序）

吴晓霞　余春霞

茅小燕　周幼龙

黄爱平

前　言

《“健康中国2030”规划纲要》明确提出：“加大学校健康教育力度。将健康教育纳入国民教育体系，把健康教育作为所有教育阶段素质教育的重要内容。”高等教育阶段是高校学生身心成长成熟、健康素养形成的重要时期，高校学生是传播健康理念、引领健康生活方式的重要人群。高校要更新观念、创新形式、落实载体、完善制度，全方位、多途径、多形式开展健康教育和健康促进工作，帮助学生树立健康意识，掌握健康技能，养成文明生活方式，促进身心健康和全面发展。

为了适应我国高等学校健康教育发展的需要，以习近平新时代中国特色社会主义思想和党的二十大精神为指导，根据教育部等五部门发布的《关于全面加强和改进新时代学校卫生与健康教育工作的意见》（教体艺〔2021〕7号）文件的指示精神，结合大学生所面临的健康问题，本着注重素质培养、整体优化教育的原则，我们组织一线教师编写了这本《大学生健康教育》。本教材共分七章，分别为健康与健康教育，健康生活方式，疾病预防，性与生殖健康，心理健康，意外、灾难与自救互救，安全合理用药。在编写过程中根据大学生生长发育规律和身心特征，紧密联系大学生的学习生活实际，力求满足广大学生对健康知识的需求，解决当前大学生在生活、学习以及行为习惯等方面存在的困惑和问题，切实为大学生的身心健康成长提供指导与帮助。本书可作为高校健康教育教材，也可作为在校大学生医学卫生的普及读本。

本教材结构紧凑，重点突出，语言通俗易懂，以应用为主。各章正文之前列出了“学习目标”，帮助学生了解学习内容，给老师备课和教学提供思路；正文中设置了互动小测试、拓展阅读、交流与讨论等模块。每章都设有二维码，扩展教材外延。读者通过扫描二维码不仅能观看相关视频，还能阅读相关文件及PPT课件，引导学生内化健康知识、掌握健康技能，培养学生独立获取信息、分析和解决问题的能力。

在编写过程中，我们参考了大量的文献资料。在此，我们向相关参考文献的作者表示诚挚的谢意。

尽管我们在编写本书时已竭尽所能，但由于编者水平有限，书中难免存在疏漏与不当之处，敬请专家、同仁和读者批评指正。

编　者

2023年7月

CONTENTS 目录

第一章

健康与健康教育

学习目标

1.理解健康和亚健康的概念，树立现代健康意识

2.掌握影响健康的主要因素

3.理解对大学生进行健康教育的意义

4.学会分析影响个人、他人、社会健康的各种相关因素，提高自觉维护个体和社会健康的责任感

第一节　健康与亚健康

健康是人类生存和发展的最基本条件之一，是人类基本的权利、最大的财富、永恒的追求。“健康中国”战略将维护人民健康提升到国家战略的高度。大学生是祖国未来持续发展的动力，正处于人生成长的关键时期，不仅要努力学习，争取成为国家的栋梁，同时要关注健康，提升健康素养。对大学生来说，健康是一种责任，对自己、对家人、对社会的责任；健康更是一种能力，让自己健康、让家人健康以及维护社会人群健康的能力。《“健康中国2030”规划纲要》明确提出：“加大学校健康教育力度，将健康教育纳入国民教育体系，把健康教育作为所有教育阶段素质教育的重要内容。”

一、健康的概念

健康是一个发展的、动态的概念，在不同的历史时期，人们赋予健康的内涵不尽相同。20世纪以前，“健康”通常被简单地定义为“机体处于正常运作状态，没有疾病”。随着经济社会和科技文化的发展以及医学模式的转变，人们对于健康的认识不断提高，并赋予了健康新的含义。

1948年，世界卫生组织（WHO）在《世界保健大宪章》中提出：“健康不仅仅是没有疾病和虚弱，而且是一种身体上、心理上和社会适应上的完好状态。”1990年，

WHO又对健康的定义进行了补充："躯体健康、心理健康、社会适应性良好和道德健康四个方面都健全，才是完全健康的人。"可见，现代健康包括四个方面，即生理健康、心理健康、社会适应性良好和道德健康。

（一）生理健康

生理健康又称躯体健康，是指人的机体及其生理功能方面的健康，包括身体发育正常、体重适当、体形匀称、眼睛明亮、头发有光泽、皮肤有弹性、睡眠好、具有良好的健康行为和习惯、对致病因子有较强的免疫力、对伤病有较强的自我修复能力。生理健康是健康人的基础和重要特征之一。

（二）心理健康

心理健康是指人的精神、情绪和意识方面的良好状态，包括智力发育正常、自我人格完整、心理平衡、有正确的人生目标和较好的自控能力、精力充沛、情绪稳定、处事乐观、能从容不迫地担负日常生活和工作而不感到过分紧张与疲劳、思想和行为符合社会准则及道德规范、与周围环境保持协调、具有追求健康文明生活方式的主观愿望和自觉行动，并且能够对健康障碍采取及时、合理的预防、治疗和康复措施。

（三）社会适应性良好

社会适应性良好是指人的外显行为和内隐行为都能适应复杂的社会环境变化，能为他人所理解，为社会所接受，行为符合社会身份，与他人保持正常的人际关系。同时，还应该接受良好的文化教育，掌握与自身发展和社会进步相适应的科学知识或专业技能，培养从事生产劳动及其他社会事务的综合素质，不断丰富人生经历，积累人生经验，增强社会适应能力。

（四）道德健康

道德可简单解释为懂得做人的道理和具备应有的品德。道德健康是指能用社会规范的细则和要求支配自己的行为，能为人类的幸福做出贡献，表现为思想高尚、有理想、有道德、守纪律。其强调通过提升社会公共道德来维护人类的健康，要求每个社会成员不仅要为自己的健康承担责任，更要对社会群体的健康承担社会责任。

上述四个层次的健康，相辅相成，互相渗透，共同构成了健康的基本内涵。通常所说的健康状况、健康水平，实际上就是对某一个个体或人群这四个层次的综合评价。

二、健康的标准

根据健康的定义，WHO提出了衡量人体健康的十条标准。

（1）精力充沛，能从容不迫地担负日常生活和繁重工作而不感到过分紧张与疲劳；
（2）处事乐观，态度积极，乐于承担责任，心胸开阔；
（3）精神饱满，情绪稳定，善于休息，睡眠良好；
（4）应变能力强，能适应外界环境的各种变化；
（5）能够抵抗普通感冒和传染病；
（6）体重适当，体形匀称，站立时头、臂、臀位置协调；
（7）眼睛明亮，反应敏捷，眼睑不发炎；
（8）牙齿清洁，无缺损和龋齿，不疼痛，牙龈无出血、颜色正常；
（9）头发有光泽，无头屑；
（10）骨骼健康，皮肤、肌肉富有弹性，步伐轻松自如。

三、亚健康的概念

亚健康状态又称“次健康”或“第三状态”，它是个体处于健康和疾病之间的一种状态，临床检查无明显疾病，但身体各系统的生理功能和代谢能力降低。亚健康的常见表现是容易疲劳、焦虑烦躁、头痛失眠、胃口差、便秘、口苦、出虚汗、经常感冒、口腔溃疡、人际关系不协调、家庭关系不和谐、性功能障碍等，但是各项医学检查均未发现异常。人体亚健康状态具有动态性和两重性，如能及时调控，可恢复到健康状态，否则容易发展成疾病。

这些表现可以通过强化营养、心理、伦理等对人体健康的正面影响因素，积极促进个体由亚健康向健康转化。此外，亚健康状态需要与疾病的无症状现象相区别，后者虽然没有疾病的症状和体征，但存在病理改变及临床检测结果的异常，本质上为疾病，如“无症状缺血性心脏病”。从某种意义上说，人体亚健康状态可能是疾病无症状现象的更早期形式。

随着社会的发展、生活节奏的加快，很多年轻人工作压力大、过度疲劳、习惯不良、营养失衡等，造成亚健康的人逐渐增多。近些年来调查发现，现代人群中符合WHO健康标准者仅占15%，病人占15%，亚健康者高达70%。

四、亚健康的类型

根据亚健康状态的临床表现，将其分为躯体亚健康、心理亚健康、社会适应性亚健康和道德亚健康。

1. 躯体亚健康

躯体亚健康主要表现为不明原因或排除疾病原因的躯体性症状。①自觉不适感觉，但又难以确诊的“不定陈述综合征”；②某些疾病的临床前期表现：疲劳、虚弱、周身不适、活动时气短、出汗、腰酸腿痛、月经紊乱等；③难以明确其病理意义的“不明原因综合征”：如更年期综合征、神经衰弱综合征、疲劳综合征等；④某种病原携带状态：如乙肝病毒携带者、结核杆菌携带者；⑤某些临床检查的高、低限值状态：如血脂、血压、心率偏高状态和血钙、血钾、铁等偏低状态；⑥高致病危险因子状态：如超重、吸烟、过度紧张、血脂异常、血糖或血压偏高等。

2. 心理亚健康

心理亚健康主要表现为不明原因的急躁、焦虑、抑郁、担心、恐惧、脑力疲劳、情感障碍、自卑以及反应迟钝、失眠多梦、注意力不集中、记忆力减退，有时甚至产生自杀念头。这些症状若长期持有便会造成心理病患，甚至诱发心脏病或癌症。心理亚健康的人对环境与挫折的反应，通常更多地表现出消极被动的倾向。

3. 社会适应性亚健康

社会适应性亚健康突出表现为对生活、工作、学习等环境难以适应，与他人之间的心理距离加大，交往频率下降，人际关系紧张等。研究发现，人们受教育程度的提高，独立意识和自我意识的增强，信息接收来源的广泛、及时和量的扩充，个性发展的多样化，人们相互间的竞争关系强化、利益冲突增加，都会导致人际关系淡化。孤独、冷漠、自卑、猜疑、自闭等情绪在人与人之间筑起了一道道屏障，这是现代人心理障碍的又一个重要因素。尤其是年纪较大的人容易患上感情综合征和社会不适应证，产生一种被社会抛弃和遗忘的强烈孤独感。角色的错位和不适应是社会适应性亚健康的集中表现。

4. 道德亚健康

道德亚健康主要表现为在世界观、人生观和价值观上存在着明显的损人利己或者损人害己的偏差和越轨，道德发生一定的扭曲。

互动小测试

亚健康症状评分

	经常（5分）	偶尔（3分）	很少（1分）
经常打哈欠			
会失眠			

续表

	经常（5分）	偶尔（3分）	很少（1分）
喜欢把腿放在高处			
周日的晚上会有上学恐惧症			
不愿意跟上级或者熟人见面			
晚上能多晚睡就多晚睡			
经常坐着发呆			
爬楼梯时经常绊脚			
不是很渴就想不到去喝水			
怎么也想不起朋友的名字，或者到嘴边的地名突然忘了			
体重突然下降或上升，觉得无所谓			
便秘，或者一有风吹草动，肚子就不舒服			

结果分析：12～23分，健康状况良好；24～41分，令人担忧，需要注意；42～60分，比较糟糕。

拓展阅读

《“健康中国2030”规划纲要》

《“健康中国2030”规划纲要》是推进健康中国建设的宏伟蓝图和行动纲领。坚持以人民为中心的发展思想，以提高人民健康水平为核心，以体制机制改革创新为动力，以普及健康生活、优化健康服务、完善健康保障、建设健康环境、发展健康产业为重点，把健康融入所有政策，加快转变健康领域发展方式，全方位、全周期维护和保障人民健康，大幅提高健康水平，显著改善健康公平，到2030年具体实现以下目标：

- 人民健康水平持续提升。人民身体素质明显增强，人均健康预期寿命显著提高。
- 主要健康危险因素得到有效控制。全民健康素养大幅提高，健康生活方式得到全面普及，有利于健康的生产生活环境基本形成。
- 健康服务能力大幅提升。优质高效的整合型医疗卫生服务体系和完善的全民健身公共服务体系全面建立。
- 健康产业规模显著扩大。建立起体系完整、结构优化的健康产业体系。
- 促进健康的制度体系更加完善。有利于健康的政策法律法规体系进一步健全，健康领域治理体系和治理能力基本实现现代化。

第二节　影响健康的因素

WHO认为在影响人类健康和寿命的四大因素中，遗传与生物学因素占15%，社会因素占10%，医疗服务因素占8%，气候因素占7%，行为与生活方式因素占60%。目前，从预防保健的角度把影响健康的因素归纳为四大因素：生物学因素、环境因素、医疗卫生服务因素、行为与生活方式因素。

一、生物学因素

人是由分子、细胞、组织、器官和系统构成的高度复杂的、有机统一的整体，机体按照亲体的遗传模式进行世代繁殖，完成一系列生命现象，遗传是不可改变的因素。生物学因素包括：由病原微生物引起的感染性疾病；某些遗传或非遗传性的内在缺陷、变异、老化，导致人体发育畸形、代谢障碍、内分泌失调和免疫功能异常等。此外，年龄、民族、婚姻及对疾病的易感性等生物学因素也与健康水平相关。

二、环境因素

影响人类健康的环境包括自然环境与社会环境。环境污染、人口剧增和贫困是威胁人类健康的三大严重社会问题。地理位置、生态环境、住房条件、卫生基础设施、就业、邻居的和睦程度等都不同程度地影响着居民的健康。社会环境包括政治制度、经济水平、文化教育、人口状况、科技发展等诸多因素。对大学生而言，在集体生活中，如何共同维护宿舍的清洁、卫生，如何建立和谐的人际关系，形成同学间平等、关爱的氛围等，都与健康有关系。

三、医疗卫生服务因素

医疗卫生服务的范围、内容、质量、价格、成本，医疗卫生服务的需求水平，医疗卫生机构、人员、设备、信息等卫生资源的配置与利用，医学科技发展的水平，医疗保险制度的建立与覆盖水平等，都直接关系到人的生老病死及由此产生的一系列健康问题。经济社会的发展水平对卫生服务的供给产生直接影响。

四、行为与生活方式因素

生活方式是在一定环境条件下形成的生活意识和生活行为习惯的统称。分析人类行为与健康的关系可知，有些行为和生活习惯，如吸烟、饮酒、无保护性行为、缺少锻炼、不合理膳食等，可以对健康构成实际或潜在的威胁以及持续性的危害。一般来说，大学生人群是一个相对健康的群体，但是，缺少锻炼、熬夜、不合理膳食、吸烟等也是大学生中较为常见的不健康的行为生活方式。个人的行为与生活方式对健康的重要作用已经得到诸多研究结果的证实并被广泛承认。McKeown对20世纪人类的健康与疾病进行了考察，指出现代疾病是“由个体自身的行为决定的，如吸烟、饮食、锻炼和爱好等”，并提出“健康主要取决于个人习惯的改变”的论点。他的研究也证实一些疾病，如肺癌、冠心病、肝硬化等都是由行为引起的。健康的生活方式应从儿童和青少年开始，因为高血压、糖尿病、冠心病、痛风等现代文明病是当前影响人类健康的主要疾病，尽管其大多数在中年发病，但许多与之有关的不良生活方式在儿童、青少年时期就已经形成，从而为今后患病埋下祸根。

以上这四大因素都与健康密切相关。就大学生而言，认识并了解这些因素，将有助于寻找和发现促进个体、他人和社会健康的更加有效的途径及措施。

第三节　健康教育与健康促进

健康教育的概念和医学模式的演变与健康概念的界定相关。在生物医学模式的时代，人们把对健康的追求归结于对疾病的积极诊断和治疗，此时的健康教育仅仅作为传播医学卫生知识的手段，被称为“卫生教育”或“卫生宣传工作”。进入20世纪六七十年代以后，由于世界范围内疾病谱和死亡谱的演变，人们开始认识到，人的行为、生活方式与习惯是影响健康的主要原因。纯生物医学模式被生物、心理和社会医学模式所取代，健康教育成为连接宣传健康知识与建立健康行为的桥梁。

当前，健康教育作为国家或地区的卫生保健策略，已成为以健康为目的，通过有计划、有组织、有步骤的社会和教育活动，促使人们自觉地采取有利于健康的行为和生活方式，消除或降低影响健康的危害因素，以便预防疾病，提高生活质量，并对教育效果做出评价的过程。

依据健康教育概念，首先，健康教育是健康与教育的有机结合，其核心是教育人们树立正确的健康观，增强自我保健和群体保健的意识与能力，创造一种全民族的乃至世界范围的卫生意识。为此，它必须向人们提供认识和改变有害健康行为和生活方式所必需的知识、技能与服务，并促使人们合理地利用这些服务。

其次，健康教育是有明确目标（或目的）的教育活动，强调改变人们的行为，以提高生活质量。为了实现这个目标（或目的），健康教育应该有严密的规划，有领导的支持和群众的积极参与，同时还要对教育效果做出评价。这就是说健康教育已不同于一般意义的卫生宣传。卫生宣传只是实现特定教育目的的手段，一般为单纯的知识传播，多无周密计划，尤其是对计划的长期目标、行为目的缺乏明确的规定，实践证明其预期效果不够理想。以吸烟为例，我国在20世纪80年代初就开展劝阻吸烟活动，但烟民数量还是有增无减。许多发达国家都试图通过卫生宣传来改变人们的不良行为，实践证明效果甚微。健康教育的实质是一种干预措施，在现代健康教育中，更多的是采用行政干预，以促进健康教育达到预期的效果。另外，健康教育不仅是一种教育活动，而且还是有计划、有组织、有系统的社会活动。行为的改变不应视为个人孤立的行动。因为人的许多行为通常受文化背景、社会关系、社会经济状况及个性等因素的影响，而且，在生活方式中，各种行为又是相互作用、相互影响的，如吸烟与饮酒等，更多的行为还涉及生存状况，如居住条件、饮食、娱乐、工作情况等。同时，当个人做出有关健康行为的决定时，往往受到个人无法控制的因素的制约，如工作条件、市场供应、教育水平、经济和环境状况、社会规范和社会习惯等。

健康促进是指以教育、组织、法律（政策）和经济手段干预那些对健康有害的生活方式、行为和环境，以促进健康。与健康教育相比，健康促进的含义更为广泛，它包括健康教育及能够促进行为、环境改变的组织、政策、经济支持等各项策略。

健康促进的概念包含以下基本内容：一是健康不再仅仅是个人的事情，也不再仅仅由个人负责，还应该由社会来负责，因此，政府和各部门应该制定支持健康的公共卫生政策，采取强有力的措施来促进个人与社会健康；二是健康促进不再仅仅是针对疾病危险因素，也包括个体、群体与社会生活的各个方面，这就要求最大限度地动员人群强化健康意识、提高保健知识水平、消除不健康的行为方式、自觉参与维护健康的活动；三是环境因素在人类健康促进过程中占有极其重要的地位，无论个人、集体还是社会，要想获得健康，都要积极参与对环境的改善和对良好环境的维护，使环境成为人类维护健康的支持因素。这里的环境既指自然环境，也包括社会环境。

健康教育与健康促进是密切相关的。健康教育是健康促进的重要组成部分，是健康促进的基础，健康促进需要通过健康教育的具体传播和推进，而健康教育又必须有政策和社会环境的支持，否则健康教育仅仅是单纯的宣传，达不到健康促进的效果和愿景。

大学生健康教育是以大学生为主要对象，以传授健康知识、提高健康意识、选择健康行为为核心内容的健康活动。其总体目标是预防疾病和意外伤害，保证其顺利完成学业；其基本要求是增加大学生的卫生保健知识，增强大学生维护健康的责任感和自觉性，促使大学生自觉选择健康的行为和生活方式，提高自我保健及预防疾病的能力，改善生活质量。

在高校开展大学生健康教育，有助于大学生素质的全面发展。首先，健康教育较为系统地向大学生提供各种与日常生活相关的健康知识，可以帮助大学生清楚地认识和了解自身机体的正常功能以及危害健康的各种因素，从而帮助大学生树立正确的价值观并奠定较为扎实的健康认知基础。其次，大学生健康教育有助于大学生掌握健康的生活技能，如学会急救、避险、防病等，提升有益于健康的行为能力，从而学会更好、更有效地管理自己的健康。最后，大学生健康教育有利于发展大学生促进健康的意识和责任感，能使大学生意识到健康是当代人成才的重要物质基础，要多做有利于自己、有利于社会、有利于子孙后代、有利于环境保护的事情，为社会物质文明和精神文明建设贡献青年人的力量。

大学生健康教育还能促进整个社会健康知识的普及，是社会主义文明建设的基础。通过健康教育提高学生自身的健康素质，同时经由他们将卫生知识辐射到家庭和社会，影响周围人群，从而形成人人重视健康的社会氛围和风尚。这对于提高全民族的健康素质、增强综合国力具有重要的现实意义。

拓展阅读

《普通高等学校健康教育指导纲要》

《普通高等学校健康教育指导纲要》（教体艺［2017］5号）是为贯彻落实《“健康中国2030”规划纲要》对学校健康教育提出的工作要求，加强高校健康教育，提高高校学生健康素养和健康水平而制定的文件。高校健康教育是中小学健康教育的延续和深化，是全民健康教育的重要组成部分。高校健康教育的内容主要包括健康生活方式、疾病预防、心理健康、性与生殖健康、安全应急与避险五个方面。

1. 健康生活方式

目标：树立现代健康意识，掌握健康管理和健康决策的基本方法，养成文明健康的生活方式，提高自觉规避、有效应对健康风险的能力。

核心内容：现代健康的概念；高校学生面临的主要健康问题和影响因素；健康决策和健康管理的基本原则；饮食行为与健康，中国居民膳食指南及其应用，日常生活常见的食品安全隐患与防范（食品安全五要素）；睡眠与健康，睡眠不足与睡眠障碍的危害，劳逸结合，规律作息，预防网络成瘾；运动与健康，科学锻炼的原则及方法、运动负荷的自我监测；烟草危害及戒烟策略，毒品（新型毒品）危害及禁毒，物质滥用（酗酒、滥用镇静催眠药和镇痛剂等成瘾性药物等）的危害及防范；环境卫生与健康。

2. 疾病预防

目标：增强防病意识，掌握常见疾病的预防原则和常规措施，提高防控传染病和慢性非传染性疾病的能力。

核心内容：常见传染病（如流感、结核病、病毒性肝炎等）的预防；慢性非传染性疾病（如高血压、糖尿病、肿瘤等）的基本知识、预防原则和常规措施；抗生素滥用对健康的危害，在医生指导下使用抗生素；定期进行健康体检的意义和项目选择；常用的健康指标、正常范围，测定身体健康状况的常用方法（如测量腋温和脉搏、血压等）；正确选择必要、有效的保健与保险服务。

3. 心理健康

目标：树立自觉维护心理健康的意识，掌握正确应对学业、人际关系等方面的不良情绪和心理压力必需的相关技能，提高心理适应能力。

核心内容：心理健康的概念；心理健康与身体健康的关系；学生心理发展特点和相关社会因素；抑郁症和焦虑症的表现，自我心理调适与技能，促进积极情绪与缓解不良情绪的基本方法；维护良好人际关系与有效交流的方法；心理咨询与服务利用，常见心理问题或危机的辨识与求助；珍爱生命。

4. 性与生殖健康

目标：树立自我保健意识，掌握维护性与生殖健康的知识和技能，提高维护性与生殖健康的能力。

核心内容：性与生殖健康的基本知识；友谊、爱情、婚恋、家庭与伦理道德；优生优育与适宜有效的避孕方法；非意愿怀孕和应对措施；常见生殖健康问题与自我保健方法；无保护性行为对生殖健康的影响；常见性传播疾病和预防；艾滋病的传播、流行与控制，易感染艾滋病的高危行为和预防措施，艾滋病咨询检测和服务，不歧视艾滋病感染者和病人；预防性侵害的方法和技能。

5. 安全应急与避险

目标：树立安全避险意识，掌握常见突发事件和伤害的应急处置方法，提高自救与互救能力。

核心内容：突发事件与个人安全防范，意外伤害（触电、溺水、中暑、中毒、运动创伤等）的预防、自救与互救的基本原则和方法；无偿献血的基本知识，无偿献血是公民的义务；休克、晕厥、骨折等急症的现场救护原则，心肺复苏、创伤救护（止血、包扎、固定、搬运）等院前急救技能；动物（犬、猫、蛇等）抓伤、咬伤后的应急处置；防范网络安全风险，甄别不科学、不健康信息的技能与方法；实验、实习等场所安全要求与防护技能，注意个人防护，避免职业伤害；旅行卫生保健的基本要求，规避旅行中的健康与安全风险的基本措施和策略。

交流与讨论

1.对比本章所阐述的健康内涵和观念与自己既往对健康的认识，分析它们之间是否存在差距，这些差距主要体现在哪些方面？

2.影响健康的四大因素有哪些？对于个人健康有什么影响？

3.辩论：未来人类健康水平的提高程度会越来越取决于医疗因素还是非医疗因素。

健康与健康教育

第二章

健康生活方式

学习目标

1. 了解合理膳食对健康的重要性

2. 掌握健康饮食、合理营养、保持健康体重的生活技能

3. 掌握食品卫生常识

4. 熟悉睡眠对维持身心健康的重要性，培养健康睡眠的意识，建立良好的睡眠习惯

5. 了解运动给机体带来的益处，培养热爱体育、终身锻炼的意识

6. 学会根据自己的身体状况制订运动计划

7. 掌握预防运动损伤的基本技能，预防运动过程中的各种意外伤害

8. 能够识别各种物质滥用（如吸烟、酗酒、吸毒等）对个体生理、情感和社会造成的危害

9. 能够自觉履行预防物质滥用的责任，自觉远离毒品

生活方式是指在一定的历史时期和社会条件下人们的生活模式，包括衣食住行、学习工作、休闲娱乐、社会交往和待人接物等方面。健康的生活方式是指上述这些有益于健康的习惯化、社会化的行为方式。健康的生活方式是健康的基础，WHO认为其对健康的影响占到了60%。国务院发布的《“健康中国2030”规划纲要》指出，健康促进要从源头入手，强调个人健康责任，通过加强健康教育，提高全民健康素养，广泛开展全民健身运动，塑造自主自律的健康行为，引导群众形成合理膳食、适量运动、戒烟限酒、心理平衡的健康生活方式。

第一节　膳食与健康

合理膳食与营养是健康的基础。健康的饮食行为有助于保证充足合理的营养，保

持健康的体魄，预防疾病，有助于提高学习和工作能力，保持健康的人生。大学生处于生长发育旺盛的阶段，有迫切的营养需求。合理的膳食、均衡的营养素是生长发育和健康的重要保障，与未来国家人口素质息息相关。

随着经济社会的快速发展，我国学生营养不良状况得到了很大的改善，但依然存在一些问题，如低体重、消瘦、贫血和日益严重的肥胖流行趋势等。缺乏科学的营养知识和不健康的饮食行为是导致营养缺乏病流行的重要原因。这些疾病不仅影响青少年的健康和体质，而且阻碍学习、工作效率的提高。目前，慢性非传染性疾病(如心脑血管疾病、糖尿病、肿瘤等)已经成为人类健康的第一杀手。不健康的膳食模式(如高油脂，蔬菜、水果摄入不足等)和缺少锻炼是导致这些疾病流行的重要原因。

一、食物的营养成分

营养是指机体摄取食物，经过消化、吸收、代谢和排泄，利用食物中的营养素和其他对身体有益的成分构建组织器官，调节各种生理功能，维持正常生长、发育和防病保健的过程。营养素是指机体为了维持生存、生长发育、生理功能、体力活动和健康，需要从外界环境中摄取的物质。人体所需的营养素包括蛋白质、脂类、碳水化合物、矿物质、维生素、水和膳食纤维七大类。青年学生正值生长发育期，脑力和体力活动量都很大，能量消耗大，因此对营养的需求也大，如果营养摄取不足或不平衡，就会对健康造成严重影响。但是，能量和营养素并不是越多越好，有些营养素摄入过多也会产生毒性。

（一）蛋白质

蛋白质是生命的物质基础，是构成人体细胞的基本有机物，是生命活动的主要承担者。正常人体中蛋白质占体重的16%～19%，并始终处于不断分解又不断合成的动态平衡之中。蛋白质由氨基酸组成，由于氨基酸种类、数量、排列次序和空间结构的千差万别，就构成了无数种功能各异的蛋白质。

1. 氨基酸与必需氨基酸

氨基酸是组成蛋白质的基本单位，生物体中绝大多数蛋白质都是由20种具有不同侧链的 α－氨基酸组成的。其中，有8种氨基酸是人体不能合成或合成速度不能满足机体需要的，必须从膳食中摄取，因此被称为必需氨基酸。这8种必需氨基酸是缬氨酸、亮氨酸、异亮氨酸、赖氨酸、蛋氨酸、苯丙氨酸、苏氨酸、色氨酸。对婴幼儿而言，组氨酸也是必需氨基酸。

2. 蛋白质的功能

（1）构成人体组织结构的主要成分。人体所有的组织和器官，都以蛋白质为重要的组成成分，如骨骼和牙齿中的胶原蛋白、指（趾）甲中的角蛋白、红细胞中的血红蛋白等。

（2）调节生理功能。蛋白质在人体内是构成多种生理活性物质的成分，参与调节生理功能，如酶的催化作用、激素的生理调节作用、抗体的免疫作用等。正常人血浆和组织液之间的水分不断交换并保持平衡，血浆中的蛋白质含量对保持平衡状态起着重要的调节作用。

（3）供给能量。当碳水化合物和脂肪所供能量不足，或蛋白质摄入量超过体内蛋白质更新的需要时，蛋白质可以发生分解代谢，释放出能量，1克蛋白质在体内被分解时约产生16.7千焦（约4千卡）的能量。

3. 蛋白质的食物来源

成人从膳食中摄入蛋白质0.8克/（千克·天）就能满足机体对蛋白质的需求。我国以植物性食物为主，因此成人蛋白质推荐摄入量为1.16克/（千克·天）。按能量计算，成人蛋白质摄入量应占总能量摄入量的10%～12%，儿童和青少年为12%～14%。

蛋白质的食物来源可分为植物性蛋白质和动物性蛋白质两大类。

植物性蛋白质中，谷物一般只含6%～10%的蛋白质，但摄入量大，是蛋白质的主要膳食来源。豆类含有丰富的蛋白质，特别是大豆含蛋白质高达36%～40%。动物性食物（如蛋、奶、肉、鱼类）中的蛋白质以及大豆蛋白质等的氨基酸模式与人体蛋白质的氨基酸模式较接近，被人体利用的程度较高，其营养价值也相对较高，故被称为优质蛋白质。一般要求优质蛋白质应占膳食蛋白质总量的30%～50%。

拓展阅读

怎样提高蛋白质的营养价值

不同种类蛋白质混合食用时，所含氨基酸互相补充、取长补短，改善了必需氨基酸的含量和比例，从而使混合蛋白质的生物效价提高，称为蛋白质的互补作用。

米、面粉所含蛋白质缺少赖氨酸，豆类蛋白质缺少蛋氨酸、胱氨酸，食用上述混合性食物，再补充适量的动物性蛋白质，可提高膳食中蛋白质的营养和利用率。例如单食用玉米的生物学价值为60%、小麦为67%、黄豆为64%，若把这三种食物按比例混合后食用，则蛋白质的生物学价值可达77%。

混合食用中应注意所搭配的食物生物学种属越远越好，搭配的种类越多越好。基本原则是：粗细搭配、荤素搭配、粮菜同食、粮豆混食。

（二）脂类

人体内的脂类包括脂肪和类脂。脂肪是甘油和脂肪酸构成的甘油三酯，正常人体中的脂肪占体重的10%～20%。类脂包括磷脂（如卵磷脂、脑磷脂、肌醇磷脂）、糖脂、脂蛋白（如极低密度脂蛋白、低密度脂蛋白、高密度脂蛋白）、类固醇（如胆固醇、皮质醇）等。

1. 脂类的功能

（1）贮存和供给能量。当人体摄入过多的能量物质时，会不断地贮存在脂肪细胞中，所以摄入过多能量物质是形成肥胖症的基本原因；1克脂肪在体内分解成二氧化碳和水并产生38千焦（约9千卡）能量，比分解1克蛋白质或1克碳水化合物产生的能量高1倍多，是能量密度最大的营养素。

（2）构成身体组织和生物活性物质。脂肪是构成身体细胞的重要成分之一，脑神经、肝脏、肾脏等器官中含有很多脂肪；磷脂、糖脂、胆固醇构成细胞膜的类脂层等。

（3）维持正常体温。皮下脂肪可起到隔热保温的作用，使体温保持正常。

（4）保护脏器。脂肪组织在体内对器官有支撑和衬垫作用，可保护内部器官免受外力伤害。

（5）供给和促进脂溶性维生素的吸收。

2. 胆固醇的作用

（1）胆固醇是许多重要活性物质的合成材料，如合成参与脂类消化吸收的胆汁，合成肾上腺皮质激素、性激素，合成参与钙磷代谢的维生素D等。

（2）胆固醇是构成细胞膜的重要成分，对控制生物膜的流动性有重要作用。

3. 脂类的食物来源

按能量计算，成人脂类供能应占总能量摄入量的20%～30%，其中要求饱和脂肪酸、单不饱和脂肪酸和多不饱和脂肪酸分别占总能量摄入量的10%，10%，10%。

根据食物中脂类的来源可将脂肪分为两大类：动物性脂肪和植物性脂肪。动物性脂肪中饱和脂肪酸和单不饱和脂肪酸含量多，而多不饱和脂肪酸含量较少。供给动物性脂肪的食物主要有禽、畜肉及猪油、牛油、乳脂、蛋类及其制品。植物性脂肪主要来源于大豆油、花生油、葵花籽油等植物油及坚果类食品中，其特点是含有较多的不饱和脂肪酸。磷脂含量较高的食物有蛋黄、动物肝脏、大豆、麦胚和花生。胆固醇存在于所有的动物性食物中，以动物内脏，尤其脑组织中含量丰富，蛋类、鱼子和贝壳类中含量也较高，鱼肉及乳类中含量较低。

拓展阅读

反式脂肪酸对人体有哪些危害

（1）形成血栓。反式脂肪酸会增加人体血液的黏稠度和凝聚力，容易导致血栓的形成，对于血管壁脆弱的老年人来说，危害尤为严重。

（2）影响发育。对于怀孕期或哺乳期的妇女来说，反式脂肪酸会影响胎儿或婴儿的健康。研究发现，胎儿或婴儿可以通过胎盘或乳汁被动摄入反式脂肪酸，他们比成人更容易患上必需脂肪酸缺乏症，从而影响生长发育。除此之外，过多摄入含有反式脂肪酸的食物还会影响生长发育期的青少年对必需脂肪酸的吸收。反式脂肪酸还会对青少年中枢神经系统的生长发育造成不良影响。

（3）影响生育。反式脂肪酸会减少雄激素的分泌，对精子的活跃性产生负面影响，中断精子在身体内的反应过程。

（4）降低记忆力。研究认为，青壮年时期饮食习惯不好的人，老年时患阿尔茨海默病（老年痴呆）的可能性更大。

（5）容易发胖。反式脂肪酸不容易被人体消化，容易在腹部积累，导致肥胖。喜欢吃薯条等零食的人应提高警惕，油炸食品中的反式脂肪酸会造成明显的脂肪堆积。

（6）容易引发冠心病。法国国家健康与医学研究所的一项研究成果表明，反式脂肪酸能够降低有益的高密度脂蛋白胆固醇（HDL-C）的水平，而提高有害的低密度脂蛋白胆固醇（LDL-C）的水平。

日常饮食要尽量减少含反式脂肪酸比较多的食品，控制反式脂肪酸带来的风险，并慎食含氢化植物油的加工食品。配料表中有氢化植物油、代可可脂、人造奶油、起酥油、植物奶油、人造酥油等的食品即含有反式脂肪酸，不宜过多食用。

（三）碳水化合物

碳水化合物又称糖类，分为单糖、双糖、寡糖和多糖，是人体能量的主要来源。单糖包括葡萄糖、果糖和半乳糖等，可直接被人体吸收利用，其中葡萄糖是糖类的最基本单位，果糖主要存在于水果和蜂蜜中。双糖包括蔗糖、乳糖、麦芽糖等，需分解成单糖才能被吸收。10个以上单糖组成的大分子糖为多糖，包括淀粉、肝糖原、肌糖原、纤维素和果胶等，其中，淀粉是由许多葡萄糖组成且能被人体消化吸收的植物多糖；动物多糖贮存在肝脏和肌肉中；肝糖原可维持血糖浓度并提供运动所需的能量。

1. 碳水化合物的功能

（1）贮存和提供能量。糖原是肌肉和肝脏贮存碳水化合物的形式，肝脏约贮存机体内1/3的糖原，一旦需要，肝脏中的糖原就分解为葡萄糖进入血液循环给机体提供能量，尤其是满足红细胞、脑和神经组织对能量的需要。1克碳水化合物可提供的能量约为16.7千焦（4千卡）。

（2）构成机体的成分。结缔组织中的黏蛋白、神经组织中的糖脂以及细胞膜表面的糖蛋白等，都是一些寡糖的复合物。

（3）节约蛋白质。当机体摄入足够的碳水化合物时，可以防止体内和膳食中的蛋白质消耗，不需要动用蛋白质来供能，即碳水化合物具有节约蛋白质的作用。

（4）抗生酮作用。脂肪在体内彻底分解代谢，需要葡萄糖的协同作用。当膳食中碳水化合物不足时，脂肪酸不能彻底氧化而产生过多的酮体，酮体不能及时被氧化而在体内蓄积，以致产生酮血症和酮尿症。人体每天至少需要50～100克碳水化合物才可防止酮血症的发生。

2. 碳水化合物的食物来源

建议碳水化合物的参考摄入量占总能量摄入量的55%～65%。碳水化合物的食物来源有谷物（如水稻、小麦、玉米）、水果（如香蕉、葡萄）、坚果类、豆类、根茎蔬菜类（如胡萝卜、番薯）等。谷类和薯类富含淀粉，是中国居民糖类的主要来源。

（四）膳食纤维

膳食纤维是存在于植物性食物中不能被人体消化吸收的一种多糖类碳水化合物。包括纤维素、半纤维素、果胶等。

1. 膳食纤维的功能

（1）膳食纤维能与胆固醇、甘油三酯结合，再随粪便排出体外，降低人体内胆固醇、甘油三酯含量，预防心脑血管疾病，因此被称为“肠道的清道夫”。

（2）膳食纤维本身不能提供能量，但能刺激肠蠕动并保持水分，增大粪便体积，软化粪便，促进排便，防治便秘和预防结肠癌。

（3）膳食纤维能减缓葡萄糖的吸收速度，防治糖尿病。

（4）膳食纤维能促进毒素排泄，预防肠癌。

2. 膳食纤维的食物来源

中国营养学会推荐的中国居民每日膳食纤维摄入量为25～35克。膳食纤维主要是从植物性食品中获得，如蔬菜、水果、谷类、薯类和豆类。经精细加工的植物性食物含膳食纤维很少，动物性食物不含膳食纤维。

（五）矿物质

人体的组成元素基本上与地球表层的元素组成相一致，除了碳、氢、氧、氮等主要以有机物形式存在外，其余元素在营养学中统称为矿物质。基于在体内的含量和膳食中需要量不同，将矿物质分为两类：占体重大于0.01%的矿物质称为常量元素（如钙、磷、硫、钠、钾、氯、镁等）；占体重小于0.01%的矿物质称为微量元素（如铁、锌、碘、硒、铜等）。矿物质在人体内分布极不均匀，不能由人体自身合成，必须从外界摄取，其生理功能、缺乏（或过量）时的病症和食物来源详见表2–1。

表 2–1　主要矿物质的生理功能、缺乏（或过量）导致的疾病和食物来源

矿物质	生理功能	导致的疾病	食物来源
钙	构成骨骼和牙齿，维持神经和肌肉活动	缺乏致佝偻病、骨质疏松症	虾、虾皮、螺、河蚌、黑芝麻、牛乳、酸奶等
磷	构成骨骼和牙齿，组成DNA、RNA的主要成分，组成酶的重要成分	过量致低血钙	瘦肉、禽、蛋、鱼、坚果、海带、豆类等
铁	组成血红蛋白、肌红蛋白、细胞色素及某些呼吸酶的重要成分	缺乏致贫血	动物血、肝、鸡肉、蚌肉、菇、黑芝麻等
碘	参与甲状腺素的合成	缺乏致甲状腺肿大、婴幼儿的呆小症	海产品等
锌	酶激活剂，促进生长发育，促进机体免疫功能，维持细胞膜结构	缺乏可致异食癖、侏儒症、性功能减退	贝壳类海产品、肉类及内脏、蛋类、豆类等
钠	维持细胞渗透压	缺乏时致低钠综合征	食盐等
钾	调节酸碱平衡，传导神经冲动	低血钾时神经肌肉应激性减退，神经功能紊乱	肉类、坚果、脱水水果、海藻类等

（六）维生素

维生素是机体为维持正常的生理功能而必须从食物中获得的一类微量有机化合物，在人体生长、代谢、发育过程中发挥着重要的作用。根据其溶解性不同，维生素可分为两类：一类是脂溶性维生素（包括维生素A、D、E、K等），它们不溶于水而溶于脂肪及有机溶剂；另一类是水溶性维生素（包括B族维生素和维生素C等），它们可溶于水。维生素的生理功能、缺乏时的病症及食物来源详见表2–2。

表 2–2　主要维生素的生理功能、缺乏症和食物来源

维生素	生理功能	缺乏症	食物来源
A	维持皮肤黏膜组织；促进骨骼、牙齿生长；维持正常视力	眼干燥症、夜盲症、皮肤干燥	动物肝、鱼子、全奶、胡萝卜等
D	维持钙浓度及钙磷的调节，促进钙吸收	佝偻病、骨质软化症、骨质疏松症	海水鱼、肝、蛋、鱼肝油等

续表

维生素	生理功能	缺乏症	食物来源
E	抗氧化作用，预防衰老，与生殖有关	视网膜蜕变、肌无力、神经肌肉退行性变化	植物油、麦胚、坚果、豆类、肉类等
B_1	辅酶功能，影响神经递质的合成与代谢	脚气病	谷类、杂粮、豆类、坚果、动物内脏等
B_2	参与生物氧化和能量代谢，参与维生素B_6和烟酸的代谢	口角炎、唇炎、舌炎、眼睑炎、阴囊炎	肝、肾、心、蛋黄、乳类等
B_6	作为辅酶参与近百种酶系的反应	脂溢性皮炎	鸡肉、鱼肉、肝等
C	抗氧化作用；促进胶原蛋白的形成；增强抵抗力	维生素C缺乏症	新鲜的水果和蔬菜等

（七）水

水是人体体液的主要成分，是人体进行生命活动不可缺少的重要物质，约占成人体重的50%～70%。水具有调节体温、运输物质、促进体内化学反应和润滑等作用。《中国居民膳食指南（2022）》建议成年人每天饮用1500～1700毫升水，以维持人体所需。

（八）常用食品的营养成分

1. 谷类

谷类的碳水化合物含量高，是能量的主要来源。一般谷类蛋白因必需氨基酸组成不平衡而且含量偏低，其蛋白质营养价值低于动物性食品。谷类是B族维生素（如硫胺素、烟酸等）的主要来源。

2. 豆类

豆类含有35%～40%的蛋白质，且其蛋白质组成接近人体的需要，富含谷类缺乏的赖氨酸，为优质蛋白质。大豆中还含有丰富的钙、维生素B_1和维生素B_2，营养成分丰富。

3. 蔬菜、水果

蔬菜、水果除含有丰富的碳水化合物、维生素和矿物质外，还富含各种有机酸、芳香物质和色素等成分，对增进食欲、促进消化、丰富食品多样性具有重要意义。

4. 乳类食品

乳类食品不仅含有酪蛋白、乳蛋白等完全蛋白质，还含有丰富的钙、磷、铁、锌、铜等矿物质。牛奶是人类膳食中蛋白质和钙的最佳来源，是改善营养、增强体质、延缓衰老不可缺少的理想食品。

5. 畜、禽、鱼类

人体需要的各种必需氨基酸在畜、禽、鱼类蛋白质中都比较充足，故畜、禽、鱼类蛋白质均为优质蛋白质。畜、禽、鱼类的铁、磷等矿物质含量高。瘦肉和内脏含B族维生素较多，是多种维生素的食物来源。

二、合理膳食的基本原则

人体所需的营养素，除极少数可以在人体内自行合成外，其余大部分必须通过食物摄入才能被合成。各种食物所含的营养成分不完全相同。除母乳外，任何一种天然食物都不能提供人体所需的全部营养素。人体每天都需要摄入一定量的各种营养素，过多或过少都会造成营养失衡，即营养过剩或营养不良。因此，提倡人们要注意平衡膳食，以达到合理营养和促进健康的目的。

新陈代谢是生命的主要特征，饮食则是我们与外界进行物质交换的主要途径，随着人们生活水平的提高，当今健康饮食的标准已不再是过去简单地满足基本生存需要，还应起到提高生活质量、减少食源性疾病、预防慢性病的作用。一日三餐中各种食物之间的组成关系，称为膳食结构。平衡膳食，是指膳食组成应包含多种食物，所含营养素种类齐全、数量充足、配比适宜，能满足机体的生理活动与健康需要。平衡膳食强调由多种天然食物组成膳食，既要维持生长发育，保持正常体重，预防营养不良，又要防止营养不均和营养过剩的发生。

（一）《中国居民膳食指南》

《中国居民膳食指南》是健康教育和制定公共政策的基础性文件，是国家推动食物合理消费、提升国民科学素质、实施健康中国合理膳食行动的重要纲领。2022年4月，中国营养学会发布了《中国居民膳食指南（2022）》。

准则一　食物多样，合理搭配

核心推荐：

- 坚持谷类为主的平衡膳食模式。
- 每天的膳食应包括谷薯类、蔬菜水果、畜禽鱼蛋奶和豆类食物。
- 平均每天摄入12种以上食物，每周25种以上，合理搭配。
- 每天摄入谷类食物200～300克，其中包含全谷物和杂豆类50～150克；另外，薯类50～100克。

准则二 吃动平衡，健康体重

核心推荐：

- 各年龄段人群都应天天进行身体活动，保持健康体重。
- 食不过量，保持能量平衡。
- 坚持日常身体活动，每周至少进行5天中等强度身体活动，累计150分钟以上；主动身体活动最好每天6000步。
- 鼓励适当进行高强度有氧运动，加强抗阻运动，每周2～3天。
- 减少久坐时间，每小时起来动一动。

准则三 多吃蔬果、奶类、全谷、大豆

核心推荐：

- 蔬菜水果、全谷物和奶制品是平衡膳食的重要组成部分。
- 餐餐有蔬菜，保证每天摄入不少于300克的新鲜蔬菜，深色蔬菜应占1/2。
- 天天吃水果，保证每天摄入200～350克的新鲜水果，果汁不能代替鲜果。
- 吃各种各样的奶制品，摄入量相当于每天300毫升以上液态奶。
- 经常吃全谷物、大豆制品，适量吃坚果。

准则四 适量吃鱼、禽、蛋、瘦肉

核心推荐：

- 鱼、禽、蛋类和瘦肉摄入要适量，平均每天120～200克。
- 每周最好吃鱼2次或300～500克，蛋类300～350克，畜禽肉300～500克。
- 少吃深加工肉制品。
- 鸡蛋营养丰富，吃鸡蛋不弃蛋黄。
- 优先选择鱼，少吃肥肉、烟熏和腌制肉制品。

准则五 少盐少油，控糖限酒

核心推荐：

- 培养清淡饮食习惯，少吃高盐和油炸食品。成年人每天摄入食盐不超过5克，烹调油25～30克。
- 控制添加糖的摄入量，每天不超过50克，最好控制在25克以下。
- 反式脂肪酸每天摄入量不超过2克。
- 不喝或少喝含糖饮料。
- 儿童青少年、孕妇、乳母以及慢性病患者不应饮酒。成年人如果饮酒，一天饮用的酒精量不超过15克。

准则六　规律进餐，足量饮水

核心推荐：

● 合理安排一日三餐，定时定量，不漏餐，每天吃早餐。

● 规律进餐、饮食适度，不暴饮暴食、不偏食挑食、不过度节食。

● 足量饮水，少量多次。在温和气候条件下，低身体活动水平成年男性每天喝水1700毫升，成年女性每天喝水1500毫升。

● 推荐喝白开水或茶水，少喝或不喝含糖饮料，不用饮料代替白开水。

准则七　会烹会选，会看标签

核心推荐：

● 在生命的各个阶段都应做好健康膳食规划。

● 认识食物，选择新鲜的、营养素密度高的食物。

● 学会阅读食品标签，合理选择预包装食品。

● 学习烹饪，传承传统饮食文化，享受食物天然美味。

● 在外就餐，不忘适量与平衡。

准则八　公筷分餐，杜绝浪费

核心推荐：

● 选择新鲜卫生的食物，不食用野生动物。

● 食物制备生熟分开，熟食二次加热要热透。

● 讲究卫生，从分餐公筷做起。

● 珍惜食物，按需备餐，提倡分餐不浪费。

● 做可持续食物系统发展的践行者。

（二）中国居民平衡膳食宝塔（2022）

中国居民平衡膳食宝塔（2022）是根据《中国居民膳食指南（2022）》的准则和核心推荐，把平衡膳食原则转化为各类食物的数量和所占比例的图形化表示（图2–1）。

中国居民平衡膳食宝塔形象化的组合，遵循了平衡膳食的原则，体现了在营养上比较理想的基本食物构成。宝塔共分5层，各层面积大小不同，体现了5大类食物和食物量的多少。5大类食物包括谷薯类、蔬菜水果、畜禽鱼蛋奶类、大豆和坚果类以及烹调用油盐。食物量根据人体不同能量需要量设计，宝塔旁边的文字注释，标明了在1600～2400千卡能量需要量水平时，一段时间内成年人每天各类食物摄入量的建议值范围。

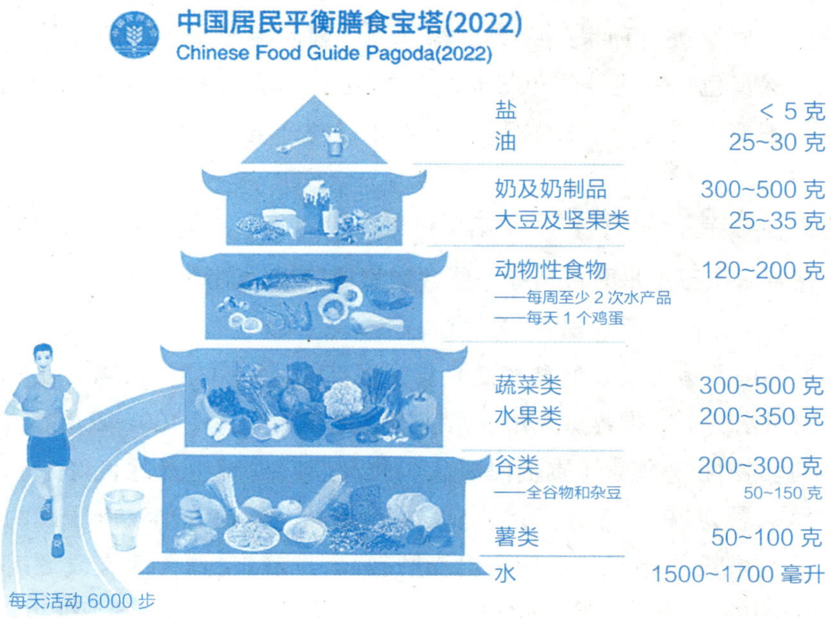

图 2-1 中国居民平衡膳食宝塔（2022）

第一层：谷薯类食物

谷薯类是膳食能量的主要来源（碳水化合物提供总能量的50%～65%），也是多种微量营养素和膳食纤维的良好来源。膳食指南中推荐2岁以上健康人群的膳食应做到食物多样、合理搭配。谷类为主是合理膳食的重要特征。在1600～2400千卡能量需要量水平下的一段时间内，建议成年人每天摄入谷类200～300克，其中包含全谷物和杂豆类50～150克；另外，薯类50～100克，从能量角度，相当于15～35克大米。

谷类、薯类和杂豆类是碳水化合物的主要来源。谷类包括小麦、稻米、玉米、高粱等及其制品，如米饭、馒头、烙饼、面包、饼干、麦片等。全谷物保留了天然谷物的全部成分，是理想膳食模式的重要组成，也是膳食纤维和其他营养素的来源。杂豆包括大豆以外的其他干豆类，如红小豆、绿豆、芸豆等。我国传统膳食中整粒的食物常见的有小米、玉米、绿豆、红豆、荞麦等，现代加工产品有燕麦片等，因此把杂豆与全谷物归为一类。2岁以上人群都应保证全谷物的摄入量，以此获得更多营养素。薯类包括马铃薯、红薯等，可替代部分主食。

第二层：蔬菜、水果

蔬菜、水果是膳食指南中鼓励多摄入的两类食物。在1600～2400千卡能量需要量水平下，推荐成年人每天蔬菜摄入量至少达到300克，水果200～350克。蔬菜、水果是膳食纤维、微量营养素和植物化学物的良好来源。蔬菜包括嫩茎、叶、花菜类、根菜类、鲜豆类、茄果瓜菜类、葱蒜类、菌藻类及水生蔬菜类等。深色蔬菜是指深绿色、深黄色、紫色、红色等有颜色的蔬菜。每类蔬菜提供的营养素略有不同，深色蔬菜一般富含维生素、植物化学物质和膳食纤维，推荐每天占总蔬菜摄入量的1/2以上。

水果多种多样，包括仁果、浆果、核果、柑橘类、瓜果及热带水果等。推荐吃新鲜水果，在鲜果供应不足时可选择一些含糖量低的干果制品和纯果汁。

第三层：鱼、禽、肉、蛋等动物性食物

鱼、禽、肉、蛋等动物性食物是膳食指南推荐适量食用的食物。在1600～2400千卡能量需要量水平下，推荐每天鱼、禽、肉、蛋摄入量共计120～200克。

新鲜的动物性食物是优质蛋白质、脂肪和脂溶性维生素的良好来源，建议每天畜禽肉的摄入量为40～75克，少吃加工类肉制品。目前我国汉族居民的肉类摄入以猪肉为主，且增长趋势明显。猪肉含脂肪较高，应尽量选择瘦肉或禽肉。常见的水产品包括鱼、虾、蟹和贝类，此类食物富含优质蛋白质、脂类、维生素和矿物质，推荐每天摄入量为40～75克，有条件者可以优先选择。蛋类包括鸡蛋、鸭蛋、鹅蛋、鹌鹑蛋、鸽子蛋及其加工制品，蛋类的营养价值较高，推荐每天1个鸡蛋（相当于50克左右）。吃鸡蛋不能丢弃蛋黄，蛋黄含有丰富的营养成分，如胆碱、卵磷脂、胆固醇、维生素A、叶黄素、锌、B族维生素等，无论对多大年龄人群都具有健康益处。

第四层：奶类、大豆和坚果

奶类和豆类是鼓励多摄入的食物。奶类、大豆和坚果是蛋白质和钙的良好来源，营养素密度高。在1600～2400千卡能量需要量水平下，推荐每天应摄入至少相当于鲜奶300克的奶类及奶制品。在全球奶制品消费中，我国居民摄入量一直很低，多吃各种各样的乳制品，有利于提高乳类摄入量。

大豆包括黄豆、黑豆、青豆，其常见的制品如豆腐、豆浆、豆腐干及千张等。坚果包括花生、葵花籽、核桃、杏仁、榛子等，部分坚果的营养价值与大豆相似，富含必需脂肪酸和必需氨基酸。推荐每天大豆和坚果摄入量共为25～35克，其他豆制品摄入量需按蛋白质含量与大豆进行折算。坚果无论作为菜肴还是零食，都是食物多样化的良好选择，建议每周摄入70克左右（相当于每天10克左右）。

第五层：烹调油和盐

油盐作为烹饪调料必不可少，但建议尽量少用。推荐成年人平均每天烹调油不超过25～30克，食盐摄入量不超过5克。按照膳食营养素参考摄入量（DRIs）的建议，

1～3岁人群膳食脂肪供能比应占膳食总能量的35%，4岁以上人群占20%～30%。在1600～2400千卡能量需要量水平下脂肪的摄入量为36～80克。其他食物中也含有脂肪，在满足平衡膳食模式中其他食物建议量的前提下，烹调油需要限量。按照25～30克计算，烹调油提供10%左右的膳食能量。烹调油包括各种动植物油，植物油如花生油、大豆油、菜籽油、葵花籽油等，动物油如猪油、牛油、黄油等。烹调油也要多样化，应经常更换种类，以满足人体对各种脂肪酸的需要。

我国居民食盐用量普遍较高，盐与高血压关系密切，限制食盐摄入量是我国长期行动目标。除了少用食盐外，也需要控制隐形高盐食品的摄入量。

酒和添加糖不是膳食组成的基本食物，烹饪使用和单独食用时也应尽量避免。

身体活动和水的图示仍包含在可视化图形中，强调增加身体活动和足量饮水的重要性。水是膳食的重要组成部分，是一切生命活动必需的物质，其需要量主要受年龄、身体活动、环境温度等因素的影响。低身体活动水平的成年人每天至少饮水1500～1700毫升（7～8杯）。在高温或高身体活动水平的条件下，应适当增加饮水量。饮水过少或过多都会对人体健康带来危害。来自食物中的水分和膳食汤水大约占1/2，推荐一天中饮水和整体膳食（包括食物中的水，如汤、粥、奶等）水摄入共计2700～3000毫升。

身体活动是能量平衡和保持身体健康的重要手段。运动或身体活动能有效地消耗能量，保持精神和机体代谢的活跃性。鼓励养成天天运动的习惯，坚持每天多做一些消耗能量的活动。推荐成年人每天进行至少相当于快步走6000步的身体活动，每周最好进行150分钟中等强度的运动，如骑车、跑步、庭院或农田的劳动等。一般而言，低身体活动水平的能量消耗通常占总能量消耗的1/3左右，而高身体活动水平者可高达1/2。加强和保持能量平衡，需要通过不断摸索，关注体重变化，找到食物摄入量和运动消耗量之间的平衡点。

（三）大学生的合理膳食

大学生的年龄在18～25岁，正是生长发育最旺盛的时期，各脏器功能基本成熟，脑力和体力活动频繁，必须有丰富的营养供给。一般来说，男生每日需要的能量为2500千卡，女生每日需要的能量为2100千卡。

大学生在平衡膳食宝塔的基础上，还应做到以下几点：

（1）保证早餐，多吃谷类和蔬菜，保证碳水化合物、B族维生素的供给，以提供充足的能量，满足旺盛的机体代谢需求。

（2）保证鱼、肉、蛋、奶、豆类的摄入，使优质蛋白质的供应达到30%，甚至40%以上。

（3）增加富含不饱和脂肪酸、多不饱和脂肪酸的海鱼和海虾等食物的摄入量，以补脑健脑。

三、食品安全

生活中除了要注意运用营养知识，合理安排饮食，还要注意饮食卫生问题。食物中毒严重影响身体健康、学习和生活。

（一）食物中毒

食物中毒指摄入了含有生物性或化学性有毒有害物质的食品，或把有毒有害物质当作食品摄入后出现的非传染性疾病。食物中毒既不包括因暴饮暴食而引起的急性胃肠炎、寄生虫病以及食源性肠道传染病，也不包括因一次大量或长期少量多次摄入某些有毒、有害物质而引起的以慢性毒害为主要特征的疾病。

食品污染可分为生物性污染（如细菌、病毒、寄生虫及真菌的污染等）、化学性污染（如农药残留、有害金属和非金属的污染等）、放射性污染（如放射性废物的排放、核泄漏等）等。据此，食物中毒可分为细菌性食物中毒、化学性食物中毒、动物性食物中毒、植物性食物中毒及真菌性食物中毒五类。

1. 细菌性食物中毒

细菌性食物中毒是指摄入被致病菌或其毒素污染的食物后发生的疾病。细菌性食物中毒是最常见的食物中毒。沙门菌、大肠杆菌、金黄色葡萄球菌和肉毒杆菌等类型的细菌性食物中毒较为多见。

（1）细菌性食物中毒的特点。①有明显的季节性，夏、秋季较常见。②发病呈暴发性、潜伏期短（大多在24小时以内），来势急剧，短时间内可能有多人发病，发病曲线呈突然上升的趋势。③中毒病人常常出现恶心、呕吐、腹痛、腹泻等症状，常因上吐下泻而出现脱水症状，严重时出现运动神经麻痹、共济失调、言语不清等症状。患者在近期内食用过同样的食物，停止食用该食物后病症很快缓解。④人与人之间无传染性。

（2）细菌性食物中毒的病因。①食物在屠宰、储藏、运输、销售等过程中受到致病菌的污染。②未烧熟、煮透，或熟食品受到生熟交叉污染，或受到从业人员中带菌者的污染。③食物被致病菌污染后在较高的室温下存放，致使致病菌大量繁殖并产生毒素。④食物在加工或包装时受到致病菌的污染，如加工设备的不洁、包装材料的不卫生等。

（3）细菌性食物中毒的预防。①不买未经检验的肉或病死的牲畜肉、家禽。②煮熟的食物要尽快食用。如果需放置较长时间，则应存放在冰箱中，防止细菌繁殖，食用前再回锅加热。③要注意生熟分开，防止交叉污染。④吃剩的饭菜和买来的熟肉或其他熟食品，食用前要再加热，以杀灭细菌。

2. 化学性食物中毒

食用被有毒金属、非金属及其化合物、农药等化学物质污染的食品，或直接误食这些化学物质引起的中毒，统称为化学性食物中毒。其污染来源主要有：工业有害废水、废气，有机磷农药，食品添加剂，合成色素，防腐剂，兽药及亚硝酸盐等。

（1）有机磷农药中毒：误食农药、喷洒过农药的瓜果蔬菜、被农药毒杀的家禽等引起。主要中毒症状为头痛、头晕、恶心、呕吐、多汗、胸闷、视物模糊，严重者瞳孔缩小、呼吸困难、昏迷甚至呼吸衰竭。

预防：加强农药的管理，不滥用农药。喷洒过农药的瓜果蔬菜应过安全期后再采摘。食用瓜果蔬菜时需用清水漂洗15分钟以上，以降低农药残留量。

（2）亚硝酸盐中毒：近年来较多发生的化学性食物中毒，是指食用未腌透的、工业用亚硝酸钠腌制食品、变质的蔬菜而引起的中毒。主要中毒症状有头晕、胸闷乏力、恶心呕吐、腹泻腹胀，全身皮肤及黏膜呈现青紫色，重者出现昏迷、呼吸衰竭甚至死亡。

预防：变质蔬菜不要食用，腌菜需腌20天以上方可食用；肉制品中硝酸盐和亚硝酸盐的用量不得超过国家标准。

3. 动物性食物中毒

易引起动物性食物中毒的食物有海中青皮鱼（如金枪鱼、秋刀鱼等）、动物的甲状腺和肝脏、河豚、滤食性贝类等。

（1）青皮红肉类的鱼含有较高量的组氨酸。当鱼体不新鲜或腐败时，污染鱼体的细菌使组氨酸脱羧生成组胺，组胺可引起毛细血管扩张和支气管收缩，出现头晕、头痛、心跳加快、胸闷、呼吸急促和血压下降等症状。

（2）河豚的肝、鱼子、血液、鱼皮都含有河豚毒素，河豚毒素对热稳定，煮沸、盐腌、日晒均不被破坏。人在食后10分钟到3小时即发病，病情发展迅速，重者在食后10～30分钟死亡。

（3）青鱼、草鱼、鲢鱼等的鱼胆不论生食或熟食，都可以引起中毒，这主要是由于鱼胆胆汁所含组胺类物质的致敏作用而引发中毒，中毒程度与鱼胆的量有关。中毒时出现上腹部疼痛、恶心、剧烈呕吐、腹泻等胃肠道症状，病情发展快，病死率高。

（4）动物肝脏富含维生素A，每克可达数千至上万单位，大量摄入时，便可发生维生素A中毒。维生素A在体内蓄积会表现恶心呕吐、腹痛腹泻、头痛头晕、眼结膜充血、视物模糊等症状。

（5）贝壳类等滤食性生物摄取藻类时会将藻类中的毒素积聚在体内。人若生吃了含毒素的贝类，便会出现麻木、刺痛、呕吐、腹泻、腹部痉挛、出疹、发热等症状，故食用贝类食物时一定要烧熟。

4. 植物性食物中毒

易引起食物中毒的有生四季豆、生白果、苦杏仁、“假沸”的豆浆、发芽的马铃薯、新鲜的黄花菜等。

（1）四季豆在烹调时未烧熟，含有皂苷或植物血凝素，对机体的消化道黏膜有强烈的刺激而引起中毒。一般潜伏期1～5小时，中毒表现为恶心、呕吐、头晕、头痛、四肢麻木、胃部烧灼感、心慌等症状。因此，四季豆在炒前要在开水中焯一下，烹饪时要炒透煮熟、无豆腥味即可。

（2）发芽或变绿的马铃薯含有大量的龙葵碱。龙葵碱稳定性好，蒸、炒等都不被破坏。其中毒表现为咽干、胃有烧灼痛，随后出现吐泻等症状，严重时出现头痛、瞳孔散大、心力衰竭、呼吸麻痹甚至死亡。

（3）煮豆浆时易出现“假沸”现象，此时豆浆中的胰蛋白酶抑制素或皂苷尚未被破坏，若饮用会出现恶心、呕吐、腹痛、腹泻等症状。故豆浆开始沸腾后应持续加热3～5分钟后才能饮用。

5. 真菌性食物中毒

真菌性食物中毒是指由食入霉变食品而引起的中毒。常见的真菌性食物中毒包括以下几种类型：

（1）黄曲霉毒素中毒。主要是由黄曲霉菌及其他曲霉菌等引起的中毒，这些真菌主要寄生于花生、玉米、大米等谷物中。急性中毒可致肝、肾损害，慢性中毒可致肝癌、肾癌。

（2）霉变甘蔗中毒。检出病原主要为串珠镰孢霉菌，其所产生的毒素可刺激胃肠道黏膜，出现恶心、呕吐、腹痛、腹泻、头痛、头晕等症状。

（二）食物中毒的预防

食品安全是一项系统工程，需要全社会共同努力，对食品安全实行全社会共治。2015年4月，中华人民共和国第十二届全国人民代表大会常务委员会第十四次会议修订通过了《中华人民共和国食品安全法》。该法规定了食品安全工作要实行预防为主、风险管理、全程控制、社会共治的基本原则。要建立从田间到餐桌的全链条监管，从严惩处违法行为，让剧毒高毒农药使用、滥用食品添加剂、保健品乱象等食品安全问题无处藏身，还大众安全放心的食品。

大学生预防食物中毒，首先要注意避免危险的进食行为。吃生的或不熟的动物性食物或其制品会增加患食源性疾病的危险；过期食品、发霉变质的食品、不新鲜和不洁食品是导致食物中毒的主要原因。

养成良好的饮食卫生习惯能避免很多食品卫生问题。在食物加工过程中，应遵守世界卫生组织（WHO）推荐的食品卫生的五个关键措施。

1. 保持清洁和个人卫生

（1）在接触食物之前要洗手，在制作食物过程中要勤洗手。

（2）上过厕所以后要洗手。

（3）清洗和消毒用于制作食物的器皿表面和器具。

（4）保护厨房区和食物不受昆虫、害虫和其他动物的干扰。

2. 生熟分开

（1）将生肉、禽类和海产品与其他食物分开。

（2）用另外的装置和器具（如刀和案板）处理生鲜食物。

（3）用盛器储存食物以避免生熟接触。

3. 加热完全

（1）把食物加热完全，特别是肉、禽类、蛋类和海产品。

（2）制作汤汁和炖煮的食物一定要加热至沸腾。对肉和禽类食物保证汤汁清亮，不呈现粉红色。

（3）熟食食用前要重新彻底加热。

4. 使食物保持在安全的温度下

（1）不要将熟食在室温下放置超过2小时。

（2）熟食和易腐烂的食物需冷藏（最好在5℃以下）。

（3）在吃之前保持熟食滚烫（超过60℃）。

（4）即使是在冰箱里，也不要储存食物过久。

5. 使用安全饮用水和生鲜材料

（1）使用安全饮水，或将其处理至安全。

（2）选择新鲜和完整的食物。

（3）选用安全加工过的食物，例如巴氏消毒奶。

（4）生吃水果和蔬菜要用清水洗净。

（5）不要吃过期食品。

拓展阅读

一、大学生常见的不良饮食行为

1. 节食、挑食或偏食

有些女大学生为了追求漂亮身材，穿时尚衣服，刻意节食减肥或瘦身，如不吃晚餐、长期不吃肉，甚至连续几天只吃蔬菜水果，导致必需氨基酸、脂肪酸、脂溶性维生素等营养素缺乏，引起体内新陈代谢紊乱，抵抗力下降，使原本青春健美的身材变得枯瘦。长期节食瘦身还会造成脱发、贫血、骨质疏松、月经稀少，甚至发生闭经和厌食症等严重后果。大学阶段是女生精力充沛、求知欲望强、学习最出成绩的时期，需要供给充足全面的营养，以满足日常消耗和保证身体、智力的发育，而且大学时期也是女生生理发育成熟、体形最健美的阶段。希望女大学生充分认识节食瘦身的危害，切勿盲目追求时髦。体重确实超标的女生，也应该在专业人士指导下进行科学瘦身。

另外，尽管大学生也都知道挑食偏食的坏处，可仍有不少同学不以为意。调查发现，大多数学生很少喝牛奶，没有天天吃水果的习惯，不重视吃豆类及其制品；一些学生不爱吃鸡鸭鹅肉和猪肝；一些学生长期只吃几种喜欢的蔬菜……长此下去，很容易造成营养素不均衡，对生长发育不利，例如缺铁性贫血、维生素A缺乏导致的夜盲症。有这方面问题的同学要注意克服，做到食物多种多样，特别重视对奶类和豆制品的摄入。

节食是指为了减轻体重，使自己吃东西的方式发生不合理的改变。在大学生中，节食行为非常普遍，是造成营养不良的重要原因。节食是不健康的减肥方法。常见的节食方式有：绝对禁食——一整天或几天都不吃东西；空顿、漏餐——该吃饭的时间不吃饭，如不吃早餐或晚餐；进食量极少——只吃极少量食物或不吃主食；吃代替餐：只吃市场上卖的营养餐包；吃非食物代用品，如魔芋制品。大学生应了解节食的害处。下面是停止节食行为的理由：①食物为我们提供营养物质，让我们能享受生活的乐趣，获得心理和精神上的满足；②节食不能减肥，反而会增加体重；③节食有损健康，有时会危及生命；④节食使你的生活变得枯燥乏味；⑥节食让你惧怕食物，剥夺你享受食物的乐趣；⑦学会爱自己和接纳自己。

2. 用饮料代替白开水

当前市场上各种果汁饮料、茶饮料、可乐、汽水、纯净水、矿泉水五花八门，使得年轻一代在饮水种类和观念上发生了很大变化：重口味，轻实质；图方便，怕麻烦。一些学生很多时候是靠喝饮料代替白开水的，这种做法极不可取，长期饮用含糖饮料会引起肥胖和增加龋齿、2型糖尿病的发病危险；过量饮用碳酸饮料与骨折的发生密切相关；

长期饮用含合成色素、香精或防腐剂的饮料会加重肝肾的代谢负担；喝汽水类饮料会产生过多气体引起胃部饱胀，导致食欲下降。从健康的角度而言，白开水是最好的饮料，价廉、解渴快，含多种对人体有益的矿物质和微量元素，而且进入人体后立即发挥其调节体温、输送养分和消除废物等功能，因此，建议大学生平时多喝白开水或清茶，少喝饮料。

3. 烟熏烧烤类食物摄入过多

熏鱼、熏肉、烤羊肉串、烤鱼片等为如今市面上常见的熏制烧烤类食品，以其风味独特为不少大学生所喜爱。烟熏烧烤类食品中含有多环芳烃类有害物，是世界上公认的致癌物，长期摄入可诱发胃癌、食管癌等。

4. 喜欢吃零食

许多受学生青睐的小食品如炸薯条、虾片、炸鸡腿、调味紫菜、巧克力、冰激凌、奶油蛋糕等，大多属于高脂、高糖、高盐和高味精食品，并含较多添加剂，而膳食纤维和钙、铁、锌等矿物质以及维生素含量很低，营养价值很低，经常食用容易导致肥胖、龋齿，也会影响正餐，应少吃为佳。

5. 边吃饭边看电脑、手机

如今，电脑和手机已成为大学生不可缺少的学习和生活工具，接触电脑、手机的时间越来越长。很多学生喜欢一边吃饭一边使用电脑、手机，表面看上去珍惜时间，实际上是一种不利于健康的坏习惯。看电脑、手机时，大脑在紧张思考，分散了吃饭的注意力，引起消化液分泌减少和胃肠蠕动减弱，使消化功能下降，久而久之，会引起消化不良和胃肠道疾病。另外，多数同学在上网时吃饭比较随便，甚至胡乱吃几口就放下碗，也容易造成食物摄入不足或者营养素不均衡。

6. 食用无卫生保证的街头食品

目前，街头无卫生保证的食品“琳琅满目”。调查资料表明，学校附近食品店和街头食品摊点整体卫生状况不合格率达70%，持有卫生许可证、健康证的从业人员不到一半，食品污染严重、餐具不消毒、滥用食品添加剂和调料的现象仍较普遍。一些小食品加工厂为了扩大销量、降低成本，大量使用色素甚至非食用色素，利用五颜六色的外观来吸引学生，而长期食用色素超标的食品对身体是极为有害的。

二、转基因食品

转基因生物就是利用现代分子生物学技术，将某些生物的基因转移到其他物种中去，改造生物的遗传物质，使其在性状、营养品质、消费品质等方面向人们所需要的目标转变。

1995年，科学家们成功地生产出抗杂草黄豆，之后又生产出抗虫害、抗病毒、抗杂草的转基因玉米、黄豆、油菜、土豆、西葫芦等。科学家将普通的蔬菜、水果、粮食等农作物变成能预防疾病的神奇的“疫苗食品”而受到欢迎。

转基因食品安全吗？由于转基因食品不同于相同生物来源的传统食品，遗传性状的改变，将可能影响细胞内的蛋白质组成，进而造成成分浓度变化或新的代谢物生成，其结果可能导致有毒物质产生或引起人的过敏症状，甚至有人怀疑基因会在人体内发生转移，造成难以想象的后果。全球的科学家们目前还无法在短时间内对转基因食品的安全性下结论。虽然存在争议，但有一点提请注意，即各类转基因食品是必须在商品说明书中明示的。

第二节　睡眠与健康

充足的睡眠、均衡的饮食和适量的运动，是国际社会公认的三项健康标准。世界卫生组织（WHO）调查显示，全世界有27%的人有睡眠问题。睡眠是所有动物物种共有的、不可或缺的行为。对于人类而言，足量、优质的睡眠对维持身体各项功能、保持良好的认知功能和记忆整合有着重要作用。大学生群体的睡眠现状堪忧，多种睡眠问题会对大学生成长、成才产生负面影响。

一、睡眠的概念

睡眠是一种反应性和活动性降低的可逆状态。有别于昏迷状态的持续性，睡眠是可逆的，并与觉醒进行周期性交替；与安静觉醒状态不同，睡眠时人对刺激的反应能力降低。睡眠是人和其他动物共有的独特的行为，对人类生理和心理健康有着重要的意义。不同年龄的人需要的睡眠时间是不同的，新生儿合适的每日睡眠时长为14～17小时，婴儿为12～15小时，幼儿为11～14小时，学龄前儿童为10～13小时，学龄儿童为9～11小时，青少年为8～10小时，青年人和成年人为7～9小时，老年人为7～8小时。

（一）睡眠分期

睡眠有着固定的生物节律，在90～100分钟内经历5个不同的阶段，分别称为入睡期、浅睡期、熟睡期、深睡期和快速眼动期。

（1）入睡期是睡眠的开始，此时脑电波开始出现变化，频率变慢，振幅变小。

（2）浅睡期是指进入睡眠状态，此时脑电波呈不规则状态，频率与振幅忽大忽小。

（3）熟睡期和深睡期是沉睡阶段，人在此阶段不易被叫醒。此时脑电波频率较慢，振幅较大，呈缓慢变化的曲线，身体活动减少、感觉灵敏度降低，称为非快速眼动睡眠。前四个阶段一般为60～90分钟。

（4）快速眼动期是第五个阶段，此时脑电波迅速改变，出现高频率、低波幅的脑电波，类似清醒时的脑电波，自主神经系统活动（如心率、呼吸）增强，血压升高，出现快速的眼球运动。

（二）睡眠结构

正常的睡眠结构周期由两个交替出现的不同时相组成：一个时相称为慢波睡眠，又称非快速眼动睡眠（NREM）；另一个时相称为异相睡眠，又称快速眼动睡眠（REM）。

人的睡眠状态，是NREM和REM反复循环的过程，一个睡眠过程通常有4～6次循环：循环中NREM逐渐缩短，REM逐渐延长。在整个睡眠中，NREM约占80%，而REM约占20%。

二、睡眠的作用

（1）睡眠能改善大脑的功能和状态，促进激素和神经系统的调节功能，进而令成人反应能力提升，小儿生长加快。

（2）睡眠能促进机体的合成代谢，消除疲劳，恢复体能和增强活力。

（3）充足的睡眠能提升机体的免疫力，使免疫细胞增多，免疫功能增强，减少疾病的发生。

（4）睡眠能促使机体的新陈代谢，排除体内的有害物质，延缓衰老而长寿；能促进皮肤肌肉的紧致，达到美容的目的。

（5）充足睡眠能使人精神焕发，减少抑郁情绪；反之，则会使人精神萎靡、烦躁，易冲动。

三、睡眠不足的危害

（1）影响人体心血管系统。睡眠不足会导致交感神经兴奋性增高，心血管活动不稳定，血管损伤，使高血压的发病率增高；睡眠不足与心律失常、病态窦房结综合征、心绞痛、心肌梗死、心源性哮喘等疾病的发生密切相关。

（2）影响人体内分泌系统。睡眠不足会导致人体内分泌系统紊乱，胰岛素分泌下降，血糖失去平衡；非睡眠状态下，生长素分泌减少，会影响青少年的生长发育和身高；睡眠不足会促使人进食，导致肥胖的发生。

（3）影响人的大脑思维。睡眠不足会导致人的类固醇皮质激素分泌紊乱，晚上激素水平升高，白天激素水平下降，人会出现头昏、注意力不能集中，甚至出现头痛、记忆力减退等情况。

（4）增强人的不良情绪。睡眠不足会导致人的不良情绪增加，使人心情忧虑、烦躁易怒，工作失去耐心，而这些正是抑郁症的前期表现。

（5）促使机体衰老。睡眠不足导致新陈代谢不足，黑眼圈加深，眼袋增大，眼睛布满血丝，皮肤代谢差而导致粗糙、干涩、多皱、暗沉，内脏器官功能降低，癌症等发病率上升，人体衰老加快。

四、影响睡眠的因素

（1）生理因素。机体不适、睡前进食过饱或过饿、高度兴奋、用脑过度等容易导致失眠。绝大多数失眠症患者都有先天体质上的弱点。由于体质较为敏感，其对外界事物的变化也更为敏感，情绪变化较大，他们往往遇事容易激动，责任心特别强，或性格较为内向，遇事易惊恐，多思多虑。

（2）疾病因素。不少内脏疾病，如心脑血管疾病、胃肠病、肝病、肾病、内分泌疾病、慢性咽喉炎、哮喘，皮肤瘙痒症以及手术后疼痛等都容易导致失眠。此外，睡眠不好也常常是抑郁症、焦虑症等精神疾病的症状。

（3）心理因素。人的精神心理受到外界的刺激或干扰时，比如各种压力和不良情绪最容易导致失眠。如在家庭成员之间、邻居或单位人与人之间遇到某些不愉快，或发生争吵以后，常常会使人多思多虑甚至过度担心，从而打乱人的正常睡眠，引发失眠。另外，大学生的学习压力、经济压力、就业压力、恋爱压力等多方面的心理压力也是导致学生睡眠质量不高的重要影响因素。

（4）环境因素。不少失眠患者往往是受家庭周围环境的干扰，如施工、马路边行车过多等影响了正常睡眠。出差时由于睡眠环境发生变化，或出国时差调整不佳等情况，也容易导致失眠。开灯睡觉会损害人体健康。灯光会扰乱人体的自然平衡，使体温、脉搏、血压都变得不协调，心神不能安定，不易入睡，睡后也易醒。

（5）药物因素。抗精神病药、抗抑郁药、抗焦虑药或安眠药以及兴奋药等，都有可能引发失眠。安眠药虽可以改善失眠，但由于药物具有成瘾性和依赖性，因此药物反过来也会导致失眠，甚至会加重失眠。

（6）生活习惯因素。熬夜，睡前喝浓茶、饮咖啡等。临睡前进食会增加胃肠负担，既影响睡眠又伤害身体。如需进食，宜休息片刻再睡。

五、改善睡眠的方法

（1）要有良好的生活规律。首先，睡眠要守时，遵循体内的生物钟，按时睡觉、起床，不要赖床和“恶补”睡眠，即使在周末、休假时也应如此。注意，恶补睡眠只会使总体睡眠效率下降，并且打乱了正常的睡眠节律，百弊而无一利，是非常不可取的睡眠方法。其次，晚餐不能太饱，七八成饱即可，晚餐后不要喝咖啡、茶以及含酒精的饮料，也不要吸烟，因为这些东西都是起兴奋作用的。最后，饥饿也妨碍睡眠，睡前如感到饥饿，可稍微吃点饼干、甜食，喝一杯牛奶等。

（2）要有良好的睡眠环境。要想晚间有良好的睡眠，首先应该创造良好的睡眠环境，一个清静的卧室和舒适的卧具是改善睡眠质量的前提，尽量将卧室布置得温馨些，避免强光、噪声，如有必要，可以使用眼罩和耳塞。温度应适宜，注意通风，不要放闹钟，选择适合自己的床、枕、褥、垫等。睡眠中要尽量侧卧，双腿微屈，自然放松，营造符合生理特点的睡眠环境。

（3）不要在睡前做剧烈运动。有规律的身体锻炼能有效提高夜间的睡眠质量。在下午和傍晚时分定时进行体育运动，有助于改善睡眠。但应该注意的是，失眠者睡前两小时内不要做剧烈运动。

（4）不要在床上做与睡眠无关的活动。把卧室作为睡觉的专用场所，不在床上从事与睡眠无关的活动，入睡前不要阅读带刺激性的书报杂志，不要躺在床上看电视、听广播，不要在床上工作，也不要在床上想当天的烦恼和第二天的工作。如果躺在床上30分钟后仍睡不着，必须起床离开房间，去做些安静的事，只在真正有了睡意时才上床。上床后如果又不能迅速入睡，则马上起床，等再有睡意时才回到床上。

（5）有效疏解情绪，避免负面情绪影响睡眠质量。焦虑和抑郁患者应及时寻求治疗。

互动小测试

睡眠质量等级自测表

1.您的睡眠状况是：（主症）

（0分）A.我的睡眠很好，倒头就睡；

（1分）B.睡眠时常有间断醒或睡而不实，晨醒过早，但不影响工作；

（2分）C.偶有失眠，但尚能坚持工作；

（4分）D.睡眠不足4小时，影响正常工作；

（6分）E.经常不眠，难以坚持正常工作。

2.您是否有健忘的症状：（ 次症 ）

（0分）A.没有，我记忆力一直很好；

（1分）B.有，偶尔有记忆力减弱；

（2分）C.有，记忆力减弱，但能坚持正常工作和生活；

（3分）D.有，记忆力明显减弱，影响正常工作和生活。

3.您是否经常有神疲乏力的感觉：（ 次症 ）

（0分）A.没有，我每天精神都很好；

（1分）B.有，精神不振，可坚持正常工作；

（2分）C.有，精神疲乏，勉强坚持正常工作；

（3分）D.有，精神极度疲乏，不能坚持正常工作。

4.您是否经常感觉腰膝酸软：（ 次症 ）

（0分）A.没有，我一直很有劲儿；

（1分）B.有，活动后腰膝酸软，可坚持正常工作；

（2分）C.有，经常出现腰膝酸软，勉强坚持正常工作及生活；

（3分）D.有，腰膝酸软明显，不能坚持正常工作和生活。

5.您是否经常头晕耳鸣：（ 次症 ）

（0分）A.没有，没体会过这种感觉；

（1分）B.有，偶有头晕耳鸣；

（2分）C.有，经常头晕耳鸣，但能坚持正常工作和生活；

（3分）D.有，头晕耳鸣明显，影响正常工作和学习。

6.您是否经常出现气短懒言的状况：（ 次症 ）

（0分）A.没有，整个身体很舒适；

（1分）B.有，不喜多言，不问则不答；

（2分）C.有，懒于言语，多问少答；

（3分）D.有，不欲言语，呈无欲状。

7.您是否有心悸的现象：（ 次症 ）

（0分）A.没有，没感受到；

（1分）B.有，偶有心悸；

（2分）C.有，经常出现心悸，但能坚持正常工作；

（3分）D.有，心悸明显，影响正常工作。

8.您是否经常感觉心烦：（ 次症 ）

（0分）A.没有，心情都还是不错；

（1分）B.有，有时心烦，自我劝慰后能平静下来；

（2分）C.有，经常心烦，难以自我劝慰，但休息后可以平静；

（3分）D.有，心烦意乱明显，影响工作和休息。

睡眠质量等级判定：

一等（0～3分）：祝贺您，您目前的睡眠质量非常高，健康状况良好，应该一直保持下去。

二等（4～8分）：您的睡眠质量平平，健康状况有所下降，如果再不引起足够的重视您的状况将会向第三等级发展。

三等（9～16分）：您应该警惕了，您的睡眠质量比较糟糕，健康状况明显受损，对于工作您开始感到吃力。

四等（17分以上）：您的睡眠质量已经非常差，长期的睡眠不足，导致健康状况的严重恶化，应付工作力不从心，情绪也不稳定。

第三节　运动与健康

一、生命在于运动

“生命在于运动”是法国启蒙思想家伏尔泰的至理名言，早已被运动爱好者们普遍接受。运动使人体格强壮、快乐自信、充满活力。

（一）运动的益处

运动是促进大学生身心发育和增强体质的最重要、最主动的因素之一。对于大学生来说，规律的运动带来的好处数不胜数，比如规律的运动有利于心肺功能完善，能够促进其肌肉生长和骨骼健康，能够有效促进其心血管和代谢健康，帮助优化身体成分，并可调节其心理和精神状态，减轻抑郁症状，消除精神紧张，提高睡眠质量。此外，运动还有助于学生塑造和改善自我形象，变得更阳光、更美好。从长远来看，这一时期养成良好的体育锻炼习惯会为大学生的身体素质打下坚实的基础。运动对身体的益处主要表现在以下几个方面。

1. 增强运动能力

运动最直接的效果是提高肌肉的力量和耐力，使身体的柔韧度和体脂比例趋于合理，增强关节韧带的韧性和强度，促使骨密质增厚、骨松质排列更整齐，使运动功能不断增强。

2. 增强各系统功能

运动时心跳加快，心肌收缩加强，呼吸功能增强，心肺功能改善。有报道称，合理的运动可使心血管疾病的死亡率降低1/8。运动能加强胃肠道的蠕动，促进消化腺的分泌，改善胃肠道血液循环，促进食欲和胃肠道对营养物质的消化吸收，减少胃炎和便秘等疾病的发生。运动能促使机体代谢增强，促进对人体有害物质的排泄，增强肾功能。

3. 延缓各器官衰老

运动能刺激各内分泌系统的代谢，促进内分泌腺（包括性腺）的分泌，加速机体的血液循环，使体内免疫细胞增加、营养供应充足，从而达到皮肤肌肉致密有弹性、体质增强不生病、延缓器官衰老的目的。

4. 释放疲劳，缓解压力

运动可刺激内啡肽的分泌增多。内啡肽又称“快乐激素”，能使人的身心处于愉悦的状态，降低心理负担，缓解心理压力。

（二）运动的时效

1. 运动的时间

古语有“闻鸡起舞”之说，古人认为早晨空气新鲜，且人刚刚睡醒，精力旺盛，此时锻炼力量足，运动创伤少，能促进体内激素的分泌，促进心血管等各系统功能增强，加速新陈代谢。因此，对年轻人来说，早起锻炼能较好地起到塑形的效果。

现代医学研究认为，下午到傍晚时分人的机体已完全活动开，身体适应能力和神经的敏感性处于良好状态，且经过上午的调整，人体对自然界的气候也能更好地适应。因此，在冬季或对于老人来说，选择在下午或傍晚运动比较适宜。

2. 运动的强度

运动的强度是指单位时间内从事运动所消耗的能量的大小，是身体对运动的反应程度，一般以心率来衡量。心率在120次/分以下的为低强度运动，心率在120～149次/分的为中等强度运动，心率在150次/分及以上的为高强度运动。

常用的方法是主观用力程度分级（RPE）评分法。RPE评分法于20世纪70年代由瑞典著名生理心理学家加纳·博格针对成年人创立，是反映运动负荷强度与主观感觉相关性的评分法。该评分法结合心率、人体的主观感受将运动强度分为1～20个等级：“1”是不做任何努力，“20”是极度努力，一般从“6”开始使用。RPE 6～11表示从“根本不费力”到“轻松完成”；RPE 12～14为中等强度，主观感受“有点吃力”；RPE 15～18为大强度，主观感受“吃力”或“非常吃力”；RPE 19～20为超大强度，主观感受“极其吃力”。RPE评分法能对运动时人体功能的变化做出科学和准确的分析，简单有效地推断运动能力、判断运动强度和进行医疗监督，以便对运动强度适时做出调整。

3. 运动的频次

每次锻炼30分钟，每周锻炼3～5次，这对大多数人来说可用最少时间获得最大运动效果。

（三）运动的准备

1. 热身运动

在静止状态，肌血流量较小，但经热身运动后，体温上升，血管扩张，血管壁阻力减小，局部肌血流量增大，血红素与肌蛋白结合和释放氧的能力增强，神经感受器的敏感度和神经传导速度因体温升高而获得改善，关节、肌腱、韧带和其他结缔组织的伸展性也随之提升。热身运动可增加肌肉收缩时的速度和力量，改善肌肉协调能力，预防或减少肌肉、肌腱、韧带的损伤。

2. 伸展运动

伸展运动必须在准备活动或锻炼后进行，这时肌肉已经发热，造成撕裂的可能性减小。牵拉使肌肉和肌腱变长，而较长的肌肉会在关节周围产生更大的力量，使人跳得更高、举得更重、跑得更快以及投得更远。然而，伸展运动不像对抗阻力锻炼（如负重锻炼），不能强壮肌肉，但可避免肌肉劳损。伸展运动可以预防损伤及防止由肌纤维损伤引起的迟发性肌痛。

二、运动的类型

（一）有氧运动与无氧运动

1. 概念

有氧运动是指在氧气充足的条件下进行的锻炼，机体能量来源于细胞的氧化反应。常见的有氧运动项目有长跑、爬山、打太极拳以及各种球类运动等。无氧运动是指肌肉在“缺氧”状态下的剧烈运动，机体能量来源于无氧酵解。常见的无氧运动有百米冲刺、俯卧撑、举重等。

2. 对身体的影响

无氧运动可增强人体的力量和塑形；有氧运动消耗人体的脂肪，增强耐力。大学生可根据自身需要选择运动类型：要加强形体训练的，就把无氧运动放在前面，而后进行有氧运动，有氧运动作为补充能提升塑形的效果；要减肥和增强耐力训练的，就应该把有氧运动放在前面，无氧运动作为补充能增强减肥的效果。

（二）运动的选择

这里主要介绍几种常见的运动项目，如散步类、游泳、蹬车训练、跳舞、唱歌等对身体的促进作用。

1. 散步类

国家体育总局的调查报告显示，散步类项目（包括散步、健身走等）一直是国人最喜爱的健身项目。健身走要抬头挺胸，迈大步，上臂有节奏地摆动，每分钟走60～80米，每天步行30～60分钟，步行时心率达到120次/分。

散步类项目贵在坚持，通过长期的有氧运动，达到活动关节、增强心肺功能、调整心态等目的。

2. 游泳

游泳不仅有其他运动所具备的塑形、提高身体柔韧性、增强心肺功能等优点，而且由于水的热传导系数比空气大20多倍，即在水中比在空气里散失热量的速度要快20多倍，故游泳能消耗更多热量。水中游100米可消耗418千卡热量，而要消耗同样的热量，要在陆地上跑400米。在水中由于胸腹部受到更大的压力，呼吸肌作用得以加强，故游泳还可辅助治疗气管炎、哮喘和肺气肿等呼吸系统疾病。

3. 蹬车训练

蹬车训练尤其适合大腿肌肉无力者。蹬车可强健大腿肌肉、股四头肌、膝关节周围软组织、腰腹部肌肉的力量，增强体能，掌握平衡。脑卒中患者、腰椎间盘突出患者、膝关节损伤患者及老年人等需加强腰腹肌和下肢锻炼的人，均可采用该项目。

4. 唱歌、跳舞

唱歌和跳舞是备受大家欢迎的全身性锻炼方式。明快优雅的音乐使锻炼变得不枯燥，在不知不觉中锻炼了心肺功能、全身肌肉，缓解了压力，提升了机体的免疫力。

（三）运动的恢复

1. 减缓运动

当锻炼突然停止时，血液会堆积在下肢，大脑得不到足够的血供，会引起头晕等症状。因此，在锻炼快结束时，有必要有个减缓运动的过程，使血液流回心脏等重要器官，再停止运动。

减缓运动有助于清除乳酸，减轻运动后的肌肉酸痛等症状。

2. 运动补水

运动中合理补充水分，不仅有助于身体血液的循环和电解质的平衡，而且有助于提升运动能力、消除疲劳。

在运动前可适当多补充些水分，运动中及训练后要以少量多次的方式来饮水，应饮用温水或运动饮料，使身体保持水和电解质的平衡，减少对胃等脏器的刺激，降低运动时产生的热量，使身体尽快恢复。

三、运动损伤

（一）运动损伤与疾病

体育运动不可避免地会发生运动的创伤、劳损和疾病。运动损伤学是为了揭示运动损伤的原因和规律，制定预防、处置及康复措施，使人们更好地享受运动带来的乐趣。

1. 运动损伤的分类

运动损伤按损伤部位可分为：

（1）肌肉、肌腱、韧带、筋膜、滑囊、关节囊等的损伤，这类损伤最多。

（2）关节软骨的损伤，如膝关节半月板的损伤等。

（3）骨组织的劳损和创伤，最常见的是骨膜炎、骨折等。

（4）神经组织的微细损伤，其原因以神经牵拉、局部压迫、粘连等多见，伤后该神经支配的区域出现感觉和运动障碍，多能恢复。

（5）其他组织器官的损伤，如腹腔内脏器破裂、内出血等，较为少见。

2. 运动损伤的特点

（1）轻伤多。运动造成的严重创伤较少，大部分属于轻度创伤。所谓轻度，是对一般人而言的，或在普通骨科领域可能视为小伤，但对运动员而言仍需引起高度重视。

（2）软组织伤多，其中以肌肉、肌腱、韧带、筋膜、滑囊、关节囊损伤最多，其次是关节软骨、半月板等损伤。损伤类型与运动项目、运动技术有关。

（3）慢性损伤多。多为积累性的小伤所致，或慢性劳损，或伤病未彻底治愈，或反复发作。

（4）复合损伤多。运动时各个部位、各种组织都可能发生创伤。坚持长年训练的专业运动员往往有多处复合损伤；初涉运动或缺乏科学指导而盲目自练的人，尤其是青少年，也会旧伤未愈，新伤又起，复合损伤也较为常见。要想改善复合损伤，合理安排训练方式和强度非常重要。

（二）运动损伤的原因

（1）盲目进行体育锻炼。忽视了循序渐进和量力而行的原则，急于求成。

（2）准备活动不充分。准备活动的内容与体育锻炼的内容结合得不够好。

（3）运动时违反了人体结构的特点、器官系统功能活动的规律以及运动生物力学的原理。

（4）身体技能状态不良。身体的协调性下降，心理状态不佳，情绪低落，缺乏锻炼的积极性，不顾主观和客观条件盲目地或冒失地参加运动。

（5）场地不符合标准，器械故障，对手粗野，不良的环境因素（如雨后路滑、光线不足、气温过高或过低）等均能引起创伤。

（三）运动损伤的现场救治

运动时若发生损伤，会出现疼痛、肿胀、炎性反应等症状。为防止损伤的加重所采取的应急手段称为应急处置，也称为“RICE原则”，包括制动（rest）、冷敷（ice）、加压（compression）、抬高（elevation）四方面。

1. 制动

损伤后立即停止运动，把出血控制在最低限度内，了解受伤的程度，用石膏、支架等把患部固定住，防止再出血、功能损伤等并发症的发生。

2. 冷敷

在患部敷上冰袋，是效果最明显的应急处置方法，待感觉消失或者20分钟后把冰袋拿掉。冷敷可使局部毛细血管收缩，减轻局部血管出血，有消炎、止血、止痛等作用。冷敷还可以使血液黏度增加，毛细血管通透性降低，减少或限制流向伤处的血液。

3. 加压

可使用弹力绷带进行加压包扎，睡觉时可把弹力绷带拆除。加压包扎可使患部减轻内出血，促进其吸收，减轻伤肢周围的浮肿。冷敷是间断性的，而加压则在一天中都可以连续使用。

4. 抬高

抬高是指把患部抬到比心脏高的位置。同冷敷、加压一样，抬高对减轻内出血也是非常有用的，不仅可以减少流向损伤部位的血液，而且可以减轻来自体液的压力，以促进静脉血的回流，患部的肿胀及淤血也会因此得到相应的减轻。冷敷、加压包扎和伤肢抬高都是重要的处置手段。

如果受伤严重，以上四个步骤应坚持做24～48小时。

（四）治疗原则

1. 伤后特训

伤后特训是治疗运动损伤的首要内容。为使运动员保持已有的训练水平，防止因伤停训引起的“停训综合征”，通过肌力练习防止伤部肌肉萎缩，加强关节稳定，改善伤部组织代谢与营养，消除粘连，缩短修复时间。运动员受伤后应根据伤情、损伤机制、解剖特点等安排训练计划，进行恢复训练。

2. 使用黏膏支持带或保护带

使用黏膏支持带或保护带保护已伤关节，是防止再伤和使运动员迅速投入训练的有效措施。

3. 局部治疗

局部治疗包括按摩、理疗、外敷药、局部封闭等，其作用是消炎止痛、改善伤部代谢、消除水肿、加速愈合、消除瘢痕粘连与挛缩等。

4. 全身治疗

运动损伤的发生常与全身状态不良有关，治疗时也应注意改善全身状态，如内服中药，补充维生素B、C、E等。

拓展阅读

一、体力活动缺乏综合征

在美国的医学及体育研究文献中有一个新名词，是Sedentary Death Syndrome，此疾病名称直译为“久坐生活方式致死症”，即“体力活动缺乏综合征”，是指由于缺乏体力活动而导致的疾病或者非健康状态。

研究表明，缺乏体力活动至少会引起26种非健康状态或疾病的发生，并大大增加疾病的发生率，包括心绞痛、心肌梗死、心律失常、关节疼痛、乳腺癌、结肠癌、心力衰竭、抑郁症、消化不良、胆结石、高血脂、高血压、认知能力下降、高密度脂蛋白胆固醇降低、生活质量下降、停经综合征、过度肥胖、骨质疏松、胰腺癌、外周血管疾病、体力不支、早逝、前列腺癌、呼吸不畅、睡眠性呼吸暂停、脑卒中和2型糖尿病等。另外，体力活动不足还可以导致以下多种情况引起的残疾的进一步恶化，如化疗、慢性背痛、恶病质、髋骨骨折、体力缺乏、脊髓损伤、脑卒中、椎骨和股骨骨折等。

二、运动性横纹肌溶解症

横纹肌溶解症是指一系列影响横纹肌细胞膜、膜通道及其能量供应的多种遗传性或获得性疾病导致的横纹肌损伤，使细胞膜完整性改变，细胞内容物（如肌红蛋白、肌酸激酶、小分子物质等）泄漏进入血液循环，严重时伴有代谢紊乱及急性肾功能衰竭而危及生命。

临床上可见肌肉的疼痛、压痛、肿胀及无力等肌肉受累的情况，亦可有发热、全身乏力、白细胞计数和（或）中性粒细胞比例升高等炎症反应的表现，尿外观呈茶色或红葡萄酒色。因本病大约30%会出现急性肾衰竭，当急性肾衰竭病情较重时，可见少尿、无尿及其他氮质血症的表现。

横纹肌溶解症在运动员中是很常见的，并不是只有很久不运动的人才容易患横纹肌溶解症，虽然低体能是一个危险因素，但横纹肌溶解症也可能发生在长期锻炼的高体能训练者身上，比如重复不熟悉的动作训练，又如负重训练过量，还有其他很多因素都会让运动更容易触发横纹肌溶解症，包括脱水、湿热、麻黄碱、高剂量的咖啡因、酒精等。

所以适量运动很重要。如果运动后出现反应能力下降、平衡感降低、肌肉的弹性减小，一到运动场地就头晕恶心，吃不香、睡不好，抑郁、易怒，易感冒等状态时，就说明运动过量了。

运动性横纹肌溶解症的预防有以下几点：

（1）避免同一项目的过度长时间、大强度训练，建议多项目交叉训练，这样可以避免同一肌肉的过度长时间训练。

（2）加强适应性训练，包括对训练时间、强度、耐热能力等的适应，循序渐进。剧烈运动会引起一定数量的横纹肌细胞破坏溶解，导致血清肌酶和肌红蛋白水平升高，并且升高的程度与运动的时间和强度呈正相关。良好的适应性训练能够推迟和减轻横纹肌细胞损伤。

（3）注意劳逸结合，在进行大运动量训练之前要安排好休息，若是遇到身体不适，如感冒、发热等，建议不要参加训练，以休息恢复为主。

（4）避免在阳光直射、在炎热潮湿的夏季中午进行大运动量训练，可选择较凉爽的时间或环境，这样会有利于身体散热。

（5）训练前、中、后要注意补充足够的水分和电解质，尤其钠、钾离子。一般情况下，若能避免身体严重脱水和虚脱、热惊厥、酸中毒等，很少引起急性肾功能衰竭。

第四节　物质滥用与健康

物质滥用是一类导致伤害的健康危险行为的总称，它导致的伤害可能不是立刻发生的，而是一个长期、慢性的过程。这类行为包括：①吸烟；②饮酒；③滥用药物（俗称“吸毒”）；④习惯性吸入某些可溶性气体等。

物质滥用是全世界面临的严重问题，尤以青少年为最。滥用这些物质一旦形成习惯，可导致生理性和心理性成瘾，产生戒断反应等临床症状。这些行为大多从青少年时期开始，其影响延续到成年期，给青少年和社会带来巨大危害。

一、控制烟草

烟草是人类健康的致命杀手。世界各国近40年来对烟草危害的广泛研究显示，烟草的烟雾中至少含有69种对人体有害的物质，这些物质可导致肺气肿、气管炎、肺心病、心脑血管疾病等多种疾病，引起肺癌、胃癌、肝癌、口腔癌等多种肿瘤，吸烟者的平均寿命比不吸烟者至少缩短10年。

中国是全球烟草种植、生产、销售大国，约有3亿烟民和7.4亿二手烟受害者。《中国吸烟危害健康报告2020》指出，2018年中国15岁以上人群吸烟率为26.6%，其中男性吸烟率为50.5%。我国每年有100多万人因烟草失去生命，如果不采取有效行动，预计到2030年将增至每年200万人，到2050年将增至每年300万人。

（一）吸烟的危害

（1）香烟燃烧时主要释放尼古丁、烟焦油、一氧化碳、二噁英等致病成分。

尼古丁是一种无色透明、有挥发性的油状剧毒液体，每支香烟中含有1.5～3.0毫克的尼古丁，而40～60毫克纯尼古丁就可以毒死一个成年人。尼古丁能使吸烟者产生依赖，使人成瘾；会损害神经系统，长久吸烟可引起记忆力减退、注意力分散、精神恍惚、失眠多梦、反应迟钝等神经中毒症状；会刺激血管平滑肌痉挛，使血压升高，促使心肌梗死的发生；会刺激胃酸分泌，导致胃平滑肌痉挛，促使溃疡及胰腺炎的发生。

烟焦油的主要成分是苯并芘和二甲亚硝胺，它们能够改变细胞的遗传结构，致使细胞不正常分裂，诱发食管癌、喉癌、口腔癌、肺癌等恶性肿瘤。

一氧化碳与血红蛋白的结合力比氧气大240～300倍，大量吸入将严重削弱红细胞与氧气的结合能力，易引起心肌梗死、脑卒中等心血管系统疾病。

（2）刺激性烟雾可导致肺气肿、青少年哮喘等呼吸道疾病的发生，还会使牙齿变黄、口臭增强。

（3）吸烟会导致骨质疏松，使男性性功能丧失、女性更年期提早来临；吸烟会导致孕妇早产、流产。

（4）吸烟产生大量的自由基，诱发各种肿瘤和慢性病。

（5）二手烟的暴露同样可以导致以上疾病的发生，甚至比对吸烟者造成的危害更大。

（二）烟草的控制

从全球角度来看，全世界每年死于与吸烟有关疾病的人数约350万人，若再不采取行动，到2030年该人数将增至1000万人。在我国，目前每天约2000人因吸烟而死亡，若该情况持续下去，到2050年该数字将增至每天8000人。世界卫生组织根据现有趋势估计，中国目前20岁以下的儿童青少年今后将有2亿人变成吸烟者，其中至少有5000万人将因吸烟而早逝（35～69岁死亡）。

2006年1月，中国正式获批成为《WHO烟草控制框架公约》缔约国。2016年发布的《“健康中国2030”规划纲要》提出“到2030年，15岁以上人群吸烟率下降到20%”的控烟目标。

大学生应在了解了吸烟对人体的诸多危害后，提高对烟草的心理免疫力，面对烟草的诱惑时，能坚定地说“不”。同时，大学生还应积极参加控烟活动，将吸烟有害健康的知识传播到家庭、社会，做到自己不吸烟、劝说他人要戒烟，从而减少无辜人群被动吸烟。

二、禁止毒品

毒品是指鸦片、海洛因、甲基苯丙胺（冰毒）、吗啡、大麻、可卡因以及国家规定管制的其他能使人形成瘾癖的麻醉药品和精神药品。

（一）常见毒品

1. 鸦片

鸦片俗称“大烟”“烟土”。草本类植物罂粟果中的汁液经加工成褐色的膏状物，称为生鸦片。生鸦片煎制后便成为烟膏。鸦片的主要成分是吗啡、可卡因等，占10%～20%。

2. 吗啡

吗啡是从鸦片中提炼出来的生物碱，为白色结晶粉末状，略有酸味，是医学上的镇痛剂，采用皮下或静脉注射。过量吸食会出现昏迷、瞳孔极度缩小、呼吸抑制，甚至出现呼吸停止而死亡。

3. 海洛因

海洛因是一系列吗啡类毒品的总称，是以吗啡生物碱为合成起点得到的半合成毒品，纯度高的海洛因又称“白粉”。海洛因成瘾快，毒性烈，曾被称为“世界毒品之王”。持续吸食海洛因一般只能活7～8年。

4. 大麻

大麻通常被制成大麻烟吸食，其价格便宜，在西方国家被称为“穷人的毒品”。初吸大麻有兴奋感，不久转为恐惧。长期使用会出现人格障碍、双重人格、记忆力衰退、反应迟钝、抑郁、头痛、心悸、瞳孔缩小和痴呆等，有攻击性行为，易发生违法犯罪行为。

5. 可卡因

可卡因是从古柯植物叶片中提炼出来的生物碱，为白色薄片状无味晶体。可卡因对中枢神经系统有高度毒性，可刺激大脑皮质，产生兴奋感及视、听、触的幻觉，是最强的天然中枢兴奋剂。可卡因用后极短时间内即成瘾，伴以失眠、食欲不振、恶心及消化系统紊乱等症状，导致呼吸衰竭而死亡。70毫克的纯可卡因可以使体重70千克的人当场丧命。

6. 甲基苯丙胺

甲基苯丙胺又称“冰毒”，主要从野生麻黄草中提炼出来。甲基苯丙胺为白色块状晶体，易溶于水，长期注射使用可导致永久性失眠、破坏大脑功能、心力衰竭、焦虑、紧张或激动不安，甚者导致精神分裂及中毒而死亡。20世纪90年代，“摇头丸”从美国流入我国香港，后传入我国内地。“摇头丸”是冰毒的衍生物，服后使人亢奋，听到音乐后摇头不止，持续时间可长达6～8小时，并出现幻觉和性冲动，行为失控，引发打架斗殴、强奸等刑事案件。1996年11月25日，联合国禁毒署在上海召开了国际兴奋剂专家会议，一致认为苯丙胺类兴奋剂将取代传统毒品，成为21世纪全球范围滥用最广泛的毒品。

7. 一氧化二氮（笑气）

一氧化二氮（笑气）是一种无色、有甜味的气体，具有轻微麻醉作用，又因其可用于制作蛋糕裱花气体，故俗称“奶油气弹”。笑气在临床上作吸入性麻醉药，能够使人感到轻松、快乐，甚至出现幻觉。笑气的危害虽然比不上其他毒品，但长期或大剂量滥用会影响维生素 B_{12} 的吸收及代谢，造成恶性贫血、导致末梢神经及脊髓病变，出现手脚麻木、无力等症状，还可能造成精神异常，如嗜睡，抑郁或精神错乱等，症状严重时甚至会危及生命。

（二）吸毒的危害

1. 生理依赖性

反复用药后使人体产生适应性改变，产生强烈的依赖性。一旦停药会出现戒断反应，轻者打哈欠、流眼泪、剧烈咳嗽、食欲全无，重者滴水不进、浑身发冷、颤抖或大汗淋漓，出现精神和行为失控，难以戒除。

2. 精神依赖性

吸毒者对毒品有一种强烈的用药欲望，会不择手段地去获得、使用它，并且连续使用需不断加大剂量。

3. 对机体的伤害

毒品直接伤害人体的中枢神经系统，控制着人的情绪和行为。一旦成瘾则难以戒断。毒品严重损害人体的心脏、肝脏等器官，而且往往是不可逆损伤。

4. 造成公共社会问题

通过性行为、注射等传播方式，导致艾滋病、乙肝、丙肝、淋病、梅毒等疾病的传播，造成严重的公共社会问题。

5. 吸毒者对家庭和社会的危害

家庭中一旦出现了吸毒者，将使家庭陷入贫困、亲人离散甚至家破人亡的境地。吸毒者造成社会财富的巨大损失和浪费，毒品诱发各种违法犯罪活动，扰乱了社会治安，给社会安定带来巨大威胁。

（三）远离毒品

日趋严重的毒品问题已成为全球性灾难，引起了世界各国的高度关注。每年的6月26日是国际禁毒日，目的是希望世界各国重视毒品问题，共同禁毒。

从社会预防而言，政府要加大预防教育力度，坚决消除染毒环境。学校、家庭、大众传媒要共同努力，不间断地向青少年传递药物滥用危害，坚决把住“不吸第一口毒品”这一关。作为大学生，更重要的是做好个人预防。

1. 培养健康行为

不吸烟酗酒，在歌舞厅、游戏厅、酒吧等场所能控制自己的情绪和行为，以正确方式疏泄情绪。培养自己多方面健康向上的兴趣爱好，参加文明、高雅的文化娱乐活动，丰富精神生活。

2. 培养自我管理技能，提高抵御毒品的能力，如人际交往能力、解决问题能力、自我表达能力等

能有效抵御来自同伴的压力，学会“拒绝”；能以理性、非情绪化方式正确对待生活应激事件，解决孤独、抑郁、无助、恐惧、愤怒等负面情绪；在遭遇困难和压力时能主动寻求帮助，应对挫折。

3. 加强思想道德、科学文化知识的学习

提高自己的科学文化素质和道德水平，树立正确的人生观和价值观，努力培养高

尚的道德情操和远大的理想，建立自尊、自信和责任感，避免空虚无聊、摒弃消极的生活方式。

4. 高度警惕，杜绝任何毒品诱惑

不要放任好奇心，有不少人就是因好奇而以身试毒，结果付出惨痛代价的；勇敢面对学习、生活中的困难和挫折，绝不可用毒品来麻醉自己，消愁解闷、回避困难；不盲目追求享受，寻求刺激，赶时髦，不要崇拜吸毒的“偶像”，那种把吸毒误认为是时髦、酷，是高端人士才能享受的认识是错误的。

5. 增强法律意识和自我保护意识

懂得禁毒的有关法律法规，树立“吸毒违法、贩毒犯罪”的意识。充分认识吸毒对于个人身心健康所造成的巨大危害以及对事业、前途的严重影响，珍惜生命，热爱生活。

拓展阅读

一、警惕新型毒品

你绝对想不到，原来毒品离我们这么近！它可以伪装成可乐、跳跳糖、电子烟、果冻……隐藏在我们身边。是不是别人递来的东西，我们不碰就安全了呢？在灯光昏暗的娱乐场所，很多新型毒品会让你防不胜防。

什么是新型毒品？新型毒品是相对鸦片、海洛因等传统毒品而言的，多指以芬太尼及合成大麻素为代表的新精神活性物质。与常见毒品相比，伪装性强是新型毒品的最大特点。下面带大家认识几种令人迷惑的新型毒品。

“上头电子烟”外表与普通电子烟相似，但烟油里却添加了合成大麻素。吸食“上头电子烟”后，会出现轻则头晕呕吐、精神恍惚，重则休克窒息，甚至猝死，比传统毒品大麻更易成瘾，危害更大。

“邮票”是一种典型的新型毒品，主要成分为麦角酸二乙酰胺，这是一种从天然的麦角真菌中提取的麦角酸经过化学合成制成的强效致幻剂，只需很小的剂量就能使人产生强烈的致幻感。

以爱美人士为主要目标，一种伪装成“减肥药”的新型毒品中含有伪麻黄碱成分。伪麻黄碱是一种受管制的药品，也是制作冰毒的原材料之一。伪麻黄碱的药理作用是兴奋神经中枢、促进代谢，长期大量服用会使人头晕、恶心、兴奋、睡不着觉、食欲减退，对人体造成极大伤害。

新型毒品种类繁多，又极具伪装性、隐蔽性、迷惑性！这些只是它众多伪装套路中

的一小部分。面对毒品千变万化的“外衣”，我们一定要擦亮双眼，不要被各种噱头和包装蒙蔽，更不要因为好奇、“赶时髦”去轻易尝试。

二、拒绝物质滥用的技巧

技巧一：加强自我保护意识，冷静分析判断，危险的地方少去、不去。

技巧二：机智地对待问题，灵活运用多种拒绝技能。

（1）语言：清晰地说“不“ “不，我不想”，请对方离开你。

（2）语气：大声、坚决、果断。

（3）动作：抬头直视或摇头、摆手、后退，做拒绝的动作。

（4）神情：直视对方，皱眉、瞪眼表示不赞同。

（5）行动：想办法抽身离开，尽可能摆脱这种情景。

技巧三：向可信任的人倾诉，寻求帮助。

技巧四：掌握多种获得救援的方法和技能。

拒绝物质滥用说“不”时，态度要明确，语气要坚决，理由要充分。学会这些技能以更好地避开生活道路上的陷阱与危险。有些人一生中所犯的错误都是在本想说“不”的时候说了“是”。

三、拒绝酗酒

酗酒，意为无节制地喝酒，酒后行为失控；现一般指“酒精滥用”和“酒精依赖”。酒精是一种麻醉品，长期酗酒对人体的伤害很大。

（一）酗酒的危害

1. 酗酒会抑制中枢神经系统的功能

酗酒会使大脑处于异常兴奋或麻痹状态，其影响随血液中酒精浓度的变化而不同。当血液中酒精浓度达到0.08%时，人就会出现舌根发硬、口齿不清、头重脚轻等醉酒现象；当血液中酒精浓度增加到0.12%时，人会酩酊大醉；当血液中酒精浓度升高到0.16%时，人就会大小便失禁，昏迷不醒，甚至中毒死亡。

长期饮酒者突然停饮，酗酒者的神经系统会发生急性精神障碍，出现震颤谵妄、幻觉等症状，使人行为失常。

2. 酗酒对消化系统的影响

酒精进入人体，95%以上的乙醇在肝脏分解和排泄，患有肝病者饮酒会使毒物在肝内蓄积，损伤肝细胞；长期酗酒会引起食管炎、胃炎、胰腺炎、胃溃疡和酒精性肝病等消化系统疾病，还可导致食管癌、胃癌、肝癌。

3. 酗酒对心血管系统的影响

酗酒会使心率加快，血压上升；长期酗酒可使心脏发生脂肪变性，降低心脏收缩力，诱发心律失常、急性心力衰竭等疾病。

4. 酗酒对体内营养素的影响

乙醇的相对分子质量小，能穿透人体内组织的细胞膜，对细胞有一定的毒性作用。长期饮酒造成体内多种营养素的缺乏，特别是维生素 B_1、维生素 B_2、维生素 B_{12} 的缺乏，影响叶酸的吸收。

在世界范围内，与吸烟相比，饮酒会导致更高的生存年数的损失。其中的原因是，与饮酒有关的伤亡主要发生在年轻人中，而与吸烟有关的死亡和伤残主要发生在年龄较大的人群中。

（二）酗酒的防范

（1）加强健康教育，使人们认识到酗酒的危害，重视限制饮酒的重要性。

（2）营造限制饮酒的氛围。在一起吃饭尽量避免无节制地劝酒，避免起哄劝酒；尽量少与酗酒者一起喝酒；在青少年、儿童面前不酗酒，发挥言传身教作用。

（3）家庭聚餐尽量选择低度酒，避免醉酒。

交流与讨论

1.深入分析你个人的哪些行为与生活方式对促进个人、他人健康是有利的，哪些会危及你个人或他人的健康。

2.不健康的饮食习惯容易导致很多疾病，请分析一下自己有哪些不健康的饮食习惯。

3.根据所学的营养知识和自己的饮食习惯，与同学们一起讨论，为自己制订一份平衡膳食计划。

4.预防食物中毒的发生，在个人行为方面应注意哪些问题？

5.大学生应该从哪些方面入手来解决睡眠不足的问题？

6.与周围同学分析讨论目前的体育锻炼情况，并设计出一份可行的个性化运动处方。

7.分析运动损伤发生的原因并讨论适合的应急方案。

8.健康的生活方式需要自我来选择。请围绕吸烟、饮酒这些行为，讨论有哪些拒绝别人劝烟、劝酒的技巧。

9. 如果在酒吧聚会，陌生人递过来的饮料，该不该喝，为什么？

健康生活方式　　学会看营养标签

第三章
疾病预防

学习目标

1. 掌握生活中常见疾病的基本表现和防治方法，提高疾病预防和保健的能力
2. 掌握常见传染性疾病的临床表现和防控方法，提高自我防范的意识和能力
3. 了解健康体检的项目、意义和注意事项

第一节　生活中常见的疾病

一、上呼吸道感染

呼吸道以环状软骨为界分为上呼吸道和下呼吸道，上呼吸道包括鼻、咽、喉，下呼吸道包括气管、支气管、肺。上呼吸道感染（简称“上感”）是鼻腔和咽喉部急性感染的总称，包括普通感冒、咽炎、喉炎、扁桃体炎等，通常普通感冒被称作上感，是呼吸道最常见的疾病，多为病毒感染，呈自限性。全年都可发病，冬春季节高发。

（一）病因与临床表现

1. 普通感冒

普通感冒由鼻病毒、冠状病毒、副流感病毒、呼吸道合胞病毒等病毒引起，当患者疲劳、精神压力大等情况时，机体抵抗力下降，就容易被感染。常见鼻塞、清涕、喷嚏、咽干、咽痒咳嗽等，病程迁延可见咽痛、黏稠涕。若并发咽鼓管炎，可有听力减退；若病变向下呼吸道发展，可见咳嗽、咳痰、胸痛、呼吸不畅等症状。一般发热和全身症状轻微或无，可有乏力、头痛，少数可合并唇周单纯疱疹。若无并发症，5～7天可痊愈。

2. 急性病毒性咽炎、咽峡炎、喉炎

咽炎主要表现为咽干、咽痒、咽痛，腺病毒或柯萨奇病毒咽炎可伴有眼结膜炎，伴畏光、流泪；咽峡炎咽痛明显，常伴发热，多由柯萨奇病毒引起；成人喉炎主要表

现为声音嘶哑，讲话困难。过度使用声带和外环境刺激，也是成人喉炎的重要成因。

3. 细菌性咽－扁桃体炎

常由溶血性链球菌、流感杆菌、葡萄球菌等引起，急性起病，咽痛明显，畏寒发热，体温可达39℃以上，下颌、颈部淋巴结肿大，触痛，儿童可伴有腹痛。

上呼吸道感染未及时痊愈，可并发鼻窦炎、中耳炎、气管炎，一些病例可继发肾小球肾炎、心肌炎等。因此，发病一周后仍有发热、心悸、胸闷、咳嗽等症状，应及时到医院进一步诊治。

（二）预防和治疗

1. 综合防治

无并发症的轻症患者，应多喝水，注意充足的睡眠和休息，保持室内空气流通，避免寒冷及高温刺激，使机体抵抗力处于最佳状态。饮食应注意清淡，避免辛辣饮食。避免刺激性气体，积极治疗。

2. 对症治疗

可选用具有抑菌、抗病毒作用的清热解毒类中成药，如连花清瘟胶囊、清开灵、小柴胡、板蓝根等，能有效改善症状，缩短病程；如有发热、头痛、鼻塞、流涕、喷嚏等症状，可选用酚麻美敏片（泰诺）、美扑伪麻片（新康泰克）、复方氨酚烷胺胶囊（快克）等；伴有咳嗽时可选用复方甘草合剂、强力枇杷露、右美沙芬等止咳药物；咽痛可服用各种喉片、金果饮、西瓜霜等；如果累及喉部，可采用药物雾化吸入疗法；急性喉炎时应特别注意使声带休息，尽量减少发声次数及强度。发生咽喉过敏性水肿，应立即送医，紧急救治。

3. 抗菌、抗病毒治疗

有白细胞计数升高、咽部脓痰等细菌感染症状时，可酌情服用抗生素；针对病毒感染，可酌情服用抗病毒药物。无论抗生素还是抗病毒药物，必须在医生指导下，遵医嘱服用。滥用抗生素或抗病毒药物都可能造成耐药，非但达不到治疗效果，还可能延误治疗。

二、急性气管支气管炎

急性气管支气管炎主要是由病原体感染引起的气管支气管黏膜炎症。物理、化学刺激或过敏等因素，也可引起气管支气管黏膜急性炎症。以咳嗽或伴有支气管分泌物增多为特征。往往继发于上呼吸道感染之后，也常为肺炎的早期表现。

（一）病因与临床表现

病毒及细菌感染，是引起本病的主要因素，病原体可以直接感染气管支气管，也可以由上呼吸道感染而引起。理化因素刺激（如冷空气、刺激性气体或烟雾吸入）、过敏原（如花粉、粉尘、真菌孢子、细菌蛋白、在肺内移行的蛔虫、钩虫等幼虫）都可能引起本病。往往先有急性上呼吸道感染的症状，当炎症累及气管、支气管黏膜时，则出现明显的咳嗽。开始时干咳无痰，逐渐痰量增多，呈黏液性或黏液脓性痰。明显的脓痰则提示细菌感染。咳嗽严重时，可致咽喉部小血管破裂，痰中带少量血丝。若伴有支气管痉挛，可出现哮鸣音或喘息。病变多呈自限性，无并发症的严重病例，发热可持续3～5天，随后急性症状消失，但咳嗽可持续数周。若持续发热，需考虑合并肺炎。伴有慢性呼吸道基础疾病的患者，可发生呼吸困难乃至急性呼吸衰竭。

（二）预防和治疗

1. 综合防治

发热患者应休息至体温正常。发热期间应多喝水，清淡饮食，保持空气流通，注意空气的温度和湿度，脱离诱发因素和吸入过敏原等。外出时可佩戴口罩，降低气道的敏感性，减轻气道痉挛。

2. 对症治疗

若有上呼吸道感染症状，可参照上呼吸道感染治疗；止咳化痰常用复方甘草合剂、枇杷止咳露等；若痰液黏稠可服用祛痰药，如氯化铵合剂、溴已新、急支糖浆等；咳嗽剧烈而痰少者，可服用美敏伪麻溶液、磷酸可待因、复方桔梗止咳片等；有哮鸣音者，可服用氨茶碱类平喘药，必要时可加用平喘气雾剂。出现脓痰或持续发热时，应遵医嘱使用抗生素。

治疗过程出现咳嗽持续或症状逐渐加重者，发热持续或体温超过39℃者，出现气急、呼吸困难者，应及时到医院就诊。

三、肺炎

肺炎一般指终末气道、肺泡和肺间质的感染性炎症，可由细菌、病毒或其他病原体感染引起。广义的肺炎还指由理化因素、过敏及免疫损伤引起的肺部损伤。病毒和支原体肺炎有聚集性发病的特点，可以通过空气飞沫传播。

（一）病因与临床表现

常见的病原体包括细菌、病毒、非典型病原体、真菌、立克次体等，其中以细菌和病毒感染最为多见。发病前常有上呼吸道感染症状，随后出现咳嗽、咳痰，可为黄、绿、灰色脓痰或痰中带血、铁锈色痰。伴或不伴随深呼吸而加重的胸痛，严重者可出现心悸、气急、呼吸困难。大多数患者有发热、畏寒症状，部分患者在高热后出现口唇周围和鼻周疱疹，少数患者还可表现为呕吐、腹泻、腹痛及神经、精神症状。

（二）预防和治疗

1. 综合防治

加强锻炼，增强体质；减少危险因素，如吸烟、酗酒；年老体弱或有慢性基础疾病者、免疫抑制者（如HIV感染、肿瘤、长期服用激素等）可注射肺炎疫苗；气候变化明显时要做好防寒防暑工作。居住环境空气要流通。

2. 对症治疗

细菌性肺炎根据细菌谱选择不同的抗菌方案，治疗后48～72小时对病情进行评估，治疗有效则继续当前抗菌方案，无效则应进行病原学检查，调整抗菌方案，一般疗程7～14天；病毒性肺炎、非典型病原体肺炎、真菌性肺炎，需根据病原体选择不同的针对性药物，可以做病原学检查及药敏试验，选择有效的药物；理化等因素所致肺炎，应脱离各种致病因素并对症治疗。

四、支气管哮喘

支气管哮喘简称哮喘，是一种慢性可逆性呼吸道疾病，与呼吸道高反应性相关。以呼吸道出现慢性炎症、痉挛为特征，表现为反复发作的喘息、呼吸困难、胸闷及咳嗽，常在夜间或凌晨发作或加剧，多数患者可自行缓解或经治疗缓解。

（一）病因与临床表现

哮喘是一种有明显家族聚集倾向的多基因遗传病，病人亲属患病率明显高于社会群体患病率，且亲缘关系越近患病率越高。尘螨是室内过敏原中最常见的重要发病原因，室外过敏原如花粉、真菌、动物毛屑、二氧化硫、油烟、喷雾剂、蚊香烟等；药物变应原如阿司匹林、普萘洛尔（心得安）和一些非皮质激素类抗炎药等；食物中的鱼、虾、蟹、蛋、牛奶、面粉等都可诱发哮喘。空气污染、吸烟、呼吸道感染、妊娠、剧烈运动、气候转变以及精神因素，都是激发哮喘的可能原因。

哮喘可在接触花粉、尘埃、宠物、香水、药物等过敏原后数分钟内发作，历经数小时至数天，症状缓解数小时后部分患者可再次发作。常见症状是伴有哮鸣音的发作性喘息、气急、胸闷或咳嗽，重者不能平卧。青少年中，有因运动出现胸闷、呼吸困难或伴咳嗽，称为运动性哮喘；另有一些患者咳嗽是唯一的症状，称为咳嗽变异型哮喘或过敏性咳嗽。

（二）预防和治疗

1. 综合防治

避免过敏原或诱发因素是治疗和预防哮喘发作的关键，应结合个人情况找出容易激发哮喘的过敏原或诱因，尽可能避免这些诱发因素。应了解哮喘的发病概况，学会自行监测，掌握发病的先兆症状，熟悉不同吸入剂型的正确用法，学会发病时的自我应急处理。此外，螨虫是引起哮喘的重要元凶，应特别注意床上用品的清洁，定期清洗晾晒。室内空气应保持清新，避免刺激性气体和烟雾，选择适当的运动加强户外锻炼，增强体质，但应避免剧烈运动，以免发病。饮食以清淡为主，避免进食虾蟹等易过敏的食物和冷饮。有条件者，可积极进行免疫调节治疗。

2. 对症治疗

长期抗炎治疗，是哮喘缓解期的基本治疗方法，首选糖皮质激素吸入，如布地奈德、氟替卡松，以控制气道的慢性炎症，预防哮喘发作。哮喘发作时应急药物首选 β_2 受体激动剂，如沙丁胺醇，用以松弛支气管平滑肌，改善通气，缓解症状。若糖皮质激素吸入后病情控制仍不理想，应加用长效 β_2 受体激动剂或缓释茶碱等。以上治疗必须遵医嘱规律使用，经过规范治疗，80%以上的患者可以得到有效控制。

五、病毒性心肌炎

病毒性心肌炎是由病毒感染引起的心肌急性或慢性炎症病变，是心肌炎中最常见的类型。

（一）病因与临床表现

病毒性心肌炎由多种病毒引起，以上呼吸道感染和肠道感染病毒最多见，其中柯萨奇病毒B组是最主要的病毒。临床表现多样，取决于病变的程度和部位，轻者可没有症状，重者出现心律失常、心源性休克甚至猝死。多数患者在发病前1～3周有上呼吸道或肠道感染病史，可以有发热、全身酸痛、咽痛、腹泻等症状，随后出现胸闷、心悸、心前区压迫感或隐痛，自觉心慌、心律不齐等。但是，患者往往忽视病毒感染的前驱症状而以心律失常为主诉或首见症状，极端病例可由晕厥发病。病毒性心肌炎经过早期诊断和治疗，多数预后良好，部分患者后遗各种心律失常，少数患者迁延成扩张型心肌病，极少数患者发生严重心律失常、心力衰竭或心源性休克。

（二）预防和治疗

1. 综合防治

应保持良好的心态，养成良好的个人卫生习惯，避免呼吸道、胃肠道感染，注意适度锻炼，增强心肺功能。病毒性心肌炎目前仍无特异治疗方法，休息和饮食是急性期非药物治疗的重要环节；充足的休息可以降低患者心肌收缩率，减轻心脏负荷，故应尽早注意卧床休息；饮食应注意营养充足、均衡，进食易消化、富含维生素和蛋白质的食物，限制高糖、高盐、高脂饮食，避免刺激性食物。

若有上呼吸道感染、腹泻等感染史，出现乏力、胸闷与头昏等症，自觉心悸、心律不齐，甚至晕厥，应尽早就医。

2. 临床治疗

一般以综合治疗为主，主要包括抗病毒治疗、免疫调节、保护心肌和对症治疗。开始治疗时常短期应用抗生素清除链球菌和其他敏感细菌；抗病毒治疗用于病毒性心肌炎早期，如干扰素、黄芪注射液；当出现明显心律失常时，应考虑存在免疫介导的心肌损害，可以应用糖皮质激素调节免疫功能，减轻心肌细胞损害程度；心肌炎急性期会产生较多自由基，而自由基又会加重心肌细胞损伤，多采用大剂量维生素C和辅酶Q10等静脉给药，保护心肌细胞，促进病变心肌恢复，改善心脏功能。对症治疗主要针对各种心律失常、心源性休克、心力衰竭等症进行相应治疗。

六、心律失常

心律失常是由心脏搏动的起源或传导障碍，致心脏搏动频率或节律发生异常的疾病，是心血管疾病中常见的一组疾病，可以单独发病，也可以并发于其他心血管病。其预后与发病的起因、病程及血流动力障碍有关，可突然发作猝死，也可迁延累及心脏致心力衰竭。

（一）病因与临床表现

心律失常主要分遗传性和后天获得性两类，后天获得性又分为生理情况和病理情况。生理情况包括情绪、运动、睡眠等，可发生短暂的心律失常，常见窦性心律失常和期前收缩。病理情况可见于各种器质性心脏病，常见于冠状动脉粥样硬化性心脏病、心肌炎、心肌病和风湿性心脏病；也可见于非心源性疾病，如电解质代谢或内分泌失调，自主神经功能失调，物理、化学和药物因素等。

根据发生的部位可分为室上性（包括窦性、房性和房室交界性）和室性心律失常；根据心率快慢可分为快速型（心率>100次/分）和慢速型（心率<60次/分）心律失常。临床症状取决于心律失常的性质和类型，轻者可无明显症状，典型症状可见心悸、胸闷、头晕、出汗、乏力等，重者可见心绞痛、气短、晕厥、抽搐，甚至猝死。伴心功能不全时，可见咳嗽、呼吸困难、倦怠、水肿等。

（二）预防和治疗

1. 综合防治

应注意劳逸结合，养成良好的生活习惯，保证充足睡眠。保持正常心态，缓解不良情绪刺激。饮食以易消化、清淡、营养丰富、定时定量为原则，不要贪食，尽量保持标准体重，避免肥胖使心脏负荷加重。患病期间应忌浓茶、咖啡、香烟和烈酒。根据自身情况选择适当的体育锻炼项目，保持良好抵抗力，注意季节、时令、气候的变化，预防感冒。有基础心脏疾病或全身疾病的高危人群，应加强心血管危险因素管理，自行监测脉搏，定期进行心电图检查。

2. 临床治疗

治疗心律失常应考虑综合因素，治疗时需同时治疗潜在的基础疾病，改善长期预后，预防猝死。抗心律失常可分为药物治疗和非药物治疗。有多种药物可供选择，但长期服用均有不同程度的副作用，严重的可致命。因此，临床应用时应严格掌握适应证。非药物治疗包括电复律、电除颤、心脏消融术、起搏器植入和外科手术等。

治疗期间必须遵医嘱服药，不能擅自调整用药或停药。若出现不适反应须及时就医。

七、高血压

高血压是指血液在血管中流动对血管壁的压力值持续高于正常值，可伴有心、脑、肾等器官功能或器质性损害的临床综合征。根据《中国高血压防治指南》，在未使用降压药的前提下，分别三天在诊室连续测得收缩压（高压）≥140毫米汞柱和（或）舒张压（低压）≥90毫米汞柱即可诊断。高血压是最常见的慢性病，也是心脑血管病最主要的危险因素。

（一）病因与临床表现

绝大多数患者病因不明，称为原发性高血压，约70%以上与不健康的生活方式有关。高血压患者中约5%的人有明确的病因，称为继发性高血压。高血压是遗传易感性和环境因素相互作用的结果，大约60%的高血压患者有家族史。长期的精神紧张、焦虑、压抑、噪声，膳食结构不合理，多盐低钾饮食，大量饮酒，摄入过多的饱和脂肪酸，缺乏运动，一些药物都可成为高血压的诱因。此外，吸烟可加速动脉粥样硬化的过程，是高血压的危险因素。肥胖、糖尿病、甲状腺疾病、肾脏疾病、其他神经内分泌肿瘤等，都是继发性高血压的原因。正常人血压随内外环境变化在一定范围内波动，且血压水平随年龄逐渐升高，高血压的发病率有随年龄增长而增高的趋势。

高血压的症状因人而异，早期可能无症状或症状不明显，常在无明显不适的情况下已经发生其他脏器损害，所以被称为“无声的杀手”。早期可见头晕、头胀、疲劳、心悸等，仅在劳累、紧张、情绪波动后血压升高，休息后恢复正常。随着病程迁延，血压明显升高，逐渐出现各种症状，如头痛、头晕、阵发眩晕、心悸胸闷、记忆力减退、肢体麻木、夜尿增多等。出现急进型高血压和高血压危象时，可出现剧烈头痛、呕吐、眩晕等症状，严重时出现抽搐、神志不清，多会在短期内发生严重的心、脑、肾等多器官的损害，如脑卒中、心肌梗死、肾衰竭。高血压的症状与血压升高的水平有一定关联但无一致的关系，多数症状在紧张或劳累后可加重。

（二）预防和治疗

1. 综合防治

高血压是一种可防可控的疾病，对血压处于正常高值阶段、超重/肥胖、长期高盐饮食、过量饮酒者，应定期健康体检，积极控制危险因素。高血压患者应定期测量血压，尤其注意清晨血压的管理，药物治疗与改善生活行为并举，减缓靶器官损害。改善生活行为包括：减少钠盐摄入，增加钾和钙的摄入，减少脂肪摄入，适当运动锻炼，控制体重，少饮酒，不吸烟，保持良好心态，减轻精神压力。

2. 临床治疗

高血压治疗的目标是降低心、脑、肾及血管并发症的发生，降低致残率及死亡率。降压药物包括钙拮抗剂、血管紧张素Ⅱ受体阻滞剂、血管紧张素转换酶抑制剂、β受体阻滞剂、利尿剂等，根据患者的危险因素、靶器官损害程度及合并临床疾病的情况，选择单一用药或联合用药。

八、消化性溃疡

消化性溃疡主要指发生在胃、十二指肠的慢性溃疡，又称胃十二指肠溃疡。在多种因素作用下黏膜发生炎症反应、坏死、脱落形成溃疡，可深达肌层、浆膜层甚至穿孔。消化性溃疡可发生于任何年龄段，男性比女性多发。

（一）病因与临床表现

消化性溃疡的发生，主要与损害胃十二指肠黏膜的因素和黏膜防御、修复因素之间失衡有关。主要的损害因素包括幽门螺杆菌感染、长期服用非甾体抗炎药和胃酸分泌过多。精神压抑或紧张、应急反应、气候变化、吸烟、饮食（浓茶、烈酒、高盐）等，是消化性溃疡的诱发因素。主要症状可见反复发作的有节律的中上腹疼痛，多呈钝痛或烧灼样痛，腹部按压可使疼痛略缓解。胃溃疡常在餐后1小时内发生疼痛，持续数分钟或数小时后逐渐缓解；十二指肠溃疡多在两餐之间和夜间发生疼痛，持续至下餐进食或服药后缓解。但也可以没有疼痛症状，至上消化道出血或穿孔才发现。除中上腹疼痛外，还可见嗳气、反酸、烧心、反胃、恶心等其他胃肠道症状。若上消化道出血，可见柏油样黑便或呕血；若穿孔，可见持续性腹痛且拒按；若幽门梗阻，可见大量呕吐过夜宿食，呕吐后疼痛减轻，餐后疼痛加重。

（二）预防和治疗

1. 综合防治

消化性溃疡属于典型的心身疾病，心理、社会因素对发病起着重要作用，因此保持乐观的情绪和规律的生活、避免过度劳累和紧张，对发作期或缓解期的治疗都很重要。饮食应规律，发作期宜少食多餐，每日5～6餐，缓解期恢复为一日3餐。食物应切碎、煮软、无刺激、易于消化。避免餐间零食、浓汤、浓茶并忌烟。用餐时应细嚼慢咽增加唾液分泌，稀释胃酸，提高胃黏膜的屏障作用。幽门螺杆菌可以通过食物、水和人与人之间的接触传播，应注意饮食卫生，提倡分餐和使用公筷。

2. 临床治疗

消化性溃疡的药物治疗主要包括去除病因、抗酸分泌和保护胃黏膜。针对病因如幽门螺杆菌感染者，应积极抗幽门螺杆菌治疗，长期服用非甾体抗炎药者应停用或调整用药；抗酸分泌药包括组胺受体抑制剂和质子泵抑制剂两大类，目前多选用质子泵抑制剂，如奥美拉唑、泮托拉唑；保护胃黏膜可选用硫糖铝、枸橼酸铋钾、替普瑞酮等。消化性溃疡的疗程需4～6周，且多联合用药，须遵医嘱规律、持续服药。若急性溃疡穿孔或合并活动性出血，则应考虑急诊手术治疗。

九、胃炎

胃炎是指各种病因引起的胃黏膜炎症或萎缩性病变，是最常见的消化道疾病之一，一般分为急性胃炎和慢性胃炎。慢性胃炎随年龄增加发病率逐渐增加。

（一）病因与临床表现

1. 急性胃炎

一些理化因素如浓茶、烈酒、辛辣食物，非甾体类抗炎药、抗生素等药物，某些强腐蚀剂，都可造成胃黏膜损伤发病；进食被致病菌及毒素污染的食物，如沙门菌、大肠杆菌、肉毒杆菌毒素等，数小时后即可发生胃炎；其他如全身感染、严重创伤、情绪剧烈波动等应激状态，均可导致本病。急性胃炎起病较急，临床症状轻重不一，单纯性急性胃炎可见上腹痛、腹胀、嗳气、恶心、呕吐；细菌等生物因素感染所致者，多伴有发热、腹泻，甚至脱水、酸中毒、休克；腐蚀剂所致腐蚀性胃炎，吞饮腐蚀剂后迅速出现口腔、咽喉、胸骨后以及上腹部剧烈疼痛；糜烂出血性胃炎还可见呕血和黑便。

2. 慢性胃炎

幽门螺杆菌是主要的致病菌，理化因素对胃黏膜的反复刺激，可致胃黏膜损伤，引起慢性胃炎，其中吸烟对慢性胃炎的成因比较明确，尼古丁不仅影响胃黏膜血液循环，同时使幽门括约肌功能紊乱，是造成胆汁反流的原因之一。部分患者血液中能检测到壁细胞抗体，其发病与免疫有关。其他如年长、营养不良、糖尿病、肝硬化等，均与慢性胃炎的发病相关。慢性胃炎临床症状缺乏特异性，大部分患者没有明显症状，常见的症状有上腹部饱胀不适、隐痛，疼痛多无规律且与饮食无关。由于胃排空延迟，餐后饱胀感明显，可有恶心、反酸、嗳气、食欲缺乏等症状。萎缩性胃炎可伴有消瘦，自身免疫性胃炎可伴有贫血。

（二）预防和治疗

1. 综合防治

胃炎是一种需要长期养护的疾病，宽松的心境、良好的生活习惯和饮食习惯，是治疗胃炎的重要措施，如食物多样化，避免进食过于浓烈、辛辣、粗糙的食物，少吃熏制腌制的食物，戒烟戒酒等。一旦发病，应立即停止或消除引起胃炎的原因，急性期适当休息，清淡流质饮食或适当禁食。慢性胃炎症状缓解期可停药，老年患者应注意维生素和微量元素的补充。

2. 临床治疗

胃炎治疗须“对因”治疗和“对症”治疗并举，去除病因后可有针对性地给予胃黏膜保护剂、抑酸剂；细菌感染者给予抗生素；呕吐、腹泻明显者，应及时补充水、电解质；腐蚀性胃炎可服牛奶或其他液态黏膜保护剂；剧痛时可给予吗啡等镇痛药。慢性胃炎应避免使用损害胃黏膜的药物如阿司匹林、红霉素，并戒烟忌酒；幽门螺杆菌阳性者可选择清除幽门螺杆菌治疗；上腹饱胀或有反流现象，可选用胃动力药；此外可对症选用胃黏膜保护药、降低胃酸药、助消化药和解痉止痛药物。

十、尿路感染

尿路感染包括肾盂肾炎、输尿管炎、膀胱炎和尿道炎，是病原体在尿路中生长、繁殖而引起的感染性疾病，是位列呼吸道感染后的第二大感染性疾病。成年女性的发病率明显高于男性。

（一）病因与临床表现

95%以上的尿路感染是由单一细菌引起的，且约85%是大肠埃希杆菌，多见于无症状菌尿或无并发症的尿路感染。复杂性尿路感染、复发性尿路感染、院内感染以及器械检查后尿路感染，则由变形杆菌、产气杆菌、克雷伯肺炎杆菌、铜绿假单胞菌、肠球菌和金黄色葡萄球菌等其他病原体引起。任何妨碍尿液自由流出的因素，如憋尿、结石、前列腺增生等，都可导致细菌聚集、繁殖而引起感染；由于某些因素致使病原体通过尿道逆行感染或血行感染，都能导致发病。典型症状可见尿频、尿急、尿痛、排尿困难，或伴血尿。可出现发热、寒战、头痛等全身症状。膀胱炎发病突然，女患者多与性活动有关，可伴尿道烧灼感、尿液浑浊甚至有血块排出；肾盂肾炎可伴有患侧或双侧腰痛；无症状菌尿患者无任何尿路感染症状，是一种隐匿性尿路感染，发病率随年龄增长而增加。

（二）预防和治疗

1. 综合防治

明确并去除病因，注意休息，多饮水、勤排尿、不憋尿，通过尿液冲刷，使细菌不能在尿路繁殖。应注意个人卫生，勤换内裤，注意阴部的清洁，性生活后立即排尿冲洗。如有发热等全身症状，应注意摄入易消化、高热量、高维生素以及含足量动物蛋白的食物，但应尽量清淡。

2. 临床治疗

主要针对疾病部位和严重程度采用抗感染治疗，可选用硝基呋喃类、磺胺类、喹诺酮类、头孢类抗菌药物，一般口服途径给药即可。复杂性尿路感染和伴有明显全身症状的，应采用静脉途径给药，通常选用广谱抗菌药物。有条件时应先行做尿培养和药敏试验，根据药敏结果选用有效的抗菌药物。

十一、肾炎

肾炎又称“肾小球肾炎”，是常见的肾脏病，由多种病因和致病机制引起，导致肾脏肾小球或肾小管的形态或功能发生病变的一组疾病。其发病机制各不相同，临床表现常与原发疾病重叠，需仔细鉴别。

（一）病因与临床表现

肾炎的确切病因尚不清楚，一般认为与病毒或细菌感染、自身免疫紊乱、遗传、药物、其他疾病和肿瘤有关，可分为继发性肾炎和原发性肾炎。继发性肾炎是由高血压、糖尿病、系统性红斑狼疮等其他疾病累及肾脏所致；除了继发性肾炎，则考虑原发于肾脏的原发性肾炎，临床可分为急性肾炎、慢性肾炎、急进性肾炎和隐匿性肾炎，共有症状为乏力、水肿、高血压、蛋白尿、血尿、腰部钝痛等。

急性肾炎多有前驱感染史，可继发于链球菌感染或其他病原体感染后，急性起病，可伴有一过性肾功能不全。慢性肾炎的症状表现多样化，大多病情迁延，缓慢进展，可发展为肾功能不全，患者可伴有贫血乃至慢性肾功能衰竭。急进性肾炎短期内出现少尿或无尿，肾功能急速下降，且预后差，病情危重。隐匿性肾炎几乎没有症状，常在体检时偶然发现血尿、蛋白尿，一般无水肿和高血压。

（二）预防和治疗

1. 综合防治

综合防治措施包括注意休息，避免劳累，适量运动，低盐饮食，摄入优质蛋白（如瘦肉、奶、蛋、鱼等动物性蛋白）并限量。急性期应卧床休息，少尿者应注意控制液体摄入量，肾功能不全者应限制蛋白及磷的摄入量，采用优质蛋白饮食或加用必需氨基酸。应全程监测尿量、血压和体重。

2. 临床治疗

针对病因和病理类型治疗，改善症状，防治并发症，延缓肾病进展是治疗的基本遵循。常用激素和免疫抑制剂控制炎症发展，同时对症选用降压、利尿、抗凝、抗感染以及护肾排毒等药物治疗。所有药物，都需在医生指导下调整和使用。应尽量避免使用可能加重肾脏病变的药物，如解热镇痛药、某些抗生素、含马兜铃酸的中药等。肾功能不全者，必要时需行透析治疗。

十二、贫血

贫血是指各种原因导致的人体外周血红细胞减少，低于正常范围下限的一组症状，失血性贫血、缺铁性贫血、再生障碍性贫血、溶血性贫血等都属于此范畴。临床上常以血红蛋白（Hb）浓度作指标：我国平原地区成年男性Hb＜120克/升，成年女性（非妊娠）Hb＜110克/升，孕妇Hb＜100克/升就判断为贫血。久居高原地区的居民，血红蛋白正常值高于平原地区的居民。

（一）病因与临床表现

贫血不是一种独立的疾病，而是继发于其他多种疾病的综合征，按发病原因，可分为红细胞生成不足、破坏过多和失血三大类。饮食中缺乏铁、叶酸、维生素B_{12}，过度节食，生理期失血过多和太多的酒精摄入是日常生活中最常见的贫血原因。

贫血症状的轻重与贫血发生的程度、进程和机体的代偿能力有关，最易察觉的体征是面色、皮肤、黏膜苍白，早期症状还可见头晕、乏力、困倦、注意力不集中、失眠、多梦、记忆减退、食欲缺乏，较重者可见心慌、胸闷、气短、低热，贫血愈重，活动量愈大，症状愈明显。若致心肌缺氧心脏代偿不足，可引起心绞痛、心律失常及心力衰竭。长期贫血还可致性欲减退、女性月经失调、男性性征减弱、肾脏疾病等。

（二）预防和治疗

1. 综合防治

饮食调摄是纠正贫血的重要环节，营养要合理，食谱要广，应富有营养及易于消化，多食含铁丰富的食物，如猪肝、猪血、瘦猪肉、奶制品、鱼、鸡肉、豆腐、麦片、绿色蔬菜等。也可配合滋补以补养身体。

2. 临床治疗

贫血原因不同，治疗原则也不同，针对贫血的病因治疗，根除病因是贫血治疗的关键。例如缺铁性贫血需补充铁剂，失血性贫血需止血、补血，大细胞性贫血需补充维生素 B_{12} 和叶酸等。

十三、癫痫

癫痫俗称“羊癫风”，是一组反复发作的大脑神经元异常放电，导致短暂的大脑神经功能障碍的慢性疾病，是神经科仅次于头痛的第二大常见病。癫痫可发生于各年龄段。

（一）病因与临床表现

癫痫病因多样，特发性癫痫多与遗传有关；继发性癫痫则与脑部疾病和全身性疾病有关。癫痫发作的临床表现复杂多样，共同特点是来得快，去得也快，发作前一般无先兆症状，大多数发作仅数分钟便自行停止。发作程度各不相同。

强直阵挛性发作（大发作），表现为突然意识障碍，全身肌肉强直性收缩而跌倒在地，可发出尖叫声，牙关紧闭，口吐白沫，常伴有舌咬伤、尿失禁，并容易造成窒息等伤害，缓解后可有头痛、意识模糊、极度疲劳，对发作过程中的事一般没有记忆。

局灶性部分发作，发作时意识清醒或不同程度的意识障碍，表现为无意识的动作，如痴笑、舔唇、咂嘴、咀嚼、摸索、无目的的动作或走动、自言自语等，也可表现为突然动作停止、两眼凝视、呼之不应等，发作过后不能回忆。

失张力发作，由于肌肉张力突然丧失，出现猝倒、肢体下坠等表现，持续数秒至数十秒，多不伴有明显的意识障碍。

癫痫持续状态，患者反复发作，间歇期意识也不能恢复，为癫痫的重症，如处理不及时，可造成患者死亡。癫痫发作难以预料，会发生在任何时间、任何地点，容易出现摔伤、烫伤、溺水、交通事故等意外伤害。

（二）预防和治疗

1. 综合防治

预防癫痫应注意生育健康，禁止近亲结婚，孕期远离辐射、避免病原体感染。儿时应避免头部外伤，避免高热惊厥损伤脑组织。患者应注意保持健康的生活方式，保证充足睡眠，避免熬夜，避免过劳，避免长时间专注于电视、手机、游戏。饮食应清淡，多食蔬菜水果，避免咖啡、浓茶、辛辣饮料及食物，戒烟、戒酒。还需避免可能诱发发作的药物，如咖啡因、麻黄碱，青霉素或沙星类药物也需警惕。癫痫患者禁止驾驶汽车，禁止登高作业，禁止在江河湖海游泳。

2. 癫痫发作时的处理

癫痫发作时患者多无意识，需要周围人员施以援手。部分患者发作前会有一些前兆，最常见的是精神异常，会有意识恍惚、多动不安，甚至有打人、毁物的行为；或有恐惧感，找寻安慰保护；或有感官异常，如闻到异味，看到光圈、黑点等，此时应协助患者下蹲或坐稳或平躺，避免发作时摔伤。发作时应帮助患者解开衣领、皮带等束缚物，保证呼吸畅通；周围桌椅等可扯动的物品应搬移远离患者，防止被患者扯动造成新的磕伤；抽搐痉挛时，不可强行改变患者肢体位置，防止脱臼和骨折，可以在空悬部位垫上衣物，防止抽搐时擦伤。

3. 临床治疗

癫痫治疗包括药物治疗、手术治疗和神经电生理治疗。抗癫痫药物治疗需持续用药，应按时、规律服药，不能轻易停药。一般至少持续3年无癫痫发作时，才考虑是否可以逐渐停药。继发性癫痫还需针对病因进行治疗。

十四、肥胖症

肥胖症是一种慢性代谢性疾病，指体内摄入能量超过消耗能量，导致体内脂肪过度蓄积且体重超过理想体重的20%以上。肥胖症已是全球最大的慢性疾病，我国居民超重和肥胖都有明显上升趋势，儿童肥胖上升速度高于成年人。

（一）病因与临床表现

引起肥胖的因素多样，基本原因是能量平衡和体重调节异常。导致这一结果的主观因素是饮食过多而活动过少，热量摄入多于热量消耗；客观因素有遗传、环境、内分泌、神经精神、炎症、菌群失调等。其中，饮食习惯、运动习惯等不良生活方式，是肥胖患病率增加的主要因素。无明显病因者称为单纯性肥胖症，有明确病因者称为继发性肥胖症，短时间内体重迅速增加，应考虑继发性肥胖。肥胖的特征是身材外形显得浑圆，双下颏、颈部粗短，肋间隙不显，站立时腹部前凸高于胸部平面，轻、中度原发性肥胖可无任何自觉症状，重度肥胖则多有怕热、打鼾、膝关节痛、活动时气促等。严重的单纯性肥胖和继发性肥胖，常与高血压、高血脂、高血糖、痛风、冠心病等疾病同时存在。

（二）诊断肥胖的常用指标

1. 体质指数

体质指数（BMI）是身体质量指数的简称，是反映人体胖瘦程度以及健康状况的一项常用指标。计算公式为：BMI=体重（千克）/身高（米）^{2}。各国对数值的定义略有不同，表3-1列举了中国、亚洲和世界卫生组织（WHO）的标准。

表3-1 中国、亚洲、WHO的体质指数（BMI）标准

指数意义	中国标准	亚洲标准	WHO 标准
偏瘦	< 18.5	< 18.5	< 18.5
正常	18.5～23.9	18.5～22.9	18.5～24.9
超重	24～27.9	23～24.9	25～29.9
肥胖	28～29.9	25～29.9	30～34.9
重度肥胖	≥30	≥30	≥35

* 此表标准不适用于儿童、发育中的青少年、孕妇和肌肉非常发达者。

2. 腰围

腰围是反映脂肪总量和脂肪分布的综合指标，根据国际糖尿病联合会（IDF）对腰围测定的规定需要注意以下几点：

（1）测量腰围数据时，被测者应两腿分开同肩宽，人体重心平均分布在双脚；

（2）在双侧腋中线的部位，取肋骨下缘与髂嵴上缘之间的中点，用软尺测量水平围合的围长（也称腰节围或最小腰围）；

（3）取呼气之末、吸气尚未开始时测得的数据；

（4）并非经脐为中心的水平围长。经脐为中心测得的数据要大于肋骨下缘与髂嵴上缘中点为中心的数据。

腰围大小受种族、年龄、性别、身高等因素影响，亚洲男性正常腰围平均为73.35厘米，女性平均为65.79厘米，男性大于女性。一般男性腰围≥85厘米，女性腰围≥80厘米即为中心性肥胖（腹型肥胖）。腰围是一般体检判断腹部脂肪积聚的主要指标。

3.腰臀比

腰臀比（WHR）即腰围与臀围之比，等于腰围/臀围。腰围取最小腰围；臀围测量取臀部向后最突出部位的水平围长，用软尺测量。亚洲男性平均臀围88.82厘米，女性平均臀围91.66厘米，女性大于男性。正常腰臀比，男性平均0.81，女性平均0.73。腰臀比男性＞0.9，女性＞0.85即为中心性肥胖。

BMI反映人体整体胖瘦程度，但是无法区分脂肪与肌肉的占比，因此对肌肉发达者不适用；同理，BMI对脂肪多、肌肉少的个体也无法反映真实健康状况，具有一定的局限性。腰围和腰臀比则比较直观地反映脂肪蓄积情况，与BMI配合使用，能比较客观地反映我们的健康状况。

（三）预防和治疗

1. 综合防治

治疗的两个首要环节是减少热量摄取和增加热量消耗。采取健康的生活方式、改变饮食和运动习惯，并长期坚持是治疗肥胖症的最重要措施。轻度肥胖者，控制进食总量，采用低热量、低脂肪饮食，保证适量必需氨基酸（动物蛋白）摄入，避免摄入高糖高脂食物；坚持体育锻炼，提倡有氧运动，鼓励快步行走，减少静坐，使摄入总热量低于消耗量，渐渐达到正常体重。中度以上肥胖者更需严格控制摄入总热量。

2. 临床治疗

对严重肥胖症，可采用药物治疗并维持。但药物可能产生副作用及耐药性，因而选择药物治疗必须十分慎重。对继发性肥胖症，应针对病因进行治疗。治疗过程还需针对各种并发症及伴随疾病给予相应的治疗。针对重度肥胖、减肥失败又有严重并发症者，可考虑空回肠短路手术、胆管胰腺短路手术、胃短路手术、胃成形术、迷走神经切断术等，手术有效（指体重降低>20%）率可达95%，但手术可能并发吸收不良、贫血、管道狭窄等，因此，术前要对全身情况作出充分评估。

十五、痛风

痛风是因血尿酸水平过高导致尿酸结晶沉积在关节内而引发的一组疾病，沉积的结晶导致关节内和关节周围出现疼痛性炎症。各个年龄段都可能患本病，超过50%的患者是超重或肥胖者，男性发病率明显高于女性。

（一）病因与临床表现

痛风的病因尚不清楚，但高尿酸血症是痛风最重要的相关因素。尿酸排泄障碍、尿酸生成过多以及相关酶缺陷而致代谢障碍导致的痛风，称为原发性痛风，与遗传和环境因素有关。由肾脏病、药物、肿瘤放化疗等因素导致的称为继发性痛风。高嘌呤食物，如肉类、贝类、动物内脏，可致尿酸水平升高；一些药物如利尿剂、阿司匹林等，可影响肾脏排尿酸能力，都是痛风的诱发因素。长期过量饮酒，是诱发痛风的最危险因素。

病程分为三个阶段：无症状期，仅有波动或持续升高的高尿酸血症，从高尿酸血症至出现症状可达数年，有些可终生不出现症状。急性关节炎期，常在受寒、劳累、饮酒、高嘌呤饮食后诱发，多在午夜或清晨突然发病，受累关节红、肿、热、痛且活动受限，可伴发热。首次发作以第一跖趾关节最常见，常呈自限性，数日内自行缓解。痛风石和慢性关节炎期，见于急性期未规范治疗的患者，关节内沉积的痛风石可造成关节骨质破坏，受累关节不规则肿胀、疼痛、僵硬、畸形。痛风石是痛风的特有表现，外观为大小不一的黄白色赘生物，破溃后可见白色粉状或糊状物，常见于耳廓、跖趾、掌指等关节周围。病程较长的患者，可出现肾脏病变甚至肾功能不全。

（二）预防和治疗

防治痛风需多措并举，应控制饮食，严格限制富含嘌呤的食物摄入，同时注意降脂减肥，适当增加体力活动。饮食方面：鼓励摄入脱脂牛奶和酸奶（低脂牛奶及低热量酸奶都会降低尿酸水平，还有抗炎作用而减轻痛风发作），鼓励多摄入蔬菜水果，限制蛋白摄入总量，限制含糖饮料和糕点摄入，限制饮酒尤其是啤酒。运动方面：坚持合理运动，如散步、打太极拳、练气功、骑车、游泳等，但不宜剧烈活动，痛风发作时，即使是轻微的关节炎发作也宜暂时中止锻炼。

痛风患者应尽早开始规范治疗并监测血尿酸，用药初期每2～4周检测一次，根据血尿酸情况调整药量，待尿酸水平稳定后，检测间隔可改为3～6个月一次。非甾体消炎药，如依托考昔、吲哚美辛，传统治疗药秋水仙碱都是治疗常用药，治疗无效时可考虑糖皮质激素。以上药物都易对胃肠道产生不良反应，使用时应特别注意。

十六、急腹症（腹痛）

急腹症是指以突然腹痛为主要症状，并伴有其他反应的临床综合征，多因腹腔、盆腔、腹膜后组织和脏器发生急剧病变引起。常见的急腹症包括急性阑尾炎、消化性溃疡穿孔、急性胆道感染、胆石症、急性胰腺炎、泌尿系结石、急性肠梗阻、异位妊娠及腹部外伤等。这是一组起病急、发展快，易出现危重症，涉及内、外、妇、儿等各科的疾病，需要紧急诊断、迅速处理。

（一）病因与临床表现

急腹症最多见的是外科疾病，可因感染引起，如急性阑尾炎、急性胆囊炎、急性胰腺炎；可因穿孔引起，如消化性溃疡穿孔、伤寒肠穿孔、坏疽性胆囊炎、腹部外伤致肠破裂；可因梗阻引起，如泌尿系结石、急性肠梗阻；可因出血引起，如创伤所致肝脾破裂、肠系膜血管破裂或腹膜后血肿；还可因扭曲绞窄或血管病变引起，如肠系膜动脉栓塞、肾栓塞、动脉瘤破裂。急腹症中的内科疾病，如急性胃肠炎、腹型紫癜、急性肠系膜淋巴结炎。急腹症中的妇科儿科疾病，如异位妊娠、急性盆腔炎、卵巢囊肿蒂扭转、黄体破裂、肠套叠。急性腹痛是急腹症的共有症状。

（二）急性阑尾炎

急性阑尾炎是外科最常见的急腹症，可伴有恶心、呕吐等消化道症状，典型症状有转移性右下腹痛及阑尾点压痛、反跳痛。转移性右下腹痛表现为：初期有中上腹或脐周疼痛，数小时后腹痛转移并固定于右下腹。阑尾化脓、坏疽可穿孔并发腹膜炎，表现为腹肌紧张拒按。

急性阑尾炎，除黏膜水肿型可以保守治疗痊愈外，都应采用阑尾切除术治疗。当处在早期单纯性炎症阶段，可用抗生素抗感染保守治疗；当阑尾炎诊断明确，尽管有手术指征，但若患者整体情况或客观条件不允许，可先采取抗感染治疗延缓手术；若已形成局限性腹膜炎，出现炎性包块，也应先采取抗感染治疗，待炎性包块吸收再考虑择期手术。手术期间应卧床休息，禁食，补充水、电解质，其他对症处理如镇静、止吐，必要时放置胃减压管等。

（三）泌尿系结石

泌尿系结石是泌尿科的常见病，可发生于肾、输尿管、膀胱和尿道的任何部位，但以肾与输尿管结石常见。临床可见突然发病，剧烈腹痛、腰痛（肾绞痛），疼痛可呈持续性或间歇性，痛感向下腹部至会阴放射，排尿困难或尿流中断，可伴有腹胀、恶心、呕吐和程度不同的血尿或脓尿。肾绞痛发作之前没有任何症状，由运动、颠簸等原因诱发；膀胱结石的主要表现是排尿困难和排尿疼痛。

治疗应首先缓解疼痛，可给予足量的解痉镇痛药。疼痛缓解后针对病因和排石治疗，一般选择手术、体外碎石等方法。结石直径较小且未引起完全梗阻者，可考虑保守治疗，采用排石药物结合大量饮水，辅以运动跳跃排石。应同时积极治疗原发病，采取低盐、低动物蛋白、高纤维饮食，并坚持大量饮水，尿量保持在每天2000～3000毫升，有利于多种盐类、矿物质的排出，预防结石复发。体育运动，如慢跑、跳跃，也有利于预防结石复发。食谱方面，应禁食含胆固醇高的动物内脏、海虾、蛤、蟹等，少吃草酸、钙含量高的食品，如菠菜、海带、核桃、甜菜、巧克力、芝麻酱等，最好不要喝酒、浓茶和浓咖啡。

（四）异位妊娠

异位妊娠俗称宫外孕，主要指受精卵在子宫腔外着床和发育，其中以输卵管妊娠最常见，常因输卵管或输卵管外周炎症、发育不良、术后或肿块压迫等引起。异位妊娠早期即可流产或致输卵管破裂，在流产或输卵管破裂前往往无明显症状，与早孕或先兆流产表现相似，可有停经、腹痛和少量阴道出血，一旦输卵管破裂即出现剧烈腹痛，腹腔和阴道出血，肛门坠胀感，轻者出现晕厥，重者休克，是妊娠早期孕妇死亡的主要原因。腹腔出血越多症状越严重，但与阴道出血不成正比。

炎症是造成输卵管狭窄的罪魁，人流等宫腔操作会增加炎症、输卵管粘连和狭窄的概率，子宫内膜异位、子宫肌瘤等生殖系统疾病，都可能影响输卵管的形态和功能，增加异位妊娠的可能性。及时治疗这些疾病，可以减少发生异位妊娠。如曾经有过一次异位妊娠，可以选择体外受孕，受精卵可以被准确地送回母体的子宫安全孕育。

一旦发生异位妊娠急性腹痛，应立即就医。

十七、气胸

人体的胸膜腔是由胸膜壁层和脏层构成的不含空气且呈负压的密闭腔隙。任何原因使胸膜破损，空气进入胸膜腔，造成胸膜腔积气的状态，就称为气胸。由于空气进入胸膜腔使腔内压力增高，进而压迫肺脏使其萎陷，静脉回心血流受阻，产生不同程度的肺、心功能障碍。没有胸部外伤史自行发生者称自发性气胸；由胸部外伤引起者称创伤性气胸。

（一）病因与临床表现

自发性气胸因剧烈运动、负重、咳嗽、打喷嚏、用力排便或受外力损伤，使肺泡内压力升高，原有病损的肺组织破裂而引起，多发于青年人，尤其是男性偏瘦者。自发性气胸发生率与吸烟量呈明显的相关性。创伤性气胸则由穿破伤或暴力引起肺组织挫裂伤引起，且多为血气胸。

症状表现取决于肺压缩程度、肺部原发疾病等因素，典型症状为持续时间不长的突发胸痛，随即出现胸闷和呼吸困难；气体刺激胸膜可有刺激性咳嗽；严重气胸会引起呼吸和循环障碍，出现呼吸快、心律失常、乏力等；若气胸合并出血，可出现面色苍白、冷汗、脉搏细弱、血压下降等休克征象。多数患者起病急骤，少数在正常活动或休息时发病，有的仅在胸部放射检查时才被发现。少数患者可发生双侧气胸，以呼吸困难为突出表现。

（二）预防和治疗

发病时应严格卧床休息，充分吸氧，适当镇静、镇痛和镇咳，尽量少说话，减少肺活动，促使气体吸收和肺复张。首次发病且肺萎陷在10%以下，无明显症状者，无须排气治疗。复发病例，肺萎陷较重的病例以及呼吸困难明显者，尤其是张力性气胸，需要紧急排气治疗，可选择胸膜腔穿刺抽气、胸腔闭式引流排气以及封堵术、破口闭合术、胸膜粘连术等手术治疗。治疗2～4周后复查气胸吸收情况和肺部基础疾病情况，确定是否需要进一步治疗。气胸完全吸收前，应避免乘坐飞机。

气胸复发率高，且没有有效的预防措施，症状消失后可考虑参加正常工作和活动，但半年内不应进行激烈运动。有气胸、肺大疱史以及其他肺部基础疾病的患者，应避免剧烈运动和爆发用力，多进食粗纤维食物，注意保持大便通畅。未进行手术治疗的患者，应终身避免潜水。戒烟可显著降低原发性气胸的复发率，故应努力戒烟。一旦出现突发胸痛、胸闷、气促，或有慢性肺部疾病出现不明原因的呼吸困难加重时，应及时就诊。

十八、软组织损伤

软组织是指肢体皮肤、皮下组织，除骨骼之外的肌肉、韧带、筋膜、肌腱、滑膜、脂肪、关节囊以及周围神经、血管等组织。软组织损伤是指这些组织受到直接或间接暴力，或长期慢性劳损，造成组织损伤和生理功能紊乱的一大类创伤综合征，是运动系统的常见病、多发病。

（一）病因与临床表现

软组织损伤包括扭伤、挫伤、摔伤、擦伤、运动损伤、刀枪伤等，也可因体质薄弱或慢性积累性损伤引起。各种运动是最常见的引发因素，主要症状表现为伤处肿胀、疼痛，急性期可见局部皮下出血、渗血、水肿，若病程迁延可能出现肌肉、肌腱的粘连，缺血性挛缩，关节周围炎等，重者可出现功能障碍或畸形。

（二）预防和治疗

通常各种软组织损伤易发生在运动中，因此运动前应有足够的准备，包括活动肢体、熟悉场地环境等，还需注意动作的准确性。

轻症软组织损伤只需对受伤局部和邻近部位进行检查、处置；重症软组织损伤则需进行实验室、磁共振、B超等检查，判断是否有脏器损伤或腔内出血，并及时对症处理。急性期治疗一般可采用制动、冰敷、加压包扎、抬高病肢等措施，2～3周后逐步恢复损伤肢体或关节的活动，渐渐加大负荷直至受伤部位恢复正常。若是开放性损伤，应现场紧急止血包扎，然后尽快到医院清创处理，并根据医嘱开展后续治疗。慢性软组织损伤，如腕管综合征（俗称鼠标手），颈、肩、腰部长期、持续的姿势或职业动作所致酸痛（俗称劳损）等，应注意避免长时间保持同一动作，调整姿势，舒缓局部肌肉。可以选择适当的运动进行锻炼，增强韧带的弹性和关节的灵活性。

（三）冰敷（冷敷）和热敷

急性闭合性损伤早期，应对损伤部位制动，受伤24小时内，可采用冰敷或冷敷，即用冰袋或冷湿毛巾敷于损伤部位，使皮肤毛细血管收缩，促进组织水肿消退，起到止血消肿止痛的作用。24小时内禁止热敷和局部揉搓。受伤48小时后，可采用热敷，即用热毛巾、热水袋等敷于损伤部位，具有扩张血管、改善局部血循环、促进淤血吸收、促进组织代谢恢复的作用。也可以采用药物直接热敷的方法。

十九、外科感染

外科感染分为非特异性感染和特异性感染，非特异性感染即通常所见的一般性感染，包括疖、痈、丹毒、蜂窝织炎、急性乳腺炎等，常见致病菌为葡萄球菌、链球菌、大肠杆菌等；特异性感染如破伤风、结核病、念珠菌感染等。

（一）疖和痈

疖是指毛囊及毛囊深部周围组织的化脓性感染，邻近多个毛囊感染、炎症融合形成痈。金黄色葡萄球菌是最常见的致病菌。疖发病早期局部可见红、肿、痛的锥形小硬节并逐渐肿大，几天后中央出现黄白色脓栓，可触及波动感，脓栓脱落后排出脓血、坏死组织。若抵抗力差又发生在血流丰富的部位，如面唇部，可引起畏寒、发热、头痛等全身症状。痈多发生于皮肤较厚的颈项、腹背和大腿，初起局部呈弥漫性炎症硬块，皮肤紧张、发亮、呈红色，局部灼热、疼痛，可自觉搏动性疼痛，继而化脓及组织坏死，局部出现多个脓头，排出脓液和血性分泌物，可伴有溃疡和窦道形成，局部淋巴结肿大。可伴有发热、畏寒、头痛等全身症状，重者可继发败血症甚至死亡。痈愈合较慢，愈合后常易形成瘢痕。

早期治疗可采用局部外涂聚维酮碘、抗生素软膏或灭菌溶液湿敷等，脓肿明显有波动感时，应切开引流。对痈、复发性疖或位于鼻周“危险三角区”、鼻腔、外耳道的疖，应同时给予抗生素治疗。疖处于硬结状态时，不得挤压，尤其是头面部，以免引起播散性感染。治疗疖的同时应积极治疗原发病，注意休息和增强抵抗力，保持个人卫生。

（二）甲沟炎

甲沟炎是累及指（趾）甲周围组织的炎症反应，常因局部挫伤、撕裂伤，导致指（趾）甲上皮与甲板分离，致病菌侵入引起炎症，表现为甲沟皮下红肿、疼痛、化脓等甲周组织感染症状。若化脓则疼痛加剧，红肿区域可有波动感，出现白色脓点，但不易破溃出脓。病程迁延可蔓延至甲根或扩展至另一侧甲沟。若指（趾）甲反复轻微创伤发生酵母菌感染或变态反应则呈现慢性病程，与反复急性发作重叠发生，可出现甲床损伤而致甲板表面异常。

预防甲沟炎应防止指（趾）甲部位外伤，剪甲时勿过深，对嵌甲需及时处理。慢性甲沟炎局部应避免接触水和刺激物。一旦发现急性甲沟炎应尽快治疗避免损伤甲床，没有化脓者可局部外用消毒剂湿敷包扎，也可用醋酸铝溶液或氯己定溶液浸泡冲洗；如感染扩散，则应给予抗生素治疗；化脓保守治疗无效者应切开引流、拔甲。慢性甲沟炎形成炎性肉芽肿时，须行清创术治疗。由嵌甲继发的慢性甲沟炎只需将甲板拔除即可。

（三）破伤风

破伤风由破伤风梭菌引起，是人畜共患特异性感染。只有在缺氧的环境下破伤风梭菌才能繁殖，广泛分布于自然界，特别是泥土和人畜粪便中。破伤风常和创伤相关联，各种类型的创伤都可能受到感染，特别是伤口小而深的刺伤、开放性骨折以及含铁锈的伤口等，更易被感染。破伤风梭菌经伤口侵入人体，在缺氧环境下繁殖并产生毒素，主要侵袭运动神经元，引起骨骼肌强直和痉挛。感染后根据部位不同潜伏期为3～21天，多为10天左右，也有短至24小时或长达数年者。潜伏期越短，预后越凶险，平均病死率为20%～30%，重症病死率高达70%以上。

苦笑面容、痉挛、角弓反张是全身型破伤风的典型症状。发病可先有全身乏力不适、头晕、头痛、咀嚼无力、局部肌肉发紧、扯痛、反射亢进等前驱症状；继而出现张口困难、苦笑面容、牙关紧闭，颈部强直、头后仰，躯干扭曲成弓，呈现“角弓反张”或“侧弓反张”，若累及呼吸肌可见呼吸困难甚至呼吸骤停。强烈的肌痉挛，可使肌断裂，甚至发生骨折。痉挛发作可因轻微的刺激，如光、声、饮水等诱发，发作时意识清醒，持续数秒至数分钟。病程一般为1～4周，经有效治疗且无并发症者，痉挛发作的程度可逐步减轻，约1周缓解，但肌紧张仍可持续一段时间。

破伤风是可以预防的，主要措施包括主动免疫、正确处理伤口、伤后被动免疫。

（1）主动免疫：事先注射破伤风类毒素（疫苗），使人体产生抗体。通常基础免疫采用0、1、6月三针注射法，免疫力在首次注射后10天左右产生，30天后能达到有效保护的抗体浓度，以后每隔5～7年强化注射一针。有基础免疫力的伤员，受伤后不需注射破伤风抗毒素，可以再注射一针破伤风类毒素，即可获得足够的免疫力。高风险人群，如军警、建筑工、运动员、在校学生等，应尽早完成基础免疫。

（2）正确处理伤口：伤口需彻底清创，一切坏死组织、异物均须清除，局部用3%过氧化氢溶液冲洗，清创后保持充分引流，伤口不必缝合包扎。对看似已闭合的伤口，应检查痂下有无窦道或死腔并彻底清创。

（3）被动免疫：适用于未接受或未完成全程主动免疫的伤者，常用破伤风抗毒血清（TAT）制剂，应在24小时内且越早注射越好，注射前须做过敏试验，阳性者可采用脱敏法注射。

临床治疗采用综合措施，包括清除毒素来源，中和游离毒素，控制和解除痉挛，保持呼吸道通畅，防治并发症等。对于患者，应特别注意避免声、光、闲杂人等刺激，以减少发作。由于频繁发作消耗热量和水分，因此饮食应注意高热量、高蛋白、高维生素，并注意水和电解质平衡。

二十、痔疮

痔是直肠下端和肛管的黏膜、皮下静脉丛扩张屈曲而成的静脉团。常言道“十人九痔”，表明痔的多发常见。依部位不同，分为内痔、外痔、混合痔。初起时，多是内痔，又依据轻重，分为三期：一期是排便时带血；二期是排便时痔块脱出肛门，但尚能回复，构成混合痔；三期是痔块脱出后不能自行回复，而需用手托回。

（一）病因与临床表现

痔的具体发病机制尚未完全明确，可能与多种因素有关。内痔的早期症状是间歇性便后出血，血色鲜红，可附于粪便外，或便后滴血。随着逐步向二期、三期发展，因痔块脱出肛门有胀感或瘙痒，痔表面出现炎症、糜烂、溃疡。

外痔可有肛门发胀或异物感，如突发剧痛，形成紫色圆形痛性肿物，表明血栓形成。混合痔兼有内、外痔症状，体检见肛门口有皮垂或圆形突起、齿状线上方红色、蓝紫色膨出黏膜的痔结节及出血点。

（二）预防和治疗

（1）养成准时排便习惯，少食刺激性食物，多喝水，防止便秘。

（2）经常清洗或坐浴。在出血、血栓形成、痔块脱出时，需去医院积极处置。

二十一、常见皮肤病

皮肤是人体的第一道生理防线，具有屏障作用、感觉作用、调节体温、吸收、分泌和排泄等作用，对维持机体和外环境的平衡，起到十分重要的作用。皮肤及其附属器官的生理功能受到损害引起的疾病，统称皮肤病。引起皮肤病的原因很多，最多见的是感染和过敏，如疥疮、真菌感染、细菌感染、荨麻疹等，其次如内分泌、免疫及理化因素等。此外，一些体内的异常情况也可以在皮肤表面反映出来。

（一）痤疮

痤疮俗称青春痘，是一种毛囊和皮脂腺的慢性炎症性疾病，主要与皮脂分泌过多、毛囊皮脂腺导管堵塞、细菌感染和炎症反应等因素相关。好发于面、胸、背上部，皮损表现为闭合性粉刺（约1毫米大小的肤色丘疹）和开放性粉刺（丘疹顶部扩张的毛囊开口，又称黑头），粉刺进一步演变成各种炎症性皮损，表现为炎性丘疹、脓疱、结节、囊肿、斑块和窦道。炎症性皮损消退后常常遗留色素沉着、持久性红斑、凹陷性或肥厚性瘢痕。

痤疮是青春期内分泌变化而产生的常见现象，治疗可以减轻皮损，但很难完全消退，并且随内分泌变化周期性加重或减轻。治疗措施，首先应去除诱因，避免过量食用辛辣、糖类、脂肪类食物。日常加强皮肤护理，常用温水洗脸、清洁皮肤，忌用手挤压或搔抓皮损。忌用油脂类、粉类化妆品和含有糖皮质激素的软膏及霜剂。可选用局部外用药物，如硫黄霜、维A酸乳膏、过氧化苯甲酰、红霉素软膏等，以去脂、消炎、杀菌、溶解角质。严重的痤疮，可口服异维A酸，遵医嘱选用抗生素、糖皮质激素及抗雄激素治疗。皮损明显消退后，应调整用药并持续治疗不少于6个月。

（二）浅部真菌感染

由真菌引起的疾病统称为真菌感染。真菌可以感染人体的不同部位，从临床角度，可分为浅部真菌和深部真菌两大类。浅部真菌仅侵犯皮肤、毛发和指(趾)甲，深部真菌主要侵犯深部组织、内脏及神经系统，甚至引起全身播散性感染。以下介绍浅部真菌感染。

浅部真菌主要指皮肤癣菌，由此引起的感染统称为皮肤癣菌病，简称癣，主要侵犯人和动物的皮肤、毛发、甲板。该病为接触传染，接触患癣的人或动物，不洁卫生习惯，汗水浸渍，共用拖鞋、毛巾、梳子等，是皮肤癣菌传播的主要途径。皮肤癣菌病又分浅表真菌病和皮肤真菌病。花斑癣（汗斑）、毛结节菌病等属于浅表真菌病；足癣（脚气）、手癣、体癣、股癣、甲癣、头癣等是最常见的皮肤真菌病，也是最常见的真菌感染。

1. 足癣

足癣表现为脚趾间起水疱、脱皮或皮肤发白湿软甚至糜烂，剧痒，可蔓延至足跖及足缘，部分出现局部化脓、疼痛，腹股沟淋巴结肿大，甚至引起小腿蜂窝织炎等继发感染。足癣反复发作，足跖、足缘、足跟部皮肤增厚、粗糙、脱屑或开裂。治疗措施，可外用咪康唑、联苯苄唑、特比萘芬等抗真菌药。趾间糜烂、渗液者，可先用硼酸水湿敷，使创面收敛干燥后再外用抗真菌药。皮肤角化增厚严重者，应先用复方苯甲酸软膏等软化角质，再用抗真菌药。皮肤干裂明显者，可先用温水浸泡使角质软化，再用抗真菌药。若合并细菌感染，应先局部抗菌治疗，如呋喃西林溶液湿敷。引起小腿蜂窝织炎等继发感染者，应遵医嘱用抗生素治疗。

2. 手癣（鹅掌风）

常因用手抓足癣痒处而被传染，多从一侧手指间或鱼际开始，手掌局部有明显的红斑脱屑，皮肤干燥破裂，甚至肥厚、粗糙、破裂、脱屑，可伴瘙痒，也可见水疱或糜烂。治疗参见足癣治疗。

3. 甲藓（灰指甲）

真菌若在指（趾）甲上生长，则形成甲癣，可见甲面凹点、沟纹、裂纹、浑浊区、变色、变脆或增厚，部分可合并甲沟炎。甲癣是皮肤癣菌病中最顽固的一种，治疗必须要有耐心。首先考虑外用药，可选用特比萘芬、阿莫罗芬、环吡酮等擦剂涂甲，若病甲较厚，可先将病甲削薄再擦药。口服抗真菌药如特比萘芬、伊曲康唑等，但毒性都较大，且用药量大，时间长，因此必须遵医嘱规律服药，定期监测药物不良反应。较顽固者可考虑外用和口服兼用。手术拔甲可作为不得已的备用方案，但术后一般疼痛明显，新甲容易重新感染复发。

4. 体癣

体癣是发生在光滑皮肤上的浅部真菌感染。股癣则是发生在腹股沟、大腿根部等特殊部位的体癣。体癣好发于多汗潮湿部位，夏季多见，呈环形斑片、丘疹或丘疱疹，边缘清晰，中央部位可自愈，有色素沉着或脱屑，伴明显瘙痒，病程迁延则局部皮肤发生浸润增厚呈苔藓化。各类体癣治疗，以外用药物为主，可选用特比萘芬、咪康唑、联苯苄唑、酮康唑、复方苯甲酸等。对全身泛发性体癣，除外用药外，可遵医嘱短程口服灰黄霉素、伊曲康唑、特比萘芬等。

接触，是皮肤癣病传播的主要途径，个人卫生习惯与癣病直接有关，且有家族易感性。因此对自身原有的癣病应积极治疗，并防范自身及家人之间的交叉感染，要尽量避免接触其他患癣病的病人以及有癣病的动物，避免接触病人用过的浴盆、毛巾等。气温高、湿度大是癣病多发的重要条件，应尽量保持体表清洁，着装保持宽松、透气。

对影响免疫力的疾病，如糖尿病、免疫缺陷症，要积极治疗，提高自身抵抗力，对可能影响机体抵抗力的药物，如皮质类固醇、免疫抑制剂，应尽量避免，以免影响抵抗力而易致继发感染。

（三）荨麻疹

荨麻疹是一种血管反应性皮肤病，由于皮肤、黏膜小血管扩张及渗透性增加而出现的局限性水肿反应，临床以皮肤、黏膜的局限性、瘙痒性、暂时性潮红斑和风团为特征。于短期内痊愈者，称为急性荨麻疹。连续反复发作达6周以上者称为慢性荨麻疹。

荨麻疹病因非常复杂，大多数病人找不到确切原因，特别是慢性型病人。通常将病因分为外源性和内源性两大类，外源性包括食物和食物添加剂，吸入花粉和动物皮毛，感染和虫咬，药物和疫苗，各种物理因素，如冷、热、日光等；内源性包括精神、压力、劳累、遗传以及慢性基础疾病等。

发病常以皮肤瘙痒开始，随即出现风团，可呈鲜红色、苍白色或肤色，少数患者有水肿性红斑。风团的大小和形态不一，逐渐蔓延成片，持续数分钟至数小时，少数可延长至数天，消退后不留痕迹。偶尔风团表面形成大疱。部分患者可伴头痛、恶心、呕吐、腹痛、腹泻，严重者可有胸闷不适、面色苍白、心率加快、呼吸短促，甚至危及生命。

治疗措施，首先应寻找并去除引起发病的原因，如无法去除病因，则应寻找并避免可能的诱发因素或使病情加重的因素。如：寒冷引起者，应注意保暖；感染引起者，应积极治疗感染灶；药物引起者，应停用致敏药物；运动引起者，应减少易出汗的运动等。药物治疗首选非镇静类抗组胺药，如氯雷他定、西替利嗪、阿伐斯汀、奥洛他定等，可同时服用降低血管通透性的药物，如维生素C、钙制剂等。慢性或较严重者，可遵医嘱服用糖皮质激素、免疫抑制剂。若伴有胸闷不适、面色苍白、心率加快、呼吸短促，应立即到医院就医。

（四）疥疮

疥疮是由疥螨通过直接接触（包括性接触），在皮肤表皮层引起的接触性传染性皮肤病，也可通过接触患者使用的被褥、衣物而被传染。疥螨常寄生于皮肤较薄而柔软的部位，因此指缝、肘窝、腋窝、腹部、乳房、腹股沟、生殖器等处易发病。

临床以丘疹、疱疹、夜间瘙痒加剧为特点。皮损可见针尖大小的丘疱疹散在分布或密集成群，可见由疥螨掘出的灰褐色不规则隧道，用针尖可在隧道口挑出疥螨。若在阴囊、阴茎、阴唇等处，可见淡红色赤豆大小结节并瘙痒，称为疥疮结节。皮损若久治不愈，常出现色素沉着、湿疹样变等继发变化。

疥疮治疗常以硫黄软膏、水杨酸软膏等外涂为主，涂药时颈部以下全身涂抹，皮疹集中的部位涂药后应加压按摩。涂药至少一周，观察二周，直至没有新的皮损出现为止。涂药期间尽量避免洗澡，不更衣。疥疮继发感染者应加服抗生素，瘙痒严重者可选用抗组胺药，有疥疮结节者可涂擦焦油凝胶等治疗。结束治疗后无新发皮疹仍觉痒者，可用复方炉甘石洗剂外涂。患者换下的衣被要煮烫暴晒灭虫，不能煮烫的物品，可用塑料袋封扎10天以上，待疥螨饿死后清洗。

应特别注意集体宿舍和家庭成员的预防保护，必要时作预防性治疗。日常应注意个人卫生，勤洗澡、勤换衣、勤晒衣被，不与疥疮患者同居和握手。

（五）日光性皮炎

日光性皮炎又称急性日晒伤或晒斑，由于皮肤过度暴露日晒产生的急性损伤性皮肤反应。日光性皮炎表现为红斑、灼热、疼痛、水肿，还可见丘疹或丘疱疹，皮损局限在曝光部位，数天后红斑和水肿消退，继以脱屑和暂时性色素沉着。皮损严重者可有糜烂、渗出、结痂。个别患者可见结膜充血、眼睑水肿。症状的轻重，与光线强弱、照射时间和个体差异等因素有关。

一般治疗可局部冷敷，稍重者可选用炉甘石洗剂、吲哚美辛溶液、复方薄荷脑软膏等外敷。可同时口服氯雷他定等抗组胺药。重者或疗效不佳者可口服小剂量糖皮质激素。有糜烂等皮损严重者，应遵医嘱治疗。

经常参加室外活动，有助于增强皮肤对日晒的耐受能力，但应选择日照相对较弱的时段，避免长时间暴晒。此外，一些药物属光敏性药物，如沙星类抗菌药、布洛芬、双氯芬酸、氯苯那敏、二甲双胍、非诺贝特、氢氯噻嗪、胺碘酮、奎尼丁以及维A酸类痤疮膏等，使用期间易引起日光性皮炎，计划户外活动时尤其需要注意。

拓展阅读

鸡眼

鸡眼又称“肉疔”，是大学生常见的一种足病，主要因摩擦挤压而形成的小圆硬块。形态像鸡的眼睛，按压有疼痛，通常长于足底前端、小趾外侧或踇趾内侧。

1. 病因

鸡眼是由长期摩擦或受压引起的圆锥形角质层增厚，鞋子过紧、鞋底过硬或不平是引发鸡眼的常见原因。此外，足骨畸形的人更易患鸡眼。

2. 临床表现

鸡眼一般如豆大或更大，表面光滑，与皮面平或稍隆起，界限清楚，呈淡黄或深黄色，中心有倒圆锥状的角质栓，嵌入真皮。由于其尖端压迫神经末梢，故行走时会引起疼痛。

3. 预防

大学生可从以下几个方面预防鸡眼。

（1）坚持养成每天晚上用热水泡脚的习惯。

（2）选择合适、宽松的鞋子，避免造成脚部畸形。

（3）当感觉到脚部某一部位受到摩擦或挤压时，应及时选用鸡眼垫、顺趾器、分趾器、护趾套等足科支具来减轻摩擦和挤压。

4. 治疗

治疗鸡眼最简单的方法是贴鸡眼膏。先用热水泡脚，擦干后用钝刀片把泡软的硬皮刮去，再贴鸡眼膏，1～2天后去除鸡眼膏，再用热水泡脚，同上法，但刮去的必须是松软变白的组织，动作要轻柔，尽量不要引起出血。万一出血，可用蘸有碘酒的棉签压迫片刻即可。如果经过上述治疗不愈，可以去医院用电灼、冷冻、激光或手术等方式治疗。需要注意的是，千万不要去路边挖鸡眼的地方治疗，否则触及到血液会引起某些疾病的传染。

二十二、常见眼科疾病

眼睛是人体最重要的感觉器官，发生在眼球及与其相关联组织的疾病，都属于眼科疾病。

（一）急性结膜炎

急性结膜炎俗称“红眼病”，是一种常见的急性传染性眼病，由病毒或细菌引起，夏、秋季高发。表现为患眼异物感、烧灼感、眼睑肿胀、结膜充血、分泌物增多，当病变累及角膜时可出现畏光、流泪。由病毒引起者常累及双眼，伴结膜下出血、分泌物呈水样、耳前淋巴结肿大；由细菌引起者分泌物呈黏液状或脓性，可粘糊睑缘及睫毛，还可合并球结膜水肿。

治疗措施以局部药物治疗为主。根据病原选择相应的滴眼液频繁滴眼，睡前可选用眼药膏，以持续药效。常用抗病毒滴眼液有阿昔洛韦滴眼液、更昔洛韦滴眼液；抗菌滴眼液有左氧氟沙星滴眼液、妥布霉素滴眼液。分泌物较多时可选用生理盐水或硼酸溶液冲洗结膜囊。治疗期间切忌热敷及包敷患眼，以免分泌物不能排出，同时，结膜囊内温度升高，更有利于细菌繁殖而加重病情。严重的结膜炎，如淋球菌性结膜炎等，需结合病情系统用药。当一只眼患急性结膜炎时应防止另一只眼被感染，使用的毛巾、脸盆等物品必须隔离存放、单独使用，用后均要烫洗消毒，发病期间禁止到公共游泳场游泳。

急性结膜炎是接触传染性眼病，往往通过接触带有病原体的东西引起传播，如毛巾、脸盆、门把手、水龙头、游泳以及与急性结膜炎患者握手等，都有可能会被感染。因此应养成良好的卫生习惯：勤洗手，避免用手揉眼，毛巾、手帕等物品要与他人分开并经常清洗消毒。

（二）沙眼

沙眼是由沙眼衣原体感染所致的慢性传染性结膜角膜炎，感染率和严重程度同居住条件以及个人卫生习惯密切相关，曾是导致失明的主要疾病之一。一般起病缓慢，多为双眼发病，急性期症状包括畏光、流泪、异物感及分泌物增多，可出现结膜明显充血、乳头增生、滤泡等；慢性期仅有眼痒和异物感，但病程继续，出现角膜血管翳，结膜病变，逐渐形成瘢痕，是沙眼的特有体征；晚期发生睑内翻与倒睫、角膜混浊等，直接影响视力，严重者甚至失明。

沙眼应尽早进行积极治疗，避免严重并发症。可选用利福平滴眼液、磺胺醋酰钠滴眼液，每日不少于4次滴眼，晚上用红霉素眼膏或四环素眼膏，一个疗程至少10～12周。急性期或严重的沙眼，应口服多西环素或阿奇霉素全身治疗。沙眼治愈后再度感染不少见，需要重复进行治疗。沙眼患者使用的毛巾、枕头、被套、洗脸盆等生活用品，要注意单独使用并经常煮沸消毒或晾晒消毒。

沙眼衣原体常附在患者眼睛的分泌物中，任何与此分泌物接触的情况都可能造成沙眼传播。因此，养成良好的卫生习惯，勤洗手，不用手揉眼，避免交叉感染是最好的预防方法。

（三）眼异物

眼异物是指尘埃、昆虫、铁、木、各种碎屑等异物意外进入眼睑、结膜、角膜造成的眼科急症。起病突然，眼睛异物感，可有畏光、流泪或刺痛等刺激症状，检查可发现眼内异物。异物进入眼内时，不要紧张，禁止用手搓揉眼睛，以免因揉擦造成进一步损伤。可戴上墨镜或用眼罩遮盖受伤眼睛。轻者可寻求周围人帮助，用生理盐水或普通眼药水冲洗，无法缓解或较重者，应立即去医院检查清除异物。

拓展阅读

隐形眼镜的选配

隐形眼镜是一种贴附于角膜表面、随眼球的运动而运动的镜片，主要适用于双眼度数相差过大、高度近视、不规则散光等。因直接接触眼球，故对镜片的质量要求很高。要注意尽量选用高透氧的隐形眼镜，减少每日佩戴的时间，按照使用周期及时更换镜片；应洗净双手取戴镜片，轻柔操作，以免划伤角膜，引发感染；每晚睡前要取下镜片，不提倡戴镜片睡觉；一旦眼睛出现不适，应立即停用隐形眼镜，到医院就诊，积极治疗。

二十三、鼻炎

鼻炎是由病毒、细菌、过敏原、各种理化因子或一些全身疾病引起的鼻腔黏膜炎症，主要表现为鼻塞、鼻痒、流涕、打喷嚏。鼻腔对空气有过滤、加温、调节干湿度的作用，使呼吸道可以接受新鲜、干净且温湿度适宜的空气，当鼻塞时发生经口呼吸，会对呼吸道产生很大的影响。临床常见急性鼻炎、慢性鼻炎和过敏性鼻炎。

（一）急性鼻炎

急性鼻炎俗称“伤风”“感冒”，是由病毒感染或继发细菌感染引起，四季均可发病，冬季高发，具有传染性。病原微生物主要经呼吸道吸入，其次是接触被污染的物体。受凉、过劳、烟酒过度等诱因，可降低抵抗力，使病毒侵犯鼻黏膜。初期出现鼻内干燥、灼热、鼻痒、打喷嚏，继而出现鼻塞、水样鼻涕、嗅觉减退。继发细菌感染后鼻涕变稠，呈黏液性或脓性。重者出现头痛、畏寒、发热等上呼吸道感染症状。治疗与上呼吸道感染雷同，以对症和支持疗法为主，若继发细菌感染，可应用抗生素治疗。鼻塞严重者，可采用麻黄碱滴鼻液滴鼻或羟甲唑啉喷雾剂局部用药。

（二）慢性鼻炎

慢性鼻炎是鼻黏膜和黏膜下层的慢性炎性病变，无明确病原微生物感染。主要表现为鼻塞、流涕，病程反复发作，长期间歇性或交替性鼻塞：白天、夏季、活动时鼻塞减轻，夜间、静坐、寒冷时加重；变换侧卧方位时，两侧鼻腔阻塞随之交替。黏脓性鼻涕可通过鼻咽部倒流入咽部，出现咳嗽、多痰。严重者导致头晕，影响睡眠和学习。治疗措施，首先应查找病因对症治疗，如慢性鼻窦炎、鼻中隔偏曲等；其次可选用布地奈德、丙酸氟替卡松、糠酸莫米松等鼻喷剂，急性发作期可选用麻黄碱滴鼻液、羟甲唑啉喷雾剂等。鼻内分泌物较多或黏稠者，可采用生理盐水冲洗鼻腔，改善鼻腔通气。必要时，可选择手术治疗。

（三）过敏性鼻炎

过敏性鼻炎又称变应性鼻炎，是因过敏体质个体接触过敏原（变应原）后引起的鼻黏膜非感染性炎性病变，具有一定的遗传倾向。过敏原包括尘螨、花粉、动物皮屑、真菌和昆虫产生的过敏原以及食物过敏原等。由于个体差异，只有当过敏原与过敏体质个体相遇，才会发病。典型症状主要有阵发性喷嚏、清水样鼻涕、鼻塞和鼻痒。防治过敏性鼻炎首先应避免接触过敏原，如清洗床上用品、清扫地毯，以减少室内的尘螨；花粉季节注意规避花粉；动物皮屑过敏者应回避宠物。还需根治周围病灶，如扁桃体炎、鼻窦炎等。药物方面常鼻用和口服同时给药，鼻用激素类喷剂如布地奈德、糠酸莫米松，抗组胺类喷剂如盐酸氮䓬斯汀，口服抗组胺药如卢帕他定、氯雷他定，抗白三烯药如孟鲁司特那等。轻症者只选用一种喷剂，较重者可选择激素类喷剂和抗组胺类喷剂交替使用。疗效因人而异，停药后无长期维持作用，因此对持续性过敏性鼻炎需维持治疗。

二十四、鼻窦炎

鼻窦炎是由病毒、细菌、真菌引起的鼻窦黏膜炎性疾病。主要症状有鼻塞、流脓涕、头痛，常伴嗅觉迟钝、减退或丧失。临床分为急性鼻窦炎和慢性鼻窦炎。

1. 急性鼻窦炎

多继发于急性鼻炎，病程中患侧鼻塞加重，出现脓涕，继而出现畏寒、发热、头痛、周身不适、食欲减退等全身症状，并伴嗅觉下降。治疗应采用足量、足疗程的抗生素控制感染，以青霉素类和头孢菌素类首选。其他治疗与急性鼻炎相同，可用1%麻黄素滴鼻，收缩鼻腔黏膜，改善引流。若伴明显疼痛，可选用镇痛剂或镇静剂。根据病情可考虑鼻腔局部激素治疗或全身应用激素，必要时可考虑手术治疗。

2. 慢性鼻窦炎

多因急性鼻窦炎反复发作未治愈引起，常双侧或多个鼻窦同时受累。鼻涕多为脓性，呈黄色或黄绿色，可倒流入咽部，部分病人患侧有腥臭味，鼻塞程度各不相同，伴嗅觉障碍。全身症状不明显，可有头昏、纳差、易倦、神靡、记忆力减退等症状，极少数病例可有持续低热。一般没有明显的头痛，仅表现为头部沉重感或钝痛，根据病变部位不同，可伴有前额部、鼻根部、头顶部、后枕部胀痛或闷痛。此外，由于脓涕流入咽部和长期用口呼吸，常伴有慢性咽炎症状；若影响咽鼓管，可伴有耳鸣、耳聋等症状。治疗措施首先选择药物治疗，当药物治疗无效，且有影像学改变及手术指征时，再考虑手术治疗。药物方面根据患者情况可以选择阿奇霉素等大环内酯类抗生素长期低剂量使用，其作用除了抑菌外可能与局部免疫调节有关；布地奈德等鼻用糖皮质激素具有抗炎、抗水肿和免疫抑制作用，常被首选应用；氯雷他定等抗组胺药，能减轻喷嚏、鼻涕和鼻塞；羟甲唑啉等血管收缩剂能收缩鼻腔肿胀的黏膜，利于鼻窦引流，但副作用明显，不宜长期使用。此外，还可选用标准桃金娘油肠溶胶囊等黏液促排剂、高渗盐水以及理疗等协同治疗。

拓展阅读

口腔溃疡

口腔溃疡俗称口疮，是发生在口腔黏膜上的表浅性溃疡。

1. 病因

口腔溃疡是一种口腔常见病，可由免疫异常、遗传因素、感染因素、精神紧张、情绪变化、睡眠不足、缺乏维生素、内分泌紊乱等因素引起。

2. 临床表现

口腔溃疡可发生在口腔黏膜的任何部位，以口腔的唇、颊、软腭或齿龈等处的黏膜比较多见。其一般为单个或者多个大小不等的圆形或椭圆形溃疡，表面覆盖灰白色或黄色假膜，中央凹陷，边界清楚，周围黏膜红而微肿，溃疡局部灼痛明显，具有周期性、复发性、自限性的特征。

3. 预防

大学生可从以下几个方面预防口腔溃疡。

（1）平常注意保持口腔清洁，常用淡盐水漱口，避免口腔干燥。

（2）生活起居有规律，保证充足的睡眠。

（3）女生经期前后要注意休息，多饮水，保持心情愉快，避免过度疲劳。

（4）多吃富含维生素 B_1、维生素 B_2 和维生素C的食物，如番茄、茄子、胡萝卜、白萝卜、白菜、菠菜等。

4. 治疗

口腔内经久不愈的溃疡由于经常受到咀嚼、说话的刺激，日久也有可能会发生癌变。因此，大学生如果经常患有口腔溃疡的话，就应该及时到医院检查，切不可粗心大意，延误治疗时机。

口腔溃疡主要以局部治疗为主，严重者需全身治疗。其中，局部治疗以消炎止痛、促进愈合为主，可通过含漱液、药膏、霜剂、药膜等减轻症状；全身治疗则以补充维生素、清热降火为主，常用药物有黄连上清丸、牛黄解毒片、华素片、维生素 B_2 等。

第二节 常见传染性疾病

一、传染病概述

（一）传染病定义

传染病是由病原体引起的，能在人与人或人与动物之间进行传播，引起流行或大流行的一类疾病。传染病不同于其他疾病，具有病原体、传染性、流行性、季节地域性和免疫性五个特征，其中免疫性是指绝大部分传染病一旦痊愈，人体便会产生特异性免疫力，不易再次感染该传染病。

（二）什么是病原体

病原体是指能引起疾病的病原微生物（病毒、细菌、真菌、衣原体、立克次体等）和寄生虫（原虫、蠕虫等），其中以病原微生物为主。病原体寄生于自然宿主体内，广泛存在于人或动物的眼、口、鼻、咽等管腔器官以及皮肤中。能感染人或动物的病原体有几百种，人体免疫功能正常时不会致病，有些还参与人体代谢，如肠道的“正常菌群”，非但可以合成多种维生素，还可以抑制一些致病性较强的细菌繁殖。但当人体免疫力降低时，正常菌群就可能致病，所以又被称作条件致病病原体。被病原体感染后是否发病，除了与人体免疫力有关外，还取决于病原体的数量、毒力和病原体的侵袭力。

（三）传染病的危害

传染病可以严重影响人类的生存环境和秩序：14世纪重创人类的鼠疫，造成欧洲2400万人死亡；曾经肆虐的霍乱，造成包括我国在内的100多个国家大量人员死亡；1918年的“西班牙流感”，造成上亿人死亡并迫使第一次世界大战停下了脚步。传染病曾经是除了战争之外，导致人类非正常死亡的主要因素。随着人类的共同努力和科技的发展，传染病防控取得了显著的成效，如1980年世界卫生组织宣布人类成功消灭天花，这个使2亿多人失去生命的传染病，在人类的共同抗争中被剿灭。但是，更多传染病仍在与人类不断周旋，一些病原体通过变异形成新的流行，一些新发现的病原体引发新的传染病，如2009年再度在全球大流行的甲型流感、2019年新出现的新型冠状病毒感染、近些年结核病耐药菌族的出现以及难以控制的艾滋病等，人类与传染病的抗争任重道远。

（四）我国的法定传染病

《中华人民共和国传染病防治法》是我国传染病防治的基本法，国家对传染病防治实行预防为主的方针，防治结合、分类管理。法定传染病分为甲类、乙类和丙类。

甲类传染病：鼠疫、霍乱。

乙类传染病：新型冠状病毒感染、传染性非典型肺炎、艾滋病、病毒性肝炎、脊髓灰质炎、人感染高致病性禽流感、麻疹、流行性出血热、狂犬病、流行性乙型脑炎、登革热、炭疽、细菌性和阿米巴性痢疾、肺结核、伤寒和副伤寒、流行性脑脊髓膜炎、百日咳、白喉、新生儿破伤风、猩红热、布鲁氏菌病、淋病、梅毒、钩端螺旋体病、血吸虫病、疟疾、人感染H7N9禽流感。其中，乙类传染病中传染性非典型肺炎和炭疽中的肺炭疽，采取甲类传染病的预防、控制措施。

丙类传染病：流行性感冒、流行性腮腺炎、风疹、急性出血性结膜炎、麻风病、流行性和地方性斑疹伤寒、黑热病、包虫病、丝虫病，除霍乱、细菌性和阿米巴性痢疾、伤寒和副伤寒以外的感染性腹泻病、手足口病。

（五）传染病传播的三个环节

传染病传播须有传染源、传播途径和易感者三个环节。

1. 传染源

传染源是指携带病原体，并不断向外排出病原体的人或动物，包括传染病病人、隐性感染者、病原携带者和携带病原体的动物。病原携带者指没有临床症状而能排出病原体的人。

2. 传播途径

传播途径是指病原体离开传染源后，经过一定的途径，侵入新的易感者体内的过程。主要的传播途径有：①呼吸道传播。当传染源咳嗽、打喷嚏、大声讲话时，病原体被排出体外形成带毒飞沫，易感者吸入后形成传播，如流行性感冒、新型冠状病毒感染、水痘、麻疹、肺结核等。②消化道传播，又称粪口途径传播。当病原体污染水和食物，被易感者摄入而形成传播，如霍乱、甲型病毒性肝炎、感染性腹泻等。③接触传播。直接的皮肤接触传播和血液、体液接触传播，如性病、疥疮、乙型病毒性肝炎、艾滋病等。④虫媒传播。被病原体感染的节肢动物，通过叮咬、吸血或体表携带传播疾病，如蚊叮咬引起疟疾、苍蝇传播痢疾、恙螨幼虫叮咬引起恙虫病等。

3. 易感者

对某种传染病缺乏特异性免疫力，易受该病感染的人称为易感者。某个群体中易感者多，则这个人群易感性高，容易发生传染病流行；反之，某个群体中易感者少，则人群易感性低，不容易发生传染病流行。人群的易感性是可变的，主要取决于针对该病的免疫人口数量，免疫人口增加人群易感性降低；免疫人口减少则易感性增加。

人口流动、易感者的集中度（如学校集体生活），以及接种疫苗人口的新增和死亡，都会导致易感性变化。

（六）传染病防控的三项基本措施

针对传染病传播的三个环节采取措施，是防控传染病有效、通用的方法。

1. 控制传染源

包括隔离病人、对病人接触的物品和排泄物进行消毒、排查或留观密切接触者，对疑似动物传染的应查清源头，予以扑杀。尽量做到早发现、早诊断、早报告、早隔离、早治疗。

2. 切断传播途径

根据不同传播途径采取对应措施，如针对呼吸道传染病，保持室内通风换气、戴口罩、少聚集等方式做好个人防护；针对消化道传染病，把好病从口入关，做好水源、饮食和个人手卫生；针对虫媒传染病，做好虫媒消杀，降低虫媒密度；针对接触传染病，注意避免接触传染源，尤其是血液、体液接触传染病，应避免血液、体液的直接接触。无论什么途径传播，注意环境卫生、个人卫生和手卫生都至关重要。

3. 保护易感者

首先应远离传染源，做好个人防护，保持良好的生活习惯，强身健体，增强机体非特异性免疫力。二是采取主动免疫法，通过接种疫苗诱导机体产生特异抗体，形成特异性免疫力，如乙肝疫苗、流感疫苗、小儿麻痹糖丸等。当传染病流行时，针对高危群体，可以采用被动免疫法，通过注射抗毒素、免疫球蛋白等，使机体获得暂时的免疫力，如破伤风抗毒素。被动免疫的保护作用一般为3～6周，比较短暂。主动免疫的保护作用长达数年甚至终身。我国针对儿童的计划免疫接种，属于主动免疫范畴，可以长时间起到保护作用。

（七）公民在传染病防控中应当承担的责任和义务

全体公民都应遵守《中华人民共和国传染病防治法》，履行相关规定：“任何单位和个人发现传染病病人或者疑似传染病病人时，应当及时向附近的疾病预防控制机构或者医疗机构报告（第31条）”，“传染病病人、病原携带者和疑似传染病病人，在治愈前或者在排除传染病嫌疑前，不得从事法律、行政法规和国务院卫生行政部门规定禁止从事的易使该传染病扩散的工作（第16条）”。针对疫情处理，“一切单位和个人，必须接受疾病预防控制机构、医疗机构有关传染病的调查、检验、采集样本、隔离治疗等预防、控制措施，如实提供有关情况（第12条）”，“对被传染病病原体污染的污水、污物、场所和物品，有关单位和个人必须在疾病预防控制机构的指导下或者按照其提出的卫生要求，进行严格消毒处理；拒绝消毒处理的，由当地卫生行政部门或者疾病预防控制机构进行强制消毒处理（第27条）”。对违反传染病法的情况，第77条规定：“任何个人违反相关规定，导致传染病传播、流行，给他人人身、财产造成损害的，应当依法承担民事责任。”

二、流行性感冒与人感染禽流感

流行性感冒简称“流感”，是由流感病毒引起的急性呼吸道传染病。

（一）临床表现

流感潜伏期为1～3天，发病急，以发热、头痛、全身不适起病，体温可达39～40℃，常伴畏寒、肌肉关节酸痛、胸骨后不适、乏力等全身症状，可有鼻塞、流涕、咽痛、咳嗽等呼吸道症状，部分病人可见食欲减退、恶心、呕吐、腹痛、腹泻等消化道症状。

流感大多为自限性，无并发症者发病2～4天后体温恢复正常，全身症状减轻，但咳嗽等呼吸道症状恢复较慢。部分病人，尤其是老人、儿童以及有慢性基础疾病者，可引起肺炎、脑炎、心肌炎、横纹肌溶解等并发症，少数危重者病情进展迅速，可因急性呼吸窘迫综合征、休克等并发症而死亡。

（二）病原学

流感病毒分为甲、乙、丙三型，感染人类的主要是甲型、乙型中的部分亚型和丙型。流感病毒易发生变异，甲型最活跃，乙型次之，丙型较稳定。变异的病毒株可以再次感染已经获得免疫力的人群，造成反复感染。由于甲型病毒变异的频度和程度远高于乙型和丙型，人群对变异后的新亚型普遍缺乏免疫力，因此可导致甲型流感反复大流行。曾流行全球的1918年“西班牙流感”和2009年H1N1流感，就是甲型流感反复大流行的例证。

（三）流行病学

流感的传染源包括流感病人、隐性感染者和患病动物或带病毒的动物，排毒时间从出现症状前1～2天起，持续排毒3～8天，免疫力低下的群体排毒时间更长。流感病毒主要通过讲话、咳嗽、打喷嚏时形成的带毒飞沫，经呼吸道感染，或口腔、鼻腔、眼睛等黏膜接触感染，也可通过接触被病毒污染的物品经上述途径感染。人群对流感病毒普遍易感。通过接种流感疫苗，可有效预防相应亚型的病毒感染。

（四）流感与普通感冒的鉴别

流感病原体为流感病毒，普通感冒病原体可以是鼻病毒、冠状病毒，也可以是细菌等多达百余种病原体。流感传染性强，普通感冒传染性弱。临床表现有较明显的不同，鉴别要点见表3-2。

表 3-2　流感与普通感冒的鉴别要点

鉴别项	流感	普通感冒
起病	迅速	过程缓慢
发热	多高热达39～40℃	无发热或轻中度发热
头痛、全身酸痛乏力	明显	轻微或无
咽痛、咳嗽	可见	常见
鼻塞、流涕	偶见，且轻微	常见，症状明显
隔离治疗	需要	不需要
并发症	肺炎、中耳炎、心肌炎、脑膜炎	偶见
季节性	明显（我国10月—次年3月多发）	不明显

（五）预防和治疗

（1）流感流行季节，应注意保持室内空气流通，尽量减少群体性集会和活动，减少接触感冒或有流感症状的病人，降低感染的概率。

（2）养成良好的卫生习惯，注意手卫生，避免用手接触眼睛和口鼻，避免黏膜接触感染。流行季节可佩戴口罩防护。咳嗽或打喷嚏时应用纸巾或肢体遮挡，避免飞沫喷出。

（3）在流感高发季节，可以接种相应流感疫苗进行预防。通常接种后2～3周可以获得免疫力，能减少接种者感染流感的概率或减轻患流感时的症状。也可以适当服用清热解毒类中药配方或成药预防。

（4）对确诊病例和疑似病例应尽早隔离治疗或住院治疗。对密切接触者实施留观措施，留观房间应保持空气流通。病人和留观者都应充分休息，多饮水，注意食用易消化和富有营养的食物。接触的用具和分泌物要注意消毒。

（5）遵医嘱对症治疗或抗病毒治疗。如何治疗以及是否抗病毒治疗，应遵医嘱执行。治疗过程应密切观察病情变化。

（六）人感染禽流感

人感染禽流感简称人禽流感，是由禽甲型流感病毒某些亚型中的一些毒株引起的，病毒结构与其他甲型流感病毒类似。当人们接触带毒禽类，就有可能被感染而发生人感染禽流感疫情。迄今还没有发现人与人之间存在持续传播的证据。根据禽流感致病性的不同，分为高致病性、低致病性和无致病性，其中高致病性禽流感感染人类，临床症状危重，甚至危及人的生命。目前已发现能感染人的禽流感病毒亚型有H5N1、H5N6、H7N7、H7N9等十余种。

人感染禽流感的传染源，主要是携带禽流感病毒的家禽、野禽和鸟类，猪等哺乳动物也可以成为传染源。其传播途径目前认为主要经呼吸道传播，也可通过密切接触感染的禽类及其分泌物、排泄物而被感染。若水源污染，可经粪口途径感染。人类对人禽流感普遍易感，12岁以下儿童发病率较高且病情较重。发病前1周有与不明原因病死家禽或患病家禽密切接触的人员为高危人群。

人禽流感的潜伏期为1～7天，临床表现与流感相似，起病急，多高热。易出现肺炎、呼吸窘迫、多脏器衰竭等重症。预防措施除了遵循流感防治要点之外，应坚决扑杀疑似带毒禽类并与其排泄物一起就地焚毁或深埋，对禽类生活场所进行彻底消毒。还应注意水源保护，采取有效措施阻断疫区家禽外流。

拓展阅读

“西班牙流感”

“西班牙流感”发生于第一次世界大战期间，是指发生于1918年春季至1920年春季的大流感，这场流感造成全世界5亿～10亿人感染，死亡0.5亿～1亿人，当时世界总人口仅17亿人。

这场流感大致可分为三个波段：第一波始发于1918年3月4日，美国堪萨斯州福斯顿军营中的一名厨师出现头痛、咽痛、全身酸痛、高热(体温39.4℃)，此后3周内1100余名士兵病倒，其中230名士兵发展成肺炎，38人死亡。当时正值第一次世界大战中后期，更是美国参战后大举向欧洲运兵的关键时刻，“流感”被秘而不宣且没引起当局的重视，导致“流感”最终在欧洲各国登陆，交战各国无一幸免并迅速蔓延。随着春季的结束，“流感”似乎偃旗息鼓，但病毒传播并没有停下脚步，随着军队不断登陆欧洲，病毒蔓向战场、蔓向全世界。1918年8月，第二波疫情暴发，各国相继发生高死亡率的“流感”，尤其是20～35岁的青壮年群体，除了高热、咳血外，多因并发症而死亡。仅10月一个月，20万美国人因“流感”而死亡，可谓是美国历史上最黑暗的一个月。第二波疫情是“西班牙流感”死亡率最高的一波。第三波大约起于1919年秋冬季，死亡率介于第一波和第二波之间。此后各国疫情逐渐消失，至1920年3月，随着夏威夷疫情消失，“西班牙流感”最终结束。

为什么始于美国军营的大流感被称作“西班牙流感”？由于当时正处于第一次世界

大战，所有参战国都实行战时新闻管制，一切可能影响战场士气的事都被禁止报道，只有中立国西班牙的媒体，不受参战国管制约束，真实报道了本土流感疫情以及其国王感染的新闻，各国媒体迅速转载报道，并直接把这场流感冠名“西班牙流感”，就此，西班牙背着这一“恶名”流传至今。

百余年来，各国科学家对“西班牙流感”进行了不懈的研究：1997年，美国科学家J.Taubenberger等运用遗传学技术得出的研究成果认为：1918年的流感病毒与甲型流感病毒H1N1密切相关，并且与猪流感病毒十分相似，仍然可以在某些国家的猪体内发现这种病毒。1998年后，美国和英国的科学家分别对发现的十几具死于1918年流感的因纽特人和伦敦人遗体进行研究，找到了一些含有1918年流感病毒的基因物质，通过分析基因特征，尝试重建病毒基因序列。2004年《科学》杂志报道：英美研究人员重建了1918年流感的血凝素糖蛋白(HA)，观察到该蛋白分子通过改变形状，能从鸟类成功转移到人类身上，实现禽鸟传人的过程。2005年10月，研究人员成功重组了1918年流感病毒的基因序列，其序列与2005年发生的甲型H5N1高致病性禽流感病毒部分地方类似。迄今，所有研究均指向：1918年的大流感，是一场甲型流感病毒引起的大流感。

三、新型冠状病毒感染

冠状病毒是自然界广泛存在的一类病毒，是人类普通感冒的主要病原体之一。已发现大约有15种冠状病毒与人和动物的许多疾病有关，目前已知其中7种可以感染人类，包括严重危害人类健康的重症急性呼吸综合征（SARS-CoV）、中东呼吸综合征（MERS-CoV）和2019年开始肆虐全球的新型冠状病毒（COVID-19）。

（一）临床表现

新型冠状病毒感染潜伏期因不同的变异株而不同，多为1～14天，潜伏期即有传染性。以发热、干咳、乏力为主要表现，部分患者可伴有鼻塞、流涕、咽干、咽痛、嗅觉味觉减退或丧失、结膜炎、肌肉酸痛和腹泻。重症患者多在发病一周内出现呼吸困难和低氧血症，严重者可快速进展为急性呼吸窘迫综合征、脓毒症休克、难以纠正的代谢性酸中毒和出凝血功能障碍及多器官功能衰竭等。轻型患者仅以上呼吸道感染为主要表现，如咽干、咽痛、咳嗽、发热等，无肺炎表现。还有不少感染者感染新型冠状病毒后无明显临床症状，称无症状感染者。

多数患者预后良好，少数患者病情危重。需要注意的是，患者发热程度与病情轻重并不同步，重症患者发病也可仅见中低热甚至没有明显发热。

（二）病原学

新型冠状病毒为β属冠状病毒，颗粒直径以60～140纳米不等，呈圆形或椭圆形，包膜上存在不同的棘突，因镜像图片似冠冕而得名。与其他病毒一样，新型冠状病毒基因组会发生变异，至2022年底WHO提出需要“关切的变异株”已有5个，分别为Alpha、Beta、Gamma、Delta和Omicron，每个变异株还有数量不等的亚型。2022年Omicron（奥密克戎）株感染病例已成为全球绝对优势流行株，比较之前的变异株，奥密克戎传播力和免疫逃逸能力显著增强，而致病力有所减弱。

新型冠状病毒对热（56℃ 30分钟）、紫外线、有机溶剂（乙醚、75%乙醇、过氧乙酸和氯仿等）和含氯消毒剂敏感，其中75%乙醇和含氯消毒剂最常被用于新冠病毒灭活。氯已定不能有效灭活病毒。

（三）流行病学

传染源主要是新型冠状病毒感染者，或携带病毒的动物宿主。主要经呼吸道飞沫和密切接触传播，接触被病毒污染的物品也可造成感染，在相对密闭的环境中可经气溶胶传播。人类普遍易感。感染后或接种新型冠状病毒疫苗后可获得一定的免疫力。

（四）预防和治疗

新型冠状病毒存在多种变异株和亚型，并有抗原变异，可以发生重复感染，因此，无论是否感染，都需要做好预防措施。

1. 新冠疫苗接种

接种新冠病毒疫苗是最有效的特异性预防措施，我国已经临床应用的新冠病毒疫苗包含腺病毒载体疫苗、灭活疫苗和重组蛋白疫苗三种，三种疫苗各有特点，接种程序也不同，全程接种后可以减少新冠病毒感染和发病，是降低重症和死亡率的有效手段，符合接种条件者应主动完成全程接种。符合加强免疫条件者应及时进行加强免疫接种。

2. 一般预防措施

保持良好的个人及环境卫生，均衡营养、适量运动、充足休息，避免过度疲劳。提高健康素养，养成“一米线”、勤洗手、戴口罩、公筷制等卫生习惯和生活方式，打喷嚏或咳嗽时应掩住口鼻。保持室内通风良好，做好个人防护。

3. 养成手卫生的习惯

手卫生是阻断接触传播的重要环节，除了饭前便后要洗手之外，与人或动物接触以及接触公共物品后都应该洗手，如握手之后，接触动物、宠物之后，乘坐公共交通工具后，接触电梯扶手、门把手、按钮等物品后，购物、户外活动后等，还需注意揉搓眼鼻前、佩戴隐形眼镜前都需要做好手卫生。

4. 一般治疗

对确诊患者，应按呼吸道传染病的要求隔离治疗。治疗期间保证充分能量和营养摄入，维持体内水电解质平衡与稳定。轻型病人高热者可选用解热药物或进行物理降温，咳嗽、咳痰严重者，可选用止咳祛痰药物治疗，也可根据医嘱选用抗病毒药物治疗或/和免疫治疗。中、重型病人或伴严重基础疾病的病人，应寻求医院治疗。

拓展阅读

炎症风暴

炎症风暴又称细胞因子风暴，是重症新型冠状病毒感染致死的重要原因。其实质是全身炎症反应综合征（SIRS），是机体针对外界异物刺激的免疫反应失控所致。

当感染因素（如新型冠状病毒感染）或非感染因素（如生物制剂注射）通过不同途径激活体内炎症细胞，炎症细胞释放促炎性细胞因子TNF-α、IL-1等促炎介质，一方面激活粒细胞清理被感染或异常的组织细胞，引起内皮细胞损伤，血小板黏附，释放氧自由基等炎症反应，另一方面又进一步促进炎症细胞激活、聚集，两者互相促进，使促炎介质不断增加，炎症反应不断扩大，当炎症反应超出免疫平衡能力时发生免疫失控，便会出现过度炎症反应，引起广泛的正常组织细胞损伤，甚至造成肺、心、肝、肾等多脏器衰竭。许多疾病的危重阶段，其实质都是炎症风暴所致，如新型冠状病毒感染、非典型肺炎、人感染禽流感、埃博拉出血热等病毒感染，都能触发免疫失控，引起炎症风暴。

四、肺结核

结核病是由结核分枝杆菌引起的慢性传染病，人体除指甲和头发之外，都可能被感染。其中，肺结核是一种最为常见的慢性呼吸道传染病。

（一）临床表现

相当一部分肺结核患者没有临床症状，或只有轻微的咳嗽，只在健康体检时被发现。部分患者可有持续两周以上的咳嗽、咳痰；典型的肺结核可见咯血、咳痰或痰中带血、气急等呼吸道症状，可伴有午后潮热（下午或傍晚有中、低程度的发热）、盗汗、乏力、体重减轻等全身症状。如伴细菌感染，可见脓性痰液，病变趋向严重时可见高热、呼吸困难，甚至全身衰竭等症状。

（二）病原学

结核分枝杆菌是肺结核的病原体，对外界抵抗力较强，耐干燥，在晒不到太阳的痰迹中能存活6～8个月，但对热、紫外线、乙醇较敏感，煮沸、烈日暴晒和75%乙醇都能有效杀灭结核分枝杆菌。

（三）流行病学

处于排菌期（主要指痰检阳性）的肺结核患者是主要传染源。以呼吸道传播为主。咳嗽、打喷嚏、大声说话时，结核分枝杆菌可随飞沫悬浮于空气中，被健康者吸入而感染。痰液干燥后随尘飘扬，其中的结核分枝杆菌同样可能感染健康者。人们对结核分枝杆菌普遍易感。患有糖尿病、艾滋病等慢性消耗性疾病者、免疫抑制剂使用者和吸烟者，均属高危人群。

我国是一个结核病高发的国家，人群结核分枝杆菌感染率高达44.5%，高于全球33%的感染率，位居世界第二。感染结核分枝杆菌后不一定发病，其中约10%发展成结核病，结核病中约90%是肺结核。由于占相当比例的肺结核患者没有症状或症状轻微，未能按医嘱规范治疗，导致多种耐药病例逐年增加，结核病疫情在世界范围内出现回升甚至失控趋势。

（四）预防和治疗

1. 隔离传染源

隔离确诊者，筛查密切接触者，定期进行健康体检，采用胸部X线、结核菌素（PPD）检查等做好结核病普查，尽量做到早发现、早报告、早隔离、早治疗。

2. 切断传播途径

寝室、教室保持空气流通，不随地吐痰，在咳嗽、打喷嚏时用纸巾捂住口鼻；寝具、衣物等物品经常在阳光下晾晒。

3. 保护易感者

应加强体育锻炼，合理营养，规律生活，提高自身免疫力。未受感染的新生儿和儿童接种卡介苗，可减少结核菌感染机会，减少感染后的发病和减轻病情，其保护力可维持5～10年。卡介苗接种仅对儿童及青少年有保护作用，成人无效。

4. 结核病治疗

主要采用抗结核杆菌的化学药物进行治疗，原则是早期、联合、适量、规律和全程治疗。“早期”指结核病一旦确诊，应尽早开始抗结核治疗；“联合”指几种抗结核药物联合应用；“适量”指抗结核药物的剂量要适当，使药量既能达到最大限度地杀灭结核菌，毒副作用又最小；“规律”指结核病的治疗要严格执行抗结核治疗方案，包括药品种类、剂量、服药方法、服药时间，不得随意变更；“全程”指按照制定的治疗方案，遵医嘱全程不间断地服药治疗。在抗结核治疗的同时，应注意对症治疗，注意休息与饮食，进食富含营养的食物，补充结核菌对营养素的消耗。

5. 肺结核治疗政策

肺结核治疗实行户籍地或居住地属地管理，免费检查、免费治疗。目前一般采用世界卫生组织推荐的短程督导化疗（DOTS），治疗周期6～9个月，在医务人员直接督导下规律用药。短程督导联合用药是获得高治愈率的关键，也是肺结核病控制工作的重要策略。

拓展阅读

肺外结核

结核分枝杆菌通过呼吸道感染使人患肺结核，侵入人体后还可通过血液或淋巴系统播散到全身各器官系统形成结核病，发生在肺部以外器官的结核病统称为肺外结核。肺外结核一般不具有传染性，其死亡率约占结核病总死亡率的10%。

肺外结核是多系统、多脏器、多部位、多类型的结核病变，临床症状各不相同，缺乏特异的无创检测手段，也无法从患者痰液中检出感染的细菌学证据，因此非常容易漏诊或误诊。临床应特别注意分析病史和各种慢性症状，如颈部结节、潮热乏力、晨起腹泻、慢性腹痛，原因不明的不孕、驼背等。常见的肺外结核有淋巴结核、肠结核、结核性腹膜炎、结核性脑膜炎、骨结核、肾结核、附睾结核、泌尿生殖系结核、神经系统结核等，还有皮肤结核、眼部结核、耳鼻喉舌结核等。其中淋巴结核是肺外结核中最常见的，多发生于颈部，也可发生于腋窝、腹股沟等处。颈部淋巴结核可发生在单侧或双侧，初期可触及多个大小不等的肿大淋巴结，触之可移动；继而发生淋巴结周围炎，淋巴结之间、淋巴结与周围组织之间发生粘连，融合成不易推动的结节性肿块；病程继续发展，淋巴结发生干酪样坏死，经皮脓肿破溃，流出豆渣样或米汤样脓液，形成经久不愈的慢性溃疡或窦道。

肺外结核的治疗已有了长足的发展，一般以抗结核药物全程服药为主，部分患者需辅以手术治疗。服药疗程多长于肺结核治疗期，因此，坚持合理、规范、全程服药，是治疗成功的关键。

五、水痘和带状疱疹

水痘是由水痘－带状疱疹病毒初次感染引起的急性传染病，儿童多发。

（一）临床表现

潜伏期9～21天，起病较急，前期可出现发热、头痛、咽痛等类似感冒的症状，一般24小时内出现皮疹，出疹顺序从头面颈项至躯干，四肢较少见，呈向心性分布，开始为粉红色粟米粒样皮疹，很快变为圆形水疱，水疱周围有明显的红晕，继而结痂。水痘皮损发展迅速，从出疹到结痂，快者仅需6～8小时，由于皮损发展快，出疹期（1～6天）皮损全过程可同时见于患者皮肤，即粟米粒样红色斑丘疹、痘样疱疹、结痂、脱痂并现。皮疹持续10天左右自愈，脱痂后皮肤不留瘢痕。

患者口腔、咽部、外阴、肛门等处黏膜也可受侵。重症患者皮疹可融合形成大疱疹，大片皮肤坏死，甚至内脏出血，危及生命。常见并发症有皮肤细菌感染、脑炎、水痘性肺炎等。

（二）病原学

水痘－带状疱疹病毒属疱疹病毒科，人是唯一的宿主。病毒在外界环境中的生存能力弱，不耐热和酸，易被消毒剂灭活。

（三）流行病学

水痘全年都可发生，冬、春季多发。患者是唯一的传染源，病毒存在于患者的上呼吸道和疱疹液中，发病前1～2天至丘疱疹完全结痂为止均有传染性。主要通过空气飞沫和直接接触传播，接触疱疹液或被疱疹液污染的用具也可传播。人群对水痘普遍易感，病愈后可获得免疫力，极少有二次感染。但抗体不能清除潜伏在神经节内的病毒，所以仍可能发生带状疱疹。

（四）预防和治疗

1. 隔离传染源

患者应立即隔离治疗，直至无新发皮疹和疱疹，已发疱疹结痂、脱痂为止，一般需要两周时间。

2. 切断传播途径

注意室内通风，保持空气清新，避免和患者接触。病人要少洗澡勤换衣被，保持皮肤清洁。被污染的衣被、学习用品等，应根据情况分别采取洗、晒、烫、煮、消毒液、紫外线等方法消毒，并且不能与健康人共用。

3. 免疫防护

①水痘疫苗：1～12岁是水痘主要的易感人群，我国已普及儿童水痘疫苗接种，对预防水痘流行起到了非常重要的作用。13岁及以上人群若需要接种水痘疫苗，则要接

种2个剂量，间隔6～10周；②水痘带状疱疹免疫球蛋白：对免疫功能低下、应用免疫抑制剂、孕妇等群体，若接触水痘患者，可采用水痘带状疱疹免疫球蛋白被动免疫，需在接触水痘患者后72小时内使用，保护期大约3周。

4. 一般治疗

水痘是自限性疾病，无并发症者不经治疗可以自愈。治疗措施以抗病毒和对症治疗为主。应特别注意皮肤瘙痒时不要抓，抓破的痘疹易引发感染，且易导致病愈后皮肤留下瘢痕。应保持皮损处清洁干燥，可采用轻轻拍打的方法止痒。疱疹未破时可外涂炉甘石洗剂止痒、消炎；如疱疹已经破溃，可外涂碘伏消毒，也可采用抗生素类软膏外涂。

5. 居家护理

应密切注意病情变化，如有发热，可以用冰敷、冷毛巾、多喝水等物理降温法，可以适当服用退热药。患者要注意休息，多饮水，吃富含营养且易消化的食物。如出现持续高热、咳喘，或呕吐、头痛、烦躁，或嗜睡、惊厥，应及时到医院就诊。

（五）带状疱疹

带状疱疹是由水痘-带状疱疹病毒感染后，潜伏于脊髓神经的神经元内，当人体免疫功能下降时，病毒可再次活跃，沿神经纤维侵犯皮肤，产生强烈疼痛和集簇性的皮疹，皮疹一般沿神经节段分布，单侧发病，好发于成人，春秋季节多见。发病率随年龄增大而增高，且年龄越大，神经痛越重，病期越长。预防和治疗与水痘相似，疼痛剧烈者可服用布洛芬等镇痛药。

六、感染性腹泻和细菌性痢疾

感染性腹泻是指由病毒、细菌、真菌、寄生虫等病原体感染引起的，每天排便次数≥3次，粪便呈稀便、水样便、黏液便、脓血便等。感染性腹泻包括多种疾病，其中霍乱为甲类传染病，细菌性和阿米巴性痢疾、伤寒和副伤寒为乙类传染病，其他的感染性腹泻为丙类传染病。临床根据腹泻持续时间长短，分为急性和慢性腹泻。各种腹泻处理原则类似，但不同病原体引起的腹泻，其流行病学、发病机制、临床表现及治疗方法各有不同。

（一）临床表现

感染性腹泻的共有症状有腹泻、腹胀、腹痛、恶心、呕吐，或发热、乏力以及全身不适等症状。腹泻严重者，可出现脱水、电解质紊乱，甚至休克。根据发病机制不同可分炎症性腹泻和分泌性腹泻。炎症性腹泻常伴发热，腹痛、里急后重，粪便形态多呈黏液便或黏血便，细菌性痢疾以及大部分细菌性肠炎属于此类；分泌性腹泻常伴腹痛，粪便多为稀便或水样便，体温多不高，霍乱、部分细菌性肠炎，诺如病毒等病毒性肠炎以及蜡样芽孢杆菌的食物中毒等属于此类。

进食生冷、药物作用、胃肠过敏等原因可致非感染性腹泻，应与感染性腹泻鉴别。

（二）病原学

感染性腹泻是由细菌、病毒、寄生虫等病原体引起，其中以细菌为主。常见细菌如霍乱弧菌、沙门菌、志贺菌、蜡样芽孢杆菌等；病毒如诺如病毒、轮状病毒、腺病毒和某些呼吸道病毒等；寄生虫如贾第鞭毛虫、阿米巴虫、孢子虫等。

（三）流行病学

传染源是被感染的人或动物，包括病人和带菌者。多见消化道和接触传染。病原体随患者粪便排出体外，可通过污染的手、食物、生活用品或借助苍蝇等媒介经口感染。夏季可通过受污染的食物、冷饮，或被污染的水源引起暴发性流行。病毒性腹泻还可见呼吸道、气溶胶传播。人群普遍易感，感染后不产生有效的免疫力，小儿和免疫力低下的人群更易感。每年6—8月和10—12月是两个高发季节，后者更多见病毒感染所致的腹泻。

（四）预防和治疗

1. 控制传染源

除对患者和带菌者进行有效隔离和彻底治疗外，患者的衣被、用品等，应采取洗、晒、煮、消毒液等方法消毒，呕吐物、排泄物应严格消毒后排入公共化粪池。餐饮、供水、保育及托幼机构，应主动监测从业人员健康，发生急性感染或疑似带菌者应立即离岗彻底治疗，慢性感染者不得从事相关行业的工作。

2. 切断传播途径

严把病从口入关是关键，养成良好的饮食卫生习惯，勤洗手，不吃生冷不洁食物和未经处理的剩饭菜，储藏食品和加工食品要生熟分开，蔬菜瓜果生吃前应消毒、洗净。注意环境卫生，减少苍蝇等虫媒滋生。

3. 一般治疗

卧床休息，床边隔离（消化道途径隔离）至症状消失且大便培养阴性。早期饮食应为易消化的流质或半流质，补充体液，忌食生冷、油腻食物，病情好转后恢复正常饮食。

4. 对症治疗

治疗过程需注意水、电解质和酸碱平衡，有失水者，无论是否有脱水症状，均应口服补液，脱水严重或呕吐剧烈不能由口摄入时，采取静脉补液。症状明显的呕吐、腹痛、腹泻，采取相应的解痉、止痛、止吐治疗。发热者可选取解热药或物理降温。细菌性腹泻者，当选用抗生素治疗。

5. 慢性腹泻治疗

应明确病因，消除诱因，保持平和心态，避免过劳，注意腹部保暖，勿食生冷饮食。根据病原采用抗菌药物治疗时，应注意足量和足疗程，避免肠道菌群失衡。体弱者可考虑使用免疫增强剂。

（五）细菌性痢疾

细菌性痢疾的主要病原体为志贺菌（又称痢疾杆菌），典型者起病急，有发热、畏寒、乏力、恶心、呕吐、腹痛、腹泻、里急后重等症状。开始为水样便，1～2天后转为脓血便，每日排便数十次，但排便量不多，失水多不严重。重症者可伴高热、剧烈腹痛及左下腹部压痛，便次频繁甚至失禁，脱水明显，四肢发冷，病情进展迅速，易发生休克。中毒型患者可出现40℃或以上高热，精神萎靡、四肢厥冷、惊厥、嗜睡甚至昏迷，而肠道炎症反应轻微，多见于2～7岁儿童。应根据药敏试验和大便培养的药敏结果选择敏感抗生素，避免使用志贺菌耐药品种。

拓展阅读

诺如病毒感染

诺如病毒（又称诺瓦克病毒）感染引起的胃肠炎，可有恶心、呕吐、腹部痉挛性腹泻等症状，患者呕吐剧烈，自感病情较重，常持续1～2天。部分患者伴有头痛、发热、寒战、肌肉疼痛等症状。诺如病毒通常栖息于牡蛎等贝类中，人若生食这些被污染的贝类，就会被感染。除了水源性传播外，直接接触也是诺如病毒常见的传播途径，如食物、饮料被受污染的手、呕吐物或受粪便污染的物体表面直接污染，或者通过附近呕吐物的细小飞沫污染等。由于传播途径广，潜伏期短（24～48小时），传染性极强，非常容易在短时间内大规模暴发。患者通常1～2天即可自愈，但抵抗力弱的人在感染病毒后病情容易恶化。目前，针对诺如病毒还没有特异的抗病毒药和疫苗，其预防控制主要采用非药物性预防措施，包括病例管理、手卫生、环境消毒、食品和水安全管理，其中食品卫生和饮水卫生是预防诺如病毒感染的关键措施。

七、病毒性肝炎

病毒性肝炎是由不同类型的肝炎病毒引起的，以肝脏病变为主的一组传染病，目前已被公认的有甲型肝炎、乙型肝炎、丙型肝炎、丁型肝炎和戊型肝炎五种。

（一）临床表现

食欲减退、恶心、上腹部不适、乏力、肝功能异常，是肝炎的主要表现。临床分为五型。

1. 急性肝炎

五种肝炎均可引发急性肝炎，乙型肝炎、丙型肝炎和丁型肝炎中有相当比例转为慢性肝炎，甲型肝炎和戊型肝炎不会转为慢性肝炎，但可呈暴发性流行。

急性肝炎包括急性黄疸型肝炎和急性无黄疸型肝炎，潜伏期：甲型肝炎15～45天，乙型肝炎6～24周，丙型肝炎2～30周，丁型肝炎4～20周，戊型肝炎2～11周。黄疸型肝炎前期有发热、畏寒、乏力、厌油、恶心、上腹部不适、茶色尿。随后进入黄疸期，自觉症状减轻，热退，巩膜、皮肤黄染，尿色如浓茶，大便色浅，肝脏肿大伴叩压痛，部分患者伴脾肿大。持续2～6周后黄疸渐退，症状逐渐消失，肝脾恢复正常体积，肝功能逐渐恢复正常，总病程为2～4个月。无黄疸型肝炎起病较缓，多不发热，无黄染和茶色尿，但是发病率远高于黄疸型肝炎。

2. 慢性肝炎

以往有乙型肝炎、丙型肝炎、丁型肝炎或乙型肝炎表面抗原（HBsAg）携带史，病程超过6个月且伴有肝炎症状、肝功能异常者，可以诊断为慢性肝炎。常见有乏力、食欲减退、肝区不适或疼痛，或伴低热，或有巩膜黄染、面色晦暗等症状，重度者可见蜘蛛痣或肝掌，肝脾明显肿大、叩痛。病情继续发展，可见黄疸加深、腹腔积液、下肢水肿，或出现出血倾向等。

3. 重型肝炎

临床分为急性重型肝炎、亚急性重型肝炎和慢性重型肝炎。急性重型肝炎又称暴发性肝炎，发病急，进展快，黄疸深，肝脏小。继而迅速出现神经精神症状，出血倾向明显，腹腔积液，肝功能明显异常。亚急性重型肝炎发病10天后，仍感明显乏力、食欲不振，黄疸明显，腹胀并伴腹腔积液，常伴出血倾向，后期可出现肝性脑病。有慢性肝炎、肝硬化或HBsAg携带史，并出现亚急性重症肝炎临床表现者，为慢性重型肝炎。

4. 淤胆型肝炎

症状类似急性黄疸型肝炎，但较轻，伴深度黄疸，可伴皮肤瘙痒，胆红素升高明显，转氨酶升幅较小，血清碱性磷酸酶、γ－转肽酶、胆固醇均有明显增高。

5. 肝炎后肝硬化

有慢性肝炎史，通过病理、超声、CT、腹腔镜检查，可以早期诊断。临床可见腹壁及食管静脉曲张、腹腔积液、肝脏缩小、脾肿大等门脉高压症状，一旦诊断为肝炎后肝硬化，已进入病程的中晚期。

（二）病原学

已确定的肝炎病毒有甲型肝炎病毒（HAV）、乙型肝炎病毒（HBV）、丙型肝炎病毒（HCV）、丁型肝炎病毒（HDV）和戊型肝炎病毒（HEV），分别导致甲型肝炎、乙型肝炎、丙型肝炎、丁型肝炎和戊型肝炎。HAV抵抗力较强，室温下能存活7天左右，在贝类动物、污水和泥土中能存活数月，在−20℃～−70℃的环境中，数年后仍有感染力。正是HAV的这种稳定性，使其非常容易通过水和食物造成大面积传播。使用100℃高温、紫外线、含氯消毒剂和医用酒精，均可以使之灭活。HBV的抵抗力很强，30～32℃环境下至少可存活6个月，对低温、干燥、紫外线及一般消毒剂均能耐受，高压蒸汽、100℃高温、0.5%过氧乙酸、5%次氯酸钠等消毒剂可以使其灭活，但医用酒精无效。HCV抵抗力较弱，对热和有机溶剂敏感，加热100℃ 5分钟或60℃ 1小时可将其灭活。

（三）流行病学

甲型和戊型病毒性肝炎的传染源，主要是病人和隐性感染者，病毒通过粪便排出体外，主要经粪–口途径传播，如果水源或食物被污染，可导致暴发性流行。乙型、丙型和丁型病毒性肝炎的传染源，主要是病人和无症状病毒携带者，病毒通过血液和体液，进入健康人体内，主要有三条途径：①输血及血液制品，使用污染的注射器或针刺等；②母婴垂直传播，主要通过胎盘、分娩过程（婴儿接触羊水、产道血液、阴道分泌物）、母乳以及密切接触而传播；③性接触传播。

我国是病毒性肝炎的高发区，尤其是乙型肝炎，HBsAg携带率1992年曾经高达9.75%，此后经过新生儿乙肝疫苗计划免疫，2014年降至6.5%，5岁以下儿童HBsAg携带率降至1%以下。

（四）预防和治疗

病毒性肝炎采用综合治疗的方法，以适当休息和合理营养为主，药物治疗为辅。

1. 控制传染源

肝炎病人和病毒携带者是病毒性肝炎的传染源，急性期患者（包括病毒复制活跃、肝功明显异常的慢性肝炎病人和病毒携带者）需隔离治疗。急性甲型及戊型肝炎病人自发病日算起至少隔离3周，乙型及丙型肝炎病人需隔离至病情稳定后。

2. 切断传播途径

甲型、戊型肝炎应把住“病从口入”关，加强饮食卫生和水源保护，切断粪-口传播途径，患者粪便需消毒后排入公共化粪池，做到无害化处理。乙型、丙型、丁型肝炎要切断血液和体液的传播，谨慎使用血液和血制品，注意保护破损皮肤，阻断母婴传播，性生活使用安全套，使用一次性医疗用品等。

3. 预防接种

甲肝疫苗和乙肝疫苗都是我国儿童计划免疫接种疫苗之一，新生儿普遍接种，用于预防甲型肝炎和乙型肝炎。甲肝灭活疫苗是世界卫生组织推荐使用的疫苗，需接种2剂次，中间相隔6个月，免疫力可以维持终身。乙肝疫苗需接种3剂次，推荐采用0–1–6月三针免疫程序。成人无HBV感染，且乙肝表面抗体阴性者，应接种乙肝疫苗进行主动免疫。乙肝疫苗的保护作用（免疫力）会随时间流逝而减弱，这个过程因人而异。接种乙肝疫苗后若干年，当乙肝表面抗体变为弱阳性时，应及时接种一针乙肝疫苗加强；若发现乙肝表面抗体已经转阴，应重新接种三针乙肝疫苗，维持乙肝疫苗的保护作用。戊型肝炎在我国发病率较低，但相比甲型肝炎，戊型肝炎重症更多，危害更大，因此对高风险群体，如学生、育龄妇女、餐饮业、疫区旅行等，应接种戊肝疫苗，推荐采用0–1–6月三针免疫程序。戊肝疫苗适用于16岁及以上易感人群，接种后抗体产生率非常高，但不能保持终身。对丙型肝炎和丁型肝炎，目前尚没有特异性疫苗。

4. 对症治疗

病毒性肝炎缺乏特效的治疗方法，应根据病原学和临床类型区别对待，遵医嘱治疗。治疗过程保持良好的休息，注意营养均衡（低脂），避免过度劳累，还需禁酒，避免服用过多的药品和易损肝脏的药物。慢性肝炎治疗耗时较长，除了合理营养和休息外，应注意调适情绪，平衡心理，调动个体的免疫力，积极配合治疗。

拓展阅读

1988年上海甲肝疫情

1988年1月，上海甲型病毒性肝炎（甲肝）暴发流行，从1月19日至3月18日的2个月内，报告发病数高达292000多例，日报告发病数超1万例的时间持续了16天，高峰的三天日报告发病数达1.8万例，医院被彻底挤爆。根据流行病学调查推算，当年上海实际感染甲肝病毒人数高达150万人，那时上海常住人口总数仅1250万人，感染率之高，来势之猛，发病之集中，为国内外医学史上所罕见。

甲肝因感染甲肝病毒引起，主要通过消化道传播，接触或食用被污染的水或食物即可被感染而发病。流行病学调查显示，导致上海甲肝大流行的元凶是被甲肝病毒污染的毛蚶，近乎生食的毛蚶味道鲜美，喜食者大都选择这种吃法，当被甲肝病毒污染的启东毛蚶大量流入上海，甲肝便在上海暴发。

事后研究确认：①上海甲肝大流行，源于被甲肝病毒污染的毛蚶和未经煮透的饮食习惯，不存在甲肝病毒变异；②疫情中20～39岁年龄组发病数占总发病人数的83.5%，40岁以上年龄组发病数则显著下降，这与1988年前上海居民甲肝抗体检测结果［20～39岁年龄组抗体阳性率低于50%(即50%以上对甲肝病毒易感)，而40岁以上年龄组抗体阳性率达90%以上］相吻合。

八、登革热

登革热是登革病毒引起的急性虫媒传染病，是全球传播最广泛的蚊媒传染病之一。过去50年登革热发病率增加超过30倍，每年在100多个国家流行。

（一）临床表现

起病急骤，24小时内体温达39℃以上，部分病例1～3天后体温降至正常，然后再次升高，呈双峰热型。发热时伴头痛、肌肉酸痛和骨关节痛，明显乏力，淋巴结肿大，可见颜面、眼结膜充血，颈部皮肤潮红，部分可见恶心、呕吐、腹痛。3～6天出现粟米样充血性皮疹，少数可见皮下出血、牙龈出血、鼻出血、胃肠道出血等出血倾向。发热期可见相对缓脉。皮疹一般与发热同时消退。

潜伏期3～14天，平均5～8天。病毒感染后可致隐性感染。多数为普通登革热，少数发展为重症，甚至迅速死亡。个别为轻型登革热，仅有发热等类似感冒症状，但浅表淋巴结常肿大，易被忽视。

（二）病原学

登革病毒对热敏感，56℃ 30分钟即可灭活。但在4℃条件下，传染性可保持数周，−70℃可存活8年。洗涤剂、紫外线、医用酒精、碘伏等均可使其灭活。

（三）流行病学

登革病毒的宿主尚不明确。病人和隐性感染者是主要传染源，埃及伊蚊和白纹伊蚊是主要传播媒介，我国主要是白纹伊蚊。当伊蚊接触有登革病毒的液体（体液）后，病毒在伊蚊体内复制，此时叮咬人体，即将病毒传染给人。流行期间，隐性感染者约占感染人群的30%；轻症病人数约十倍于典型病人。登革热流行于5—11月，高峰在7—9月，具有季节性、区域性、突然性和传播快的特征。

（四）预防和治疗

1. 控制感染源

患者需隔离在有纱窗纱门的室内，隔离时间不少于5天。对疑似病人进行医学观察，尤其应注意识别轻型患者。流行区域或可能流行的区域，需做好疫情监测、分析和报告。

2. 切断传播途径

防蚊、灭蚊是预防登革热的根本措施。改善环境卫生，清除各类积水，消灭蚊子滋生地，还可通过喷洒灭蚊剂降低成蚊密度。

3. 人群防护

注意均衡营养，规律作息，增强体质，提高人群抗病能力。流行期间，应避开蚊子活跃的时间段（黄昏后的1小时和天亮前的1小时）和蚊子喜聚集的场所，可采用纱窗、蚊帐等隔离防护，涂抹、喷洒避蚊或灭蚊剂等加以保护。

4. 临床治疗

登革热属自限性疾病，若无并发症，一般10天左右自愈。目前尚无针对性的药物，临床主要是对症和支持治疗。急性期应卧床，高热患者宜用冰敷、酒精擦拭等物理降温，慎用退热药物。若高热不退，或头痛剧烈，或腹泻明显，或有出血倾向等，需及时对症用药。饮食以富含营养的易消化食物为宜，保持大便通畅。

拓展阅读

积水、蚊子与疾病

蚊子繁殖经过卵、幼虫(孑孓)、蛹、成虫四个阶段。雌蚊的卵需排在有水的地方，哪怕如啤酒瓶盖中的一点点积水。每次排卵100～300粒，大约2天后大部分卵演变成孑孓，孑孓需进行四次蜕皮，每次蜕皮体积都会长大，大约6～10天变成蛹，再经过2天左右蛹羽化成蚊。整个成蚊过程都在水中，时间周期按蚊种不同而有长有短，伊蚊一般10天左右便能成蚊。针对蚊子的滋生环境和繁殖周期，每周清除一次环境积水，就可以阻断蚊子的滋生环境，有效降低蚊子的密度。

羽化后的成蚊，24小时内便会群蚊乱舞进行交配，一只雄蚊可与多只雌蚊交配，多数蚊种的雌蚊一生只交配一次，但白纹伊蚊等蚊种一生可交配数次。交配后的雌蚊便开始吸血繁殖之旅，它的吸血过程，也是传播疾病的过程。

蚊子的口器由六支针形物组成，吸血时六“管”齐下，其中四支分别承担刺入和支撑固定，一支负责吐“唾液”，一支负责吸血。口器刺入人体皮肤后，首先是吐“唾液”，

“唾液”中的抗凝血酶、甲酸等物质使刺口周围的血液不凝固，以便口器中的吸血支开怀畅饮。但是“唾液”中含有的各种病毒等病原体也乘机侵入人体，引起疾病传播。据统计，每年因蚊子叮咬致病而死亡的人数高达七十余万，稳居最致命十大动物榜首。

九、狂犬病

狂犬病是狂犬病毒所致的人畜共患疾病，犬和猫是主要的病毒宿主。人被病畜抓伤或咬伤而感染，人患狂犬病后的病死率几近100%。因患者恐水症状比较突出，狂犬病又被称作恐水症。

（一）临床表现

潜伏期长短不一，无任何症状，一般在1～3个月内，少有1周内或1年以上者。前驱症状多以身体不适、倦怠乏力、食欲不振、头痛发热等不典型症状开始，可出现恐惧、焦虑、激动、易怒，对声、光敏感等，部分患者伤口及周围感觉异常，有麻、痒、痛及蚁走感。通常2～4天后进入狂犬病典型症状期。临床分狂躁型与麻痹型两种，我国多见狂躁型，表现为极度恐惧，尤其恐水，怕风，发作性咽肌痉挛、呼吸困难，多汗流涎，行为古怪、颈项强直等。恐水是狂犬病的特殊症状，典型者见水、饮水、听流水声甚至仅仅提及饮水，即可引起咽肌痉挛，虽渴而不敢饮水。此外，亮光、噪声、碰触或微风都可能引发痉挛或全身疼痛性抽搐，导致呼吸困难。这一阶段持续1～3天，晚期逐渐进入安静状态，出现肢体软瘫、斜视、下颌下坠等，临终前进入昏迷状态，这一阶段持续6～18小时。狂犬病发病后的病程一般不超过6天，偶有超过10天者。

（二）病原学

狂犬病毒属核糖核酸型弹状病毒。从病人和患病动物体内分离的病毒毒力很强，称自然病毒。狂犬病毒易被紫外线、甲醛、50%～75%乙醇、升汞和季铵盐类化合物灭活，56℃ 30～60分钟或100℃ 2分钟亦可杀灭，但对酚有高度抵抗力。感染组织在4℃和0℃以下，可分别保持传染力数周和数年。

（三）流行病学

我国主要传染源是病犬，占80%～90%，其次为猫、猪、牛、马等家禽和狼。患病动物唾液中含有大量病毒，于发病前数日即有传染性。病毒主要通过被患病动物咬伤、抓伤或自皮肤损伤处进入人体，眼结膜被病畜唾液沾污，肛门黏膜被狗触舔均可引起发病。偶有经呼吸道及消化道感染的报道。人对狂犬病普遍易感，被病犬咬伤者未作预防接种，约15%～30%发病。发病与否与咬伤部位、创伤程度、伤口处理情况有关。

（四）预防和治疗

狂犬病迄今没有特效治疗手段，及时、全程、足量接种狂犬疫苗，是目前对抗狂犬病唯一有效的方法。

1. 伤口冲洗

被犬、猫等动物咬伤或抓伤后，应立即用流水、肥皂或洗手液反复、彻底冲洗伤口15分钟以上，闭合的伤口须敞开冲洗，力求去除动物唾液，挤出淤血，然后用医用酒精或聚维酮碘擦涂，伤口尽量不缝合，以利引流。

2. 犬伤门诊

伤口冲洗完毕应尽快到犬伤门诊，接受正规伤口处理，并按医嘱完成全疗程的狂犬疫苗接种。

3. 接种宜早

为了阻断病毒在体内复制和迁移，接种越早越好。接种的同时，应视伤口情况决定是否注射破伤风抗毒素。被动物所伤，哪怕是再小的伤口，也有感染狂犬病的可能，因此不应有任何侥幸心理而不接种。

4. 预防接种

兽医、动物管理员、猎人、山洞探险者、传染病医务人员等，应做好狂犬疫苗的事先预防接种。

5. 加强犬、猫管理

从源头进行控制，猎杀野犬、狂犬、狂猫，对饲养的犬、猫等宠物，应做好检疫、登记和预防接种。

6. 对症治疗

一旦患上狂犬病，患者需单室隔离治疗，防止对健康人造成伤害。病房尽量保持安静，减少水、风、光等刺激，对症用药。

第三节　健康体检

一、健康体检的概念和意义

健康体检是指通过医学手段和方法对受检者进行身体检查，了解受检者健康状况，早期发现疾病线索和健康隐患的诊疗行为，是用于个体或群体健康状况评价与疾病风险预测，进行早期筛查的一种医学行为与过程。其重点是通过医学检查与评价，对传染性疾病、慢性非传染性疾病及其风险因素进行筛查与评估，提供健康指导建议及健康干预方案，是实施疾病早期预防和开展健康管理的基本途径。

健康体检的目的是做好健康管理。与因病到医院就诊的诊疗性体检和入职、入学、入伍、参保等专项体检不同，专项体检针对某项特定目标、特定工作或特定行为获取体检依据，健康体检则通过医学检查，了解受检者以及受检群体的健康状况，对结果及异常体征或指标进行分析评估，前瞻性地提出改进意见，改善受检者的健康状况，更是落实国家《“健康中国2030”规划纲要》，衡量“全民健康”水平的基础数据。

健康体检可以发现未曾发现的疾病危险因素和潜在的健康风险，发现可能是疾病危险因素的，应进一步检查、确诊，进行生活调理或治疗；发现潜在健康风险，应纠正生活方式，定期复查；若是群体出现健康风险的，则应调查原因，消除诱因，定期筛查。

健康是动态发展的，健康体检的意义不仅仅是检测身体有没有疾病，更重要的是评估有没有得病的风险，是否处于亚健康状态。世界卫生组织（WHO）的一项调查显示，全球有75%的人处于疾病的前缘，即亚健康状态。亚健康可以向疾病发展，也可以向健康发展，取决于个体的生活方式和习惯是否有所改善以及改善的程度。健康体检可以尽早了解身体状况，发现亚健康状态，及时调整个人生活方式和饮食习惯等，消除诱因，使身体向健康发展，达到治未病的效果。例如，学生群体中存在为数不少的体质指数偏高（超重和肥胖）者，一旦发现及时通过调整饮食，增加运动，改善作息等生活习惯，都可以有效逆转，使身体向健康发展；如置之不理，超重和肥胖便会迁延，慢慢向脂肪肝、高脂血症、心脑血管疾病等方向发展。因此，即使自我感觉身体很好，也应定期做健康体检，尤其是常坐少运动、饮食不规律、睡眠不足或无节律者，非常容易导致体内代谢异常，出现亚健康状况，甚至疾病。

二、健康体检的项目和类别

一般健康体检包括自测问卷、体格检查、实验室检查、影像学检查、体检报告五个部分，其中体格检查、实验室检查和影像学检查三个部分构成了健康体检的基本项目。

（一）体格检查

体格检查由检查人员配合简单设备，通过现场触诊等物理检查，了解身体的基本情况，包括一般检查和临床科室检查两部分。一般检查包括身高、体重、腰围、臀围、血压、脉搏，主要用以评估整体营养状况及形态发育等一般情况；临床科室检查凭借医生个人经验进行，要求医生有一定的临床经验，包括内科、外科、眼科、耳鼻喉科、口腔科、妇科等，主要检查心、肺、肝、脾，皮肤、淋巴结、乳房、甲状腺、脊柱四肢，视力、辨色、眼底，听力、耳疾、鼻咽疾病，口腔、牙齿等，妇科一般对已婚女性检查，包括生殖器检查、宫颈刮片、分泌物涂片等。以上项目中，血压、体重、腰围及体质指数等指标，均具有较高级别的循证医学研究证据，是健康体检和健康管理的重要指标和数据。

（二）实验室检查

实验室检查是通过专用仪器，对采集的受检者的血液、体液、排泄物等标本进行检测，检测结果供主检医生判断受检者的身体情况。实验室检查一般包括常规检查、生化检查、细胞学检查三部分。常规检查包括血常规、尿常规、粪便常规和粪便潜血检查；生化（含免疫学）检查包括肝功能、肾功能、血脂、血糖、尿酸、肿瘤标志物、激素等，其中血脂、血糖和尿酸检查具有较高级别的循证医学证据并被国内外慢性病风险预防指南推荐；细胞学检查主要是女性宫颈刮片细胞学检查，这项检查是女性宫颈癌的早期初筛项目。

（三）影像学检查

影像学检查是专业技师借助专用设备，对受检者进行检查，检查结果供主检医生判断受检者的身体状况。影像学检查包括心电图检查、X线检查、超声检查三部分。心电图检查是利用心脏搏动产生的电位差形成描记图形，以此判断心律和传导是否正常，有无心肌疾病和心肌缺血性疾病等；X线检查目前采用胸部数字X线成像（DR）或计算机断层扫描（CT）胸部平扫，主要检查肺部、心脏、胸廓骨骼和脊柱，附带可见腹腔上部影像改变，肺结核往往通过X线检查被检出；B超是超声检查中最常用的项目，主要检查肝、胆囊、脾、胰腺、肾、甲状腺、颈动脉、乳房、前列腺、子宫和附件等。此外，超声检查还包括心脏彩超和经颅多普勒超声（TCD）检查，前者可以动态测定心腔内结构、心脏的搏动和血液流动，提示心腔、瓣膜、心肌疾病和心肌缺血的部位，后者主要通过颅脑血流速度来推测局部脑血流量的改变，广泛应用于各种脑血管性疾病的检查。

三、体检注意事项

健康体检，是预防疾病的有效手段之一，通过健康体检可以了解自身的健康状况，发现疾病隐患，尽早加以干预，终止疾病的发生或发展，收到事半功倍的效果。因此，首先应该重视健康体检，按照要求完成体检的全部项目。

（一）体检准备

1. 预约

健康体检的具体项目很多，体检前应做好规划，选定体检项目和医院。普通健康体检选择基本项目即可，包括“体格检查”中的身高、体重、血压、脉搏、内科、外科、眼科、耳鼻喉科和妇科；“实验室检查”中的血常规、尿常规、粪便常规和潜血、肝功能、肾功能、血脂、血糖和尿酸；“影像学检查”中的心电图、X线检查和B超检查。学生体检项目在此基础上可以进一步简化。体检医院建议选择正规医院，不要被一些社会机构的不实宣传所迷惑。项目和医院确定后应事先预约，按照预约的时间准时参加体检。

2. 准备

体检前三天起保持正常饮食、正常工作学习和生活规律，不参加聚餐，不要过劳，按时就寝。体检前一天忌酒，不要过量食用高脂、高蛋白饮食，不要吃猪肝、猪血等食物，避免过喜过悲，保持平稳心态。体检当日零时（前一天24时）以后应完全禁食(包括饮水)，保持空腹参加体检。

3. 用药

体检前三天应停服无关治疗（如减肥美容）的药物，慢性病治疗用药不受影响，按时继续服用。体检当日若需按时在早晨服药的，也可以按时服用，但需注意饮水量，够服药即可。

4. 着装

体检当日着装宜简，选择穿脱方便的服装和鞋袜。请勿穿带有金属饰片、金属纽扣、金属骨架的衣物（包括内衣）。

5. 生理期

女士生理期不宜做妇科检查及尿检，乳腺检查最好选择在生理期后一周。若恰逢生理期，应调整体检的预约时间。

（二）体检过程

1. 排序

体检时难免人员较多，到达医院首先登记排序，按提示的顺序体检。采血、B超等项目需空腹检查，早餐需在空腹项目检查完成后再用餐。

2. 病史

体检之前请认真填写既往病史和家族病史，尤其是慢性病和重大疾病史以及治疗情况，给主检医生提供准确的参考信息，更有利于得出准确的体检结论。

3. 采血

采血要空腹，还要注意采血时间不能太晚，最迟不宜超过9：00。太晚采血会受人体内分泌的影响，使检验结果出现偏差。

4.X 线检查

检查时请摘去项链、手机、钥匙等金属物品，注意保管。女性怀孕及可能已经怀孕者，请事先告知体检医生，原则上不能做X线检查。

5.B 超

B超检查膀胱、前列腺、子宫、附件时，需要膀胱充盈，因此检查前请勿排尿，尽可能憋尿。如无尿，需大量饮水（需在空腹项目结束后）至膀胱充盈。

6. 体检导引单

全部检查完毕务必将体检导引单交给体检服务台，否则医院会认为体检还在进行中而不能及时出具体检报告。体检导引单所列项目是约定检查的项目，既有反映健康状况的基本项目，也包括一些针对重大疾病和常见疾病的项目，如肛门指诊检查，对早期发现直肠赘生物尤为重要，不要因怕麻烦或害羞而放弃检查。

（三）体检报告

一般体检结束十个工作日，医院可以出具体检报告。体检报告是对受检者健康状况的概括和总结，是主检医生根据各科体检结果，结合既往病史和家族病史，经过综合分析后对受检者开出的健康处方，指导受检者做进一步检查或提出日常生活建议，对受检者纠正不良生活习惯，预防和治疗疾病有重要的指导意义。需要认真阅读，遵医嘱认真实施。

健康，是动态延续的过程，建议积累每一次的体检报告，若干年后进行比较，可以看到身体变化的客观数据，对纠正不良习惯，保持健康非常有益。

交流与讨论

1.消化性溃疡与胃炎有哪些区别？分别有哪些防治措施？

2.肥胖症和痛风同属代谢性疾病，预防和治疗方面我们应该怎么做？

3.突然发生腹痛时，应如何鉴别腹痛的原因并采取相应的措施？如果伴有停经或阴道出血应考虑什么疾病？

4.冷敷或热敷是软组织损伤时常用的治疗方法，该如何选择应用？

5.破伤风误时治疗会产生严重后果，但是可以有效预防，该如何及时选择预防措施？

6.急性结膜炎(俗称红眼病)是一种急性传染性眼病，流行季应采取哪些措施阻断传播？

7.什么是传染病？如何针对传染病传播的三个环节采取措施，有效防控传染病？

8.针对传染病疫情或传染病患者，该如何履行公民的职责？

9.各种呼吸道传染病的传播途径相似，哪些是呼吸道传染病通用的防范措施？

10.宠物，已与现代人的生活密切相关，被宠物抓挠或咬伤都可能导致狂犬病，应如何做好预防？

11.健康体检对了解个体健康状况与预测风险有独特的作用，参加体检时应注意些什么？

12.应该如何应用体检报告避免或改善亚健康状况，使机体向健康方向发展？

疾病预防

第四章

性与生殖健康

学习目标

1. 了解生殖系统的结构与功能
2. 掌握生殖系统保健的基本技能
3. 了解常见生殖系统健康问题，让自己的生殖与性健康状态保持在较高水平
4. 掌握避孕的方法，避免发生非意愿妊娠后的人工流产
5. 掌握常见的性传播疾病及其预防措施
6. 掌握艾滋病的传播途径与预防措施，掌握HIV尿液试剂自我检测技能

第一节　两性生殖系统

生殖系统由一系列繁殖后代、延续种族的器官所组成，可分为女性生殖系统和男性生殖系统。

一、女性生殖系统的结构与功能

女性生殖系统包括内生殖器和外生殖器两部分。女性外生殖器指生殖器官的外露部分，又称外阴，包括阴阜、大阴唇、小阴唇、阴蒂、阴道前庭、尿道口、阴道口、处女膜等。女性内生殖器指生殖器官位于体内的部分，包括阴道、子宫、输卵管及卵巢。输卵管和卵巢常称为子宫附件。女性生殖系统主要的组织器官如图4–1所示。

（一）女性外生殖器

1. 阴阜

阴阜为耻骨联合前面隆起的外阴部分，由皮肤和很厚的脂肪层所构成。阴阜下邻两侧大阴唇。进入青春期后，阴阜皮肤上开始长出阴毛，其分布的特点是呈尖端向下的三角形。

图 4-1 女性生殖系统概观

2. 大阴唇

大阴唇为靠近两股内侧的一对隆起的皮肤皱襞，未婚女性的两侧大阴唇自然合拢，遮盖阴道口及尿道口，经产妇的大阴唇由于分娩影响而向两侧分开。大阴唇外面长有阴毛，皮下为较厚的疏松脂肪组织、弹性纤维及静脉丛，受伤后形成血肿。大阴唇含有皮脂腺和汗腺。外侧面皮肤有色素沉着，上有阴毛；内侧面淡粉红色，类似黏膜，上无阴毛。

3. 小阴唇

位于大阴唇内侧的一对薄皱襞，表面湿润，富有神经末梢，故极为敏感。两侧小阴唇的前端相互融合并分为两叶，包绕阴蒂，前叶形成阴蒂包皮，后叶形成阴蒂系带。由于大、小阴唇中含有丰富的神经纤维，在性刺激和性唤起中具有重要作用，并且在性交时阴茎在阴道中抽动而牵动小阴唇使阴蒂受到刺激。

4. 阴蒂

阴蒂位于两侧小阴唇之间的顶端，为与男性阴茎海绵体相似的组织，阴蒂头富有神经末梢，极为敏感，有勃起性，是最重要的性敏感部位。

5. 阴道前庭

阴道前庭为两小阴唇之间的菱形区，在此区域内，前方有尿道，后方有阴道开口，此区域内还有前庭球和前庭大腺。前庭球又称球海绵体，有勃起性，其前部与阴蒂相连，后部与前庭大腺相邻，表面为球海绵体肌覆盖。前庭大腺又称巴尔腺，位于大阴唇后面。性兴奋时分泌黄色黏液，起润滑作用，正常检查时不能摸到此腺体。

6. 处女膜

处女膜位于阴道口与阴道前庭的分界处，是环绕阴道口的中间有孔、不完全封闭的一层薄膜状组织。中间有一孔或多个孔，称为处女膜孔，月经血就是由此孔流出。处女膜的大小、形状、厚薄及弹性等因人而异。未婚女性的处女膜孔一般呈环形、中隔形、筛形、半月形等。处女膜多在初次性交时撕裂，引起疼痛和出血。处女膜破裂后黏膜呈许多小圆球状物，成为处女膜痕，经分娩仅留残迹。有些女性出生时就没有处女膜，或是处女膜在剧烈运动时撕裂。

（二）女性内生殖器

1. 阴道

阴道是连接子宫与外阴的肌性管道，富有弹性和延展性，其上端与子宫相连，下端开口于外阴。阴道是性交器官，也是导入精液、排出经血、娩出胎儿的通道。正常情况下，阴道内常流出少量带黏性的白色液体，称白带，具有排泄废物、抑制病菌生长、湿润阴道、协助性交顺利进行等作用。

2. 子宫

子宫主要分为子宫底、子宫体、子宫颈。子宫上部较宽的部分是子宫体，子宫体的顶端称为子宫底，子宫下部细窄的部分是子宫颈，子宫颈下端深入阴道并借其与外界相连。子宫腔小壁厚，容量约5～8毫升，腔表面覆以黏膜即为子宫内膜。青春期开始子宫内膜会受性激素影响发生周期性改变，先增厚再部分脱落，并随经血排出，形成月经。

子宫的主要功能是孕育胎儿。受精卵在子宫里着床形成胚胎，胚胎继续发育成为胎儿，胎儿不断成长直至成熟，此时子宫发生有节律的强烈收缩迫使胎儿及胎盘娩出。

3. 输卵管

输卵管连于子宫底两侧，内侧端与子宫角相通，外侧端游离于腹膜腔。由内至外可分为子宫部、峡部、壶腹部、漏斗部。精子与卵子在输卵管壶腹部相遇结合成受精卵之后，通过输卵管的蠕动和管内纤毛的运动推送到子宫内发育，故输卵管阻塞会引起不孕。

4. 卵巢

卵巢呈扁卵圆形，左右各一，位于子宫两侧，输卵管下方。卵巢具有产生卵子和分泌性激素（雌激素、孕激素和少量雄激素）的功能。雌激素能促进生殖器官生长发育和第二性征出现；孕激素（黄体酮）促进子宫内膜生长，以保证受精卵植入和维持妊娠；适量的雄激素还可维持女性的正常性功能，如促进性欲，刺激腋毛和阴毛生长等。

女性刚出生时，卵巢里大概有100万个原始卵泡，其中大部分在童年期退化，从青春期开始到月经停止，约有400个原始卵泡会发育成熟并产生卵子，通常左右卵巢交替排卵，到了绝经期停止排卵。卵巢在形态和功能上发生周期性变化，称为卵巢周期。卵巢周期也是卵泡的发育和成熟、排卵、黄体形成及退化的过程。一般情况下，成熟女性每月排1颗卵子，排出的卵子被输卵管伞捕获进入输卵管腔。排卵日一般在下次月经来潮前的14天左右，通常28～30天排卵一次。

二、男性生殖系统的结构与功能

男性生殖系统由外生殖器和内生殖器组成。男性外生殖器包括阴茎和阴囊；男性内生殖器包括睾丸、输精管道和附属腺。进入青春期后，男性生殖器官迅速发育成熟，主要的组织器官如图4-2所示。

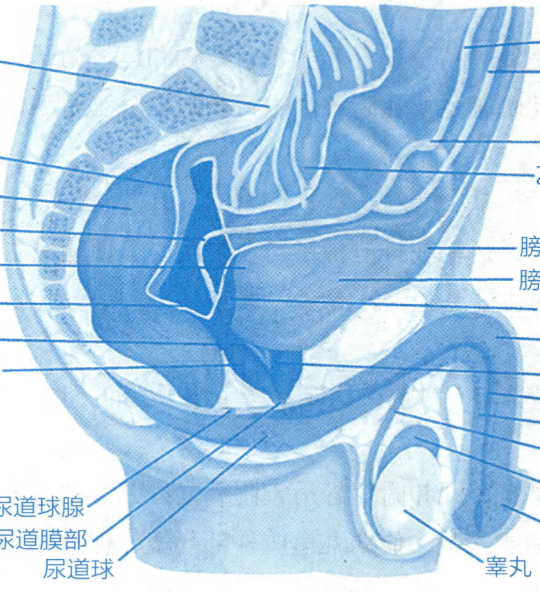

图4-2 男性生殖系统概观

（一）男性外生殖器

1. 阴茎

阴茎的主要功能是排尿、排精液和进行性交，是男性外生殖器最显著的部分。阴茎皮肤极薄，皮肤下无脂肪，具有活动性和伸展性。血液可以进入阴茎海绵体的血窦。在没有性冲动时，阴茎绵软；当受到性刺激时，阴茎海绵体的血窦内血液增多，导致阴茎增长增粗变硬而勃起，龟头增大，阴茎内部三条平行长柱状海绵体充血而挺立。当流入的血液和回流的血液相等时，阴茎持续勃起；阴茎头部神经末梢丰富，在性交达到高潮时，由于射精中枢高度兴奋而射精。

2. 阴囊

阴囊位于阴茎的后下方，里面有睾丸、附睾、精索和输精管的起始段。皮肤伸长下垂呈囊状，出现皱褶及色素沉着，并可随外界温度的变化而反射性地收缩和舒张。

（二）男性内生殖器

1. 睾丸

睾丸容积从发育前的3毫升到青春期后达到12毫升以上。内部曲细精管发育并发生精子及分泌雄激素。睾丸的主要功能是产生精子及分泌雄激素。精子与卵子结合形成受精卵，是繁殖后代的重要物质基础；雄激素是维持男性第二特征（副性征）的重要物质。

2. 附睾

附睾的主要功能是促进精子发育、成熟，贮藏和运输精子。精子产生后，还需要继续发育以至成熟，此阶段主要在附睾内进行。附睾分泌附睾液，附睾液直接哺育精子成熟。

3. 输精管

输精管的主要功能是运输和排泄精子。在射精时，使输精管发生互相协调而有力的收缩，将精子迅速输往排泄管、射精管和尿道中。

4. 精囊

精囊的主要功能是分泌一种黏液，既不产生精子，也不贮藏精子。

5. 精索

精索的主要功能是将睾丸和附睾悬吊于阴囊之内，保护睾丸和附睾不受损伤。同时随着温度变化而收缩或松弛，使睾丸适应外部环境，保持精子产生的最佳条件而使睾丸具有不随意活动性。

6. 射精管

射精管的主要功能是射精。射精管壁肌肉较丰富，具有较强的收缩力，帮助精液射出。射精管既小又窄，以保证射精时的足够压力。

三、受精、妊娠、分娩

（一）受精

成熟的精子与卵子结合，形成新的细胞（称为受精卵），这一结合过程称为受精。

性成熟的女性在每个月经周期的排卵期间，都有成熟的卵子从卵巢排出，排出的卵子可存活24～48小时。此时，卵子即被吸引至输卵管内，再借输卵管本身的蠕动和管内的纤毛运动作用向子宫方向推进。在男性射精，精液进入阴道后，精子借其尾部的运动向输卵管内游动，与卵子相遇，即发生受精。精子有受精能力的时间为48小时左右，因此，在女性排卵前后的48小时左右完成性交，即有受孕的机会。受精的场所为输卵管的外1/3处，即输卵管的壶腹部。

健康男性一次射出的精子为2亿～5亿个，但在到达输卵管的过程中有相当大的损失，能接近卵子的精子仅有200个左右，最后使卵子受精的一般只有1个。

若一切条件适合，精子与卵子在壶腹部相遇，在相互靠近即将接触的一瞬间，精子顶部的酶便释放出来。在酶的作用下，精子可穿过卵子外面的各层“屏障”而进入卵子内与卵子结合，完成受精并形成受精卵。

性别是由染色体决定的，女性为两条相同的性染色体，即XX；男性为两条不同的染色体，即XY。而卵子或精子内只含有一条性染色体，卵子内的性染色体是X，精子内的一条性染色体，有的是X，有的是Y。如果含有X性染色体的精子与卵子结合成受精卵，发育成的子代就是女孩（XX）；如果含有Y性染色体的精子与卵子结合成受精卵，发育成的子代就是男孩（XY）。由此可见，一个人的性别在受精的一刹那，即精子与卵子结合的时候就已经决定了，而且取决于男性精子中所含的性染色体。

完成受精后，受精卵在输卵管的收缩作用下，慢慢向子宫方向移动，边移动边进行细胞分裂，由1个细胞变成2个，再变成4个……接下来便是植入子宫内膜而着床，从母体获得营养得以继续生长发育，并逐渐分化成许多不同的组织和器官。妊娠前8周为胚胎期，9～40周为胎儿期。

（二）妊娠

1. 妊娠的生理变化

（1）停经。多数女性妊娠的最初变化是月经停止。怀孕后，女性激素的持续分泌抑制了排卵，其间不再有周而复始的月经了。但月经停止绝不意味着怀孕，疾病和情绪紧张也有可能使月经推迟，偶尔也会出现毫无原因的停经。诊断是否怀孕，可以去医院做尿妊娠检查。

（2）恶心和呕吐。有一半以上的女性在怀孕第2个月时开始有恶心和呕吐的妊娠反应或对某种食物或气味反感，这是由于受孕后黄体分泌激素增加，抑制胃的活动而引起的。通常在怀孕第4个月以后恶心和呕吐的症状会慢慢消失。

（3）乳房变化。怀孕6～8周时，由于人绒毛膜促性腺激素增加，刺激乳房，孕妇有乳胀感，有时有压痛。8周后乳房胀大，乳晕加深。乳房周围有小结节，16周后出现初乳，但还不会有乳汁分泌。

（4）小便频繁。怀孕8～12周，由于子宫增大压迫膀胱而引起小便次数增加。怀孕12周以后，子宫逐渐上升，离开盆腔到达腹部，对膀胱压迫减少，尿频现象会慢慢消失。在临分娩前几周，由于胎儿进入盆腔又会压迫膀胱，再次出现尿频现象。

（5）其他系列症状：

怀孕中期，因便秘或盆腔脏器压迫直肠血管很易引发痔疮；血容量增加可能出现鼻血；全身水潴留增加可引发水肿，水肿以面部、手、脚、踝等处较为明显。

怀孕后期可引起很多不适，例如，肺部受压可引起气短，胃受压常引起消化不良，肚脐向外鼓出等，多数孕妇感到乏力。怀孕第30周是不适的高峰期，以后开始缓解，直至分娩。

胎动感觉。经产妇在怀孕16周、初产妇在怀孕18周后开始感觉到胎动。

腹部增大，体重增加。随着怀孕周数的增加，子宫越来越大，腹部也就逐渐增大，4个月以后就越来越明显。到后期，随着腹部的增大，体重也明显增加。由于增加的体重大量集中在身体的前面，在一定程度上影响了身体的平衡，孕妇往往采取一种特殊的“摇摆”步态，而这样又往往导致腰痛。妊娠后期腹部还常出现粉红色或青色的条纹，称为妊娠纹，稍感痛痒。

2. 胎儿成长过程

0～4周（怀孕1个月）。胎儿的身长只有0.7厘米，尚未成形，因此被称为“胚芽”。

5～8周（怀孕2个月）。胎儿身长2.8～3厘米，体重约4克。用B型超声波可见胎儿的心脏搏动，眼睛、嘴、耳均已成形。

9～12周（怀孕3个月）。胎儿心脏、肝、胃、肠等器官均已成形，外生殖器已发育，四肢可活动；身长约9厘米，体重约20克。此时易发生流产，所以孕妇举手投足都应该特别小心。孕妇不要照X线，不乱服药，谨防感冒。

13～16周（怀孕4个月）。胎儿身长约18厘米，体重约180克，皮肤呈红色。孕妇此时应避免劳累，定期检查。

17～20周（怀孕5个月）。胎儿有体毛出现，皮肤薄。此时孕妇有胎动感觉。胎儿身长约25厘米，体重约250克，头特别大，约占身长的1/3。

21～24周（怀孕6个月）。胎儿身长约30厘米，体重约650克，长出了头发、眉毛和眼睫毛，全身上下被一层细细的软毛覆盖。耳、鼻、口和脸轮廓也趋于明显，皮下脂肪激增。

25～28周（怀孕7个月）。子宫已经增大到肚脐上方3厘米的地方。胎儿身长约35厘米，体重1000～1500克，性别已经明显。孕妇应注意不要着凉，防止便秘。

29～32周（怀孕8个月）。胎儿身长约40厘米，体重1500～1800克，可听到胎儿的心音。孕妇要注意保持身体的平衡，不要摔倒；要预防妊娠高血压综合征；避免性生活，以防早产。

33～36周（怀孕9个月）。胎儿身长45～47厘米，体重2000～2300克，皮下脂肪增厚。孕妇此时要随时做好入院分娩的准备，洗澡时间不可过长，避免长时间站立。

37～40周（怀孕10个月）。胎位已经逐渐下降。胎儿身长约50厘米，体重约3000克，皮下脂肪已完全长成。孕妇须保证充足的睡眠和休息，应一切准备妥当，随时准备入院分娩。如下体突然流出大量羊水或者出血，应立刻入院检查。

（三）分娩

分娩是成熟胎儿从子宫排出体外的过程。妊娠约持续280天（由最末次月经开始的第1天算起）。分娩前往往有些征兆，例如，排尿次数增多，排尿感到困难，有排便的感觉；下腹部发紧和发痛；腰部出现压迫感等等。分娩时，由于子宫平滑肌周期性收缩（即宫缩）和腹压作用，可使羊膜、绒毛膜破裂，羊水流出，最后胎儿娩出。

每个孕妇分娩时间的长短各不相同，初产妇平均约需15小时，经产妇平均约需9小时。

拓展阅读

月经的形成

月经是由于卵巢周期性变化出现的子宫内膜脱落产生的出血现象。子宫内膜在卵巢分泌的激素影响下，出现了周期性变化，一般分为四期。

1. 增生期

经期后，在雌激素作用下，子宫内膜基底层细胞开始增生，先是修复剥脱处创面，随后因继续增生而变厚，腺体增多、变宽，并渐屈曲。血管也增生，渐呈螺旋状。间质则增生致密。此期相当于卵泡发育成熟阶段，即月经周期的第5～14天。

2. 分泌期

相当于排卵后黄体成熟阶段，约为月经周期的15～23天。黄体分泌的孕激素和雌激素将使增生期内膜继续增厚，腺体进一步扩大、屈曲，出现分泌现象。血管也迅速增长，更加屈曲，间质变疏松并有水肿。此时内膜厚且松软，含有丰富营养物质，有利于受精卵着床发育。

3. 月经前期

相当于黄体退化阶段，约为经期的24～28天。黄体退化时，孕激素和雌激素水平逐渐下降。激素的减退，将使内膜间质水肿消退变致密，血管受挤压而使血流淤滞。最后出现局部血管的痉挛性收缩，造成内膜缺血、坏死，血管破裂出血。

4. 月经期

月经期为月经周期第1～4天。在内膜功能层形成散在小血肿，将使坏死的内膜剥脱，随血液排出，称之为月经。内膜的基底层随即开始增生，形成新的内膜。因此，月经期实际上是一个周期的结束，也是下一周期的开始。

第二节　生殖卫生与保健常识

一、女性卫生保健

（一）会阴部的卫生

青春期少女处于代谢旺盛阶段，汗腺和皮脂腺分泌多，容易湿润周围皮肤。大小阴唇皱襞部位容易积存污垢，较胖的少女更是如此。此外，由于青春期卵巢功能活跃，阴道分泌液增多，加之阴道口离肛门或尿道很近，易受尿液和粪便污染。所以，青春期少女更要注意会阴部卫生。

第一，每晚用温水清洗外阴，一般不必用高锰酸钾等消毒剂，以免外阴、阴道受到不良刺激；第二，清洗外阴的盆、毛巾和水要单独使用；第三，不要穿别人的内裤，内裤选择透气性好、吸湿性强的纯棉织品；第四，养成大便用纸从前向后擦的习惯；第五，注意经期卫生；第六，若白带量多，又有异味或血色时，要及时去医院检查治疗。

（二）不要随便冲洗阴道

人类自身的防御体系决定了阴道本身具有自净作用。①在正常情况下，阴道前后壁紧贴使阴道口闭合；两侧小阴唇自然合拢，遮盖阴道外口和尿道口；子宫颈紧闭及子宫颈的黏液栓共同阻止了病原微生物进入阴道和子宫；子宫内膜周期性地剥脱形成经血流出，也定期清除了宫腔内的病原体。②阴道在正常情况下呈酸性（pH值为

4～5），抑制了适应在碱性环境中繁殖的病原体；宫颈管的黏液栓呈碱性，抑制了适应在酸性环境中繁殖的病原体。这样，适应酸性或碱性环境的病原体分别在女性生殖道的不同部位受到抑制，使女性内生殖器官保持相对清洁和卫生。冲洗阴道会破坏这些保护屏障，扰乱阴道的自洁功能，使原来受到抑制的病原体活跃起来，从而引起生殖器官炎症。因此，除非是在医生的建议下，一般是不宜进行阴道冲洗的。

（三）经期卫生

女性在行经期由于体内部分血液的丧失，经期前后内分泌的波动影响了代谢和神经调节功能，使机体抵抗力下降，加上经血的排出改变了阴道的酸碱环境，宫颈口又处于张开状态，这就减弱了阴道、宫颈抗感染的天然屏障；子宫内膜脱落造成的创面，也使子宫腔抗感染的能力下降。月经期阴道整体及局部防御功能都处于低下状态。因此，应注意如下几点。

1. 清洁卫生

女性经期要每晚用温开水清洗外阴，保持外阴清洁，不宜洗盆浴或坐浴，以淋浴为好。不合格的卫生巾（纸）是造成月经期感染的最大隐患之一，因此卫生巾的选用非常重要。要在信誉较好的大商场购买，挑选时一定要注意外包装完好无损，有生产日期、有效使用期、厂家厂址、卫生许可证等。要选用柔软清洁、舒适透气的卫生巾。已开封的卫生巾在下次使用时，最好重新消毒或经日光暴晒后再使用。

血是病原体最好的培养基、经血污染的内裤容易引起生殖器官和皮肤感染，所以要勤换内裤并及时清洗，洗后用开水烫一下，并在太阳下晒干后备用。内裤要选购透气性好的纯棉制品。

2. 劳逸结合

女性在经期从事日常工作、学习或一般的体力劳动，可以促进盆腔的血液循环，从而减轻腰背酸痛及下腹不适，但应避免重体力劳动和剧烈运动，并保证充足睡眠，以保持充沛精力。

3. 饮食有节

经期饮食宜清淡温和、易于消化，不可过食生冷食物，因寒使血凝，容易引起痛经以及月经过少或突然中断等。不可过食辛辣香燥伤津食物，以减少子宫充血。要多喝开水，多吃水果、蔬菜，保持大便通畅。

4. 情绪稳定舒畅

避免生气动怒，保持乐观平和的良好心态，有助于缓和盆腔充血带来的不适感。

5. 顺应天时

注意气候变化，特别要防止高温日晒、风寒雨淋和涉水游泳，不要用冷水洗头洗脚或久坐冷地等。

6. 避免性生活

女性在月经时，子宫内膜剥脱出血，宫腔内有新鲜创面，宫口亦稍微张开一些，阴道酸度降低，防御病菌的能力减弱。如此时性生活，易将细菌带入，导致子宫内膜炎、盆腔炎、附件炎等；还可造成经期延长，甚至崩漏不止。若输卵管发生炎症粘连、堵塞不通，还可造成不孕症。因此，妇女在行经期间应禁止性生活。

7. 勿乱用药

一般妇女经期稍有不适，经后即可自行消退，不需用药，以防干扰其正常过程。若遇腹痛难忍或流血过多、日久不止，需经医生检查诊治，不要自己乱服药物。

8. 坚持建立月经卡

自青春期初潮开始后，女生要学会建立月经卡，记录每月经期日期，便于了解自己的月经是否规律、是否怀孕、是否流产等，有利于防治各种妇科疾病和落实优生优育。

二、男性卫生保健

（一）经常清洗外阴

男孩外阴皮肤皱褶多，汗腺丰富，分泌旺盛。皮肤代谢时脱落的细胞、细菌、真菌等容易聚积形成包皮垢，成为细菌繁殖的理想场所。若不及时清洗，容易引起包皮炎、尿道炎、阴囊湿疹、股癣等疾病。因此，男孩需要每天清洗外阴。

最好用流动的温水洗，盆、毛巾要专用。先洗生殖器官、后洗肛门，正确的方法是翻开包皮，裸露龟头，仔细清除其内的污垢，擦干水后将包皮回复原位。清洗时切莫玩弄阴茎，以免引起性冲动而诱发自慰行为。要勤换洗内裤，内裤宜选择透气性好的纯棉纺织品。

（二）不穿紧身裤

睾丸是产生精子和分泌雄激素的重要器官，男性穿紧身裤有碍于睾丸产生正常精子。生成精子的最佳温度是35℃左右，而人体37℃的体温高于生成精子的最佳温度。阴囊通过自身的“热胀冷缩”功能使睾丸和身体的温度总是保持一定的距离。穿紧身裤会限制阴囊的舒展，迫使睾丸紧贴身体而影响精子的正常生成，造成精子量少、活力差、畸变率高，严重者还会导致不育。另外，紧身裤散热不良，尤其在天气炎热时使会阴部出汗较多，为细菌、真菌的生长提供了条件。

拓展阅读

什么是手淫

手淫是一种性自慰行为，是青春期男女常易发生的、自我获得性快感的性活动。偶尔也可在儿童或成人中发生。开始时往往是无意中玩弄或内裤太紧造成阴茎部或阴蒂部受刺激，后发觉可带来一定的快感，再加上性器官的发育成熟，出现性的冲动，为了满足性的要求，就情不自禁地手淫，日久便成为习惯。据国内外有关研究资料表明男青少年有手淫行为者占70%～80%，女性较男性少见。

手淫在一般情况下偶尔发生对健康无害，但经常沉湎于手淫会有害于健康。部分青少年常因手淫而紧张、焦虑、自责自罪和恐惧，这种心理矛盾很容易引起神经过度紧张，其结果会导致局部或全身性功能失调。

男性发生手淫的原因有包皮过长、龟头炎、包皮垢积聚、前列腺炎、阅读淫秽书刊、听黄色录音、观淫秽录像，以及内裤太紧、被子太重太暖等。

预防和治疗手淫的措施，除针对上述病因外，特别要注意加强自我调控与疏导，积极参加健康的文体活动，学习和掌握科学知识，正确对待异性。建立科学、健康、文明的生活方式。要保持生殖器的清洁卫生，包皮过长者应行环切术，有前列腺炎等给予根治。对手淫者最好的忠告是不要有罪恶感、羞耻感及恐惧心理。

第三节　常见生殖系统疾病

生殖健康问题可分为女性生殖健康问题与男性生殖健康问题两方面。

一、女性生殖健康问题

女性生殖健康问题主要包括阴道炎、盆腔炎、乳腺增生、月经失调、痛经等。

（一）阴道炎

1. 病因

阴道炎是指阴道菌群失调导致外阴及阴道症状（如瘙痒、灼痛、刺激和异常流液）的一组病症。

2. 症状

临床上常见的阴道炎有细菌性阴道炎、念珠菌性阴道炎、滴虫性阴道炎、老年性阴道炎、幼女性阴道炎等。一般都有外阴瘙痒或灼热、阴道分泌物增多或有异味、黏膜红肿，或伴有尿频、尿痛等尿路刺激症状。

3. 治疗

一般阴道炎的药物治疗以外用为主，如洁尔阴洗剂或克霉唑栓剂外用。并发盆腔炎或者复发性阴道炎可以联合口服用药，必要时夫妻同治，注意长期口服抗生素可能抑制正常菌群，继发霉菌感染。

（二）盆腔炎

1. 概述

盆腔炎是指女性内生殖器官及其周围结缔组织、盆腔腹膜的炎症，慢性盆腔炎常为急性盆腔炎未彻底治疗迁延所致。产后、人工流产、妇科手术及不良性生活易诱发盆腔炎。

2. 症状

（1）慢性盆腔痛。下腹部坠胀感、腰骶部酸痛、易劳累或经期加重。

（2）不孕或异位妊娠。输卵管发生炎症粘连、堵塞导致不孕。

（3）月经异常。子宫内膜炎可致白带增多，经量紊乱或痛经。

3. 治疗

盆腔炎急性发作时应用抗菌药物联合治疗；慢性炎症一般以温热物理疗法为主，常用微波疗法、超短波疗法、激光疗法或离子导入疗法等。

（三）乳腺增生

1. 概述

乳腺增生是乳腺导管、乳腺小叶、腺泡上皮、纤维组织的单项或多项良性增生，与内分泌功能紊乱密切相关。本病多发于中年妇女，青少年和绝经后妇女也有发生，当今大城市职业妇女中50%～70%有不同程度的乳腺增生。

2. 症状

（1）乳房胀痛。常为胀痛或刺痛，可累及一侧或两侧乳房，以一侧偏重多见。疼痛严重者不可触碰，甚至影响日常生活。

（2）乳房肿块。肿块可发生于单侧或双侧乳房内，单个或多个，好发于乳房外上侧，亦可见于其他部位；肿块形状有片块状、结节状、条索状、颗粒状等，其中以片块状多见。

（3）乳头溢液。少数患者可出现乳头溢液，为自发溢液，呈草黄色或棕色浆液性溢液。

（4）情态改变。患者常情志不畅或心烦易怒，每遇生气、精神紧张或劳累时症状加重，情绪稳定或心情舒畅时症状减轻。

（5）其他症状。部分患者会伴有口苦、两肋发胀、不欲饮食、胃胀不舒、大便干燥、失眠多梦等症状。

3. 治疗

乳腺增生的治疗以对症治疗为主。单纯性乳腺增生，不需要特殊处理可自行消退。因精神、情绪引起的乳腺增生可通过自身调节精神、压力，改变不良生活习惯等进行辅助治疗。

病理性乳腺增生可用中药疏肝理气，活血化瘀，以调补气血为原则，配合红外光及离子导入等物理疗法，必要时可用激素调理治疗。

乳腺结节大且存在癌变可能者需考虑手术切除；乳腺肿块质地硬，难以与乳腺癌鉴别时，宜行手术切除、组织活检来明确诊断。

4. 自检

每个成年女性都应学会乳腺的日常自检。常用方法是用指腹顺时针按压乳房，如果摸到有散在的颗粒状物体就应该就医，请医生帮助做最终的判断。但不要采取抓的姿势，免得把正常的乳腺组织误当成增生。

（四）月经失调

1. 概述

月经失调是妇科常见病，表现为月经周期或出血量的异常，可伴月经前、经期的腹痛及全身症状。

2. 病因

（1）情绪异常。如长期的精神压抑或紧张、重大心理创伤等，可导致垂体激素、卵巢激素分泌异常，从而引起月经失调。

（2）寒冷刺激。月经期间受寒冷刺激可使盆腔血管过度收缩引起经量过少甚至闭经。

（3）过度节食。由于机体能量摄入不足，造成体内大量脂肪、蛋白质被消耗，致使雌激素合成障碍，进而影响月经量，甚至闭经。

3. 临床表现

患者可见经期紊乱，经期提前，月经量少或色淡，经期迁延、淋漓不尽，可伴痛经。

4. 注意事项

在排除性激素紊乱或器质性病变的前提下，注意经期卫生，防止上行感染，积极预防和治疗可能引起经血潴留的疾病；注意经期保暖，忌寒、凉、生、冷刺激，防止寒邪侵袭；注意休息，减少疲劳；控制不良情绪，保持心情愉快。

（五）痛经

凡是在月经期前后或月经期出现下腹部疼痛、坠胀、伴腰酸或其他不适，程度较重而影响生活和工作质量者称痛经。痛经是妇科最常见症状之一，约50%的女性有痛经。痛经分为原发性和继发性两类，前者是生殖器官无器质性病变的痛经，后者指由于盆腔器质性疾病如子宫内膜异位症、盆腔炎等引起的痛经。

1. 临床表现

（1）从月经来潮后开始，最早出现在经前12小时；行经第一天疼痛最剧烈，持续2～3天缓解；疼痛程度不一，重者呈痉挛性；部位在下腹部，可放射到腰骶部和大腿内侧。

（2）有时痛经伴有恶心、呕吐、腹泻、头晕等症状，严重时面色苍白、出冷汗。

（3）妇科检查无异常发现。多数人在结婚和生育后就不再痛经了。

因疾病所致的痛经为继发性痛经。常见引起痛经的疾病有盆腔炎、子宫内膜异位症、子宫颈管粘连、子宫肌瘤以及卵巢和输卵管肿瘤等。

2. 治疗

（1）一般治疗。要重视精神心理治疗，说明月经时轻度不适是生理反应。疼痛较重时，可做非麻醉性镇痛治疗，适当应用镇痛、镇静、解痉药。

（2）前列腺素合成酶抑制剂。

①苯基丙酸类：如布洛芬口服，痛经缓解率90%。

②灭酸类：如氟芬那敏口服，月经来潮即开始服药，连续2～3天，疗效迅速而安全。

③口服避孕药抑制排卵，适用于要求避孕的痛经妇女。

也可采用中药治疗。继发性痛经应进行病因治疗。

（六）宫颈癌

宫颈癌是妇女常见的恶性肿瘤之一，严重危害妇女的生命健康。检查宫颈癌的有效方法就是进行宫颈癌筛查，可选择做液基薄层细胞检测（TCT检查）或人乳头瘤病毒（HPV）检测来筛查宫颈癌。对于过早有性生活的女性来说，更需要注重宫颈癌的筛查。

二、男性生殖健康问题

男性生殖健康问题主要包括前列腺炎、性功能障碍、精索静脉曲张、包皮过长和包茎等。

（一）前列腺炎

1. 概述

前列腺炎是由多种复杂原因引起，以尿道刺激症状和慢性盆腔疼痛为主要表现的前列腺疾病，是男性生殖系统最常见的炎症性疾病之一。

2. 临床表现

前列腺炎分急性发作和慢性炎症，多为慢性炎症表现。盆骶部或会阴部有持续胀痛；排尿异常，表现为排尿不畅伴尿频、尿急、尿痛；偶发性功能异常。临床B超检查显示前列腺增生，直肠指检有压痛。

3. 治疗

临床治疗以抗生素药物治疗为主，多主张喹诺酮类药物或氧氟沙星类药物。急性发作时抗菌治疗要彻底，避免迁延成慢性炎症。

4. 注意事项

前列腺炎患者在日常生活中需要注意以下事项：

（1）减少诱发因素。少食酸辣等刺激性食物，避免过度劳累和情绪紧张，戒除烟酒，生活有规律，纠正不良的生活习惯。

（2）多喝水。多喝水，多排尿，清淡的尿液对尿道有“冲洗”的作用，可以防止尿道中病菌的繁殖，有利于保持前列腺的健康。

（3）及时排尿。多喝水，就会增加排尿次数，因此需要注意不要养成憋尿的习惯。憋尿会让膀胱过度充盈，从而压迫前列腺。对于前列腺炎患者来说，憋尿容易造成尿液返流到输尿管和肾，造成肾积水。

（4）适当运动。久坐会引起会阴部长期压迫，前列腺血液回流受阻，因此尽量避免久坐。如果可以的话，尽量在保持坐姿1～2小时后活动10分钟，让会阴部放松。同时，应注意锻炼，以促进前列腺部位的血液循环和淋巴循环。

（二）性功能障碍

性功能障碍包括男性勃起功能障碍、早泄、无射精或逆行射精、异常遗精等。

1. 勃起功能障碍

阴茎勃起以其解剖结构、神经反射、血液循环为基础，受内分泌功能等生物因素与心理、社会等非生物因素的影响。具体表现为在性刺激下勃起无力或完全不能勃起。

2. 早泄

早泄是指在未完成满意的性交前发生过早射精，可发生在进入阴道前或刚进入时，其原因多为心理性，太紧张或太兴奋都会导致。

3. 无射精或逆行射精

无射精或逆行射精是指在性交过程中不能达到高潮射精，或随尿液逆流入膀胱内，主要因心理因素或膜部尿道阻力过大所致。

4. 异常遗精

遗精是指无性交、无自慰时的射精现象。没有性经历或手淫的青少年，大部分在进入青春期后会经历遗精现象，是青春期发育的重要标志。但是遗精过于频繁（连续每周2次以上）则是异常遗精，多发生在夜间睡眠时，过频的遗精并伴有精神萎靡不振、头昏乏力，甚至性功能改变者，多属病理现象，需进一步检查、治疗。

男性性功能异常，年轻男性多为心理因素引起，平时生活中注意休息，调整饮食，缓解工作及学习压力，改善伴侣间感情，养成规律的性生活，大多症状会得到缓解。如症状长时无改善，需及时去正规医院就诊、检查、治疗。

（三）精索静脉曲张

精索静脉曲张是指精索蔓状静脉丛的血液回流不畅或倒流，形成局部静脉扩张、迂曲、伸长的病理现象。精索静脉曲张也是男性不育最常见原因之一，发病率为5%～20%，多见于20～30岁青年男性。近年的研究发现，相当一部分精索静脉曲张者可引起睾丸、附睾形态结构的改变和功能障碍，影响精液的质量，少精子症可达50%，精索静脉曲张并发不育率为15%～40%。该病患者如无症状，不影响生育，一般不需手术治疗；如影响生育，可采取手术治疗，术后70%左右患者的精液质量改善。

（四）包皮过长和包茎

阴茎头包有皮肤皱襞，称为阴茎包皮。它由内外两层皮肤构成。包皮的游离缘围成包皮口。在阴茎头腹侧中线上，包皮与尿道外口的皮肤皱襞相连，称为包皮系带。幼儿的阴茎包皮往往较长，包住整个阴茎头，包皮口较小。随着年龄的增长，包皮逐渐向阴茎冠退缩，包皮口扩大，因而阴茎头露出于外。青春期后，若包皮不能退缩到阴茎颈，但仍能上翻露出龟头者，称包皮过长。而当包皮口很小，包皮完全包拥阴茎头不能外露者，称为包茎。包皮与阴茎头间易储存污物。污物的长期刺激可引起阴茎炎，也是阴茎癌的诱因之一。

包皮过长者要经常翻起包皮进行清洗，日久过长包皮可能会退缩，若无并发症，通常不必行包皮环切术。对包茎则最好早期手术治疗，进行包皮环切术。这种手术简单、易行，对身体无害。若发生嵌顿包茎，必须及时治疗，不可延误。

拓展阅读

什么是HPV疫苗

HPV全称是人乳头瘤病毒，目前已知有200多种类型，不同类型的致病性不一样。有大约40多种病毒类型与生殖器皮肤和黏膜有特异的亲和力，会感染生殖器。HPV分为低危型和高危型，高危型HPV持续感染可能进展为宫颈癌。目前已证实99.7%的宫颈癌由高危型HPV感染引起。

HPV病毒主要通过性接触传播，因此推迟初次性行为年龄，减少性伴侣数目甚至是禁欲，都是避免或减少生殖道感染HPV的主要途径。然而有些方法不大现实，所以推荐注射HPV疫苗。HPV疫苗针对高危型HPV，疫苗接种后，可刺激免疫系统产生保护性抗体，这种抗体存在于人的体液之中，HPV病毒一旦出现，抗体会中和病毒，协助T淋巴细胞将其清除，阻止HPV病毒感染，从而达到预防HPV感染，降低罹患宫颈癌的概率的目的。目前在我国上市的HPV疫苗有三种，分别是二价、四价、九价。

二价疫苗主要预防HPV16和HPV18这两种高危型，70%的宫颈癌由这两型导致。适用人群是9～45岁女性。

四价疫苗主要预防HPV6、HPV11、HPV16和HPV18这四种HPV。其中，HPV6和HPV11是90%的生殖器尖锐湿疣的病因。因此，四价除了预防70%的宫颈癌外，还可以预防90%的生殖器尖锐湿疣。适用人群是20～45岁的女性、男性。

九价疫苗除了包含HPV6、HPV11、HPV16和HPV18外，还包括HPV31、HPV33、HPV45、HPV52、HPV58，可预防90%的宫颈癌和90%的生殖器尖锐湿疣。适用人群国内暂时是16～26岁女性、男性。

第四节　科学避孕与人流

一、科学避孕

科学避孕是一种不妨碍正常性生活与身体健康且能根据男女双方意愿暂时阻止受孕的方法。受孕必须具备以下条件：①有成熟而正常的精子和卵子；②精子在适当时期（排卵期）与卵子相遇而受精；③精子和卵子相遇途径（男性输精管、尿道，女性阴道、子宫颈、子宫腔、输卵管）通畅；④提供孕卵适宜的环境（子宫内膜）。因此，采取简便有效的方法，在不影响健康、不妨碍正常性生活的前提下，暂时地而不是永久地破坏上述条件之一，就能达到避孕的目的。

目前，常用的避孕方法有安全期避孕、药物避孕和工具避孕。

（一）安全期避孕

至青春期后，男子的精子虽然可以持续产生（生殖年龄内），但女子则每月定期排卵一次，排卵日期一般在下次月经前12～16天，而精子进入女性生殖器内，具有受精能力的时间约为2～3天，卵子一般仅能存活1～2天。因此，当精子和卵子相遇时，任何一方失去受精能力，即不能受孕，这样就能达到避孕的目的。安全期的计算方法有两种：一是自下次月经前一天起倒数14天，即为排卵期（差别在1～2天内），在此时间的前5天至后4天的10天内（易孕期）应避免性生活，其余时间即为安全期；二是测定2～3个月经周期的基础体温（每天晨起测量），在正常情况下，妇女在排卵前的基础体温较低，排卵后升高。掌握个人的排卵规律，避免在排卵期前后各5天内过性生活。安全期避孕不需要应用任何药物或器具，简便易行。然而，由于排卵时间可因生活、环境、精神因素以及健康状况发生变化，并且月经周期不规律者，不易掌握排卵期，因此，不提倡应用此法。

（二）药物避孕

自从1956年发明了女用避孕药以来，在药物的组成、剂型和使用方法各方面，如从短效到长效，从单纯口服到肌内注射、皮下埋植等都有很大进展。绝大部分避孕药是由合成孕激素和合成雌激素配制而成，也有由单一的孕激素或雌激素配制而成的。避孕药能影响生殖过程的不同环节，如抑制排卵、影响内膜发育，使受精卵不易着床，或使宫颈黏液变稠阻止精子穿过，从而达到避孕的目的。一般来讲，生育年龄的健康妇女都可以服用药物避孕，特别适合月经不调和痛经者。

（1）短效口服避孕药。常用的有避孕片Ⅰ号、避孕片Ⅱ号、避孕片0号等，用法是从月经来潮当天算起的第5天开始，每晚口服1片，连服22天。一般服完药3天左右，即来月经。服药当月可以避孕，下次仍按同时间同剂量服药。目前避孕片Ⅰ号、避孕片Ⅱ号又有糖衣纸型，自月经第5天开始，每晚1片，连服24天，效果稳定。此外有新型的双相片及三相片。该药主要特点是模拟月经周期中的生理变化，将孕激素、雌激素剂量分成三个不同阶段，服用时必须按特定药片的排列顺序，每晚1片，连服28天。在国外全部片剂避孕药应用中，三相片占有重要比例。国内也有三相片，其避孕效果较好，可保持月经规律，副作用少。

（2）长效口服避孕药。长效口服避孕药每月只使用1次，有的可2～3个月使用1次，可以减少天天服药的麻烦，避孕效果略逊于短效避孕药。常用的口服避孕片有复方长效18-甲基炔诺酮、复方炔雌醚、复方16次甲基氯地孕酮等。

（3）长效避孕针。常用的有复方己酸孕酮避孕针、复方甲孕酮避孕针等。

（4）甾体避孕药缓慢释放系统。根据其适用途径不同，分为皮下埋植剂、阴道环和宫内环等。

（5）紧急避孕，又称事后避孕，它是针对避孕措施突然失败或一时疏忽而没有采取任何避孕手段的情况下，临时采用的一种紧急补救措施。其目的是避免非意愿性妊娠。所以，紧急避孕是近年来提倡的一种保护妇女生殖健康的重要方法。目前首选的紧急避孕药是“毓婷”，此药安全有效、方便、无明显副作用。此外，还可选用53号探亲片、米非司酮等。

应用甾体避孕药的注意事项如下：①凡是需长期服用避孕药者应先到医院进行全面体检，以此决定是否可以用药，用药者还须定期复查。②凡患有急慢性肝炎、肾炎、恶性肿瘤、糖尿病、动静脉血栓、高血压、心脏病者，不宜使用。③用药期间出现恶心、头晕、无力、食欲缺乏、色素沉着、白带多、头痛、乳房胀痛、黄褐斑、下肢痛、月经失调、脱发、腹泻、痛经、腰痛等症状，可对症处理。以上副作用均为暂时性的，药一经停用，甾体类激素很快排泄。④使用口服避孕药者，必须戒除吸烟、饮酒的习惯。服药期间因病需用药者，要告诉医生，以免某些药物与避孕药相互干扰而影响药效或避孕效果，同时避免经量减少或闭经等。⑤有些片剂避孕药的主要成分在糖衣上，如保管不好，糖衣溶化或脱落就会影响避孕效果，还会引起阴道出血。因此，应将口服避孕药放在瓶内并置于阴凉、干燥、不易潮解的地方。避孕药应按时服用，不可随意变动服用时间，以免影响药效。漏服时应于次日补服。用药期间或停药后有闭经或有类似早孕反应（恶心、头晕、无力、食欲缺乏等）者，应及时到医院诊治。

（三）工具避孕

利用工具不使精液泄入阴道，或阻止泄入阴道的精子进入子宫颈或妨碍受精，从而达到避孕的目的，称为工具避孕。工具避孕是目前应用最广泛的避孕方法，如果掌握得好，效果很理想。

目前常用的避孕工具有男用避孕套（又称阴茎套），女用阴道隔膜、子宫颈帽及阴道塞、子宫内置避孕器等。近年来由于性传播疾病的猖獗，避孕套的使用就显得更为重要。避孕套的选择及使用方法如下。

1. 选用避孕套主要是型号的选择

避孕套分大、中、小和特小四种型号，使用者应根据个人情况选用合适的型号，如避孕套过大，性交时容易脱落在阴道内，导致避孕失败；如避孕套太小会有不适感，还容易撑破。一般来说，初次使用避孕套先用中号，如不合适再改用其他型号。

另外，以选用薄的、富有弹性和表面涂润滑剂的避孕套为好。

2. 避孕套在使用前的检查

在使用避孕套之前，应当进行认真细致的检查，以防避孕套有小洞造成精液外漏，以致避孕失败。在检查避孕套时首先要注意外观，凡是因保存不当造成变质、发黏的避孕套都不能使用，应当丢掉。检查避孕套是否有漏洞一般是用吹气检查法，方法如下：先把避孕套卷着的部分展开，然后往避孕套里吹气，使整个避孕套膨胀起来，接着用一只手捏紧套口，另一只手稍用力挤压避孕套中间鼓起的部分，停留几秒钟，如果避孕套慢慢地瘪下去，说明有漏洞，反之，则说明避孕套没有漏洞。

3. 避孕套使用方法

避孕套是一种简便、有效的避孕工具，但倘若使用不当，也容易导致避孕失败。避孕套的正确使用方法如下。

（1）戴避孕套之前要将前端的小囊捏扁，把囊内的空气挤掉，然后把它放在已经勃起的阴茎头上，将避孕套的卷折部分向阴茎根部边推边套，宜推到阴茎根部为止。套好后避孕套前端的小囊应悬在阴茎头的前面，切不可将阴茎头套进小囊，否则不仅容易被胀破，还会影响性感。

（2）在阴茎头部及避孕套外面涂一些避孕药膏，可以提高避孕效果，还可以润滑阴道、减少不适感。但在阴茎头部不要涂得太多，否则容易使避孕套脱落。

（3）射精后不要将阴茎长时间留在阴道内，应在阴茎未软缩之前，用手按住套口使阴茎连同避孕套一起从阴道内抽出，以防阴茎软缩后避孕套脱落在阴道内或精液从避孕套口溢入阴道，以致避孕失败。

（4）性交结束后还需检查避孕套有无破裂，如有破裂应及时采取补救措施。

二、人工流产

早孕的诊断：凡是生育年龄有性生活史的女性，月经一向正常，突然停经，就要想到可能是怀孕了。①停经。停经超过10天以上为可疑。②早孕反应。停经6周有头晕、乏力、嗜睡、食欲缺乏，不同程度的恶心、偏食、偏好酸味食物和怕油腻等。③尿多。④乳房胀痛。⑤妇检发现子宫增大。⑧化验。妊娠试验呈阳性。

人工流产是指以人工的方法使妊娠终止。过去主要用于个别妇女因患有某种疾病而不宜妊娠者，近年来常常作为避孕失败的一种补救措施。凡女性因避孕失败或不宜怀孕而妊娠者，查无禁忌，均可施行。人工流产有早期人工流产和中期引产之分。

（一）早期人工流产

早期人工流产，指妊娠3个月以内施行的人工流产，可分为器械性流产和药物流产。器械性流产指用手术器械将胚胎组织由子宫内吸出，使妊娠终止。目前多用负压吸引术。药物流产指运用某些药物通过不同途径（如置于子宫、阴道或采用口服方式）进入体内，产生对抗黄体、对抗雌激素、抑制垂体和卵巢功能等作用，促使胎儿流产。

（二）人工流产的危害

有些年轻女性把人工流产当成常规的补救措施，甚至三个月做两次人工流产，这是对自己健康极不负责的表现。她们并不知道，从怀孕到生育，体内的各个系统会发生很多微妙的变化，而且十月怀胎，机体对此早已做好充分的准备工作，而人为地终止妊娠，体内的内分泌会急剧变化，同时缺乏一个缓慢的适应过程，这对人体是一个潜在的打击。如果反复多次人工流产，机体所遭受的双重打击会逐渐使各方面的功能慢慢减退，出现早衰。因此频繁的人工流产祸害无穷。具体说来，人工流产对女性身体可能带来以下危害：

（1）人工流产手术会造成闭经。人工流产手术不当可能损伤子宫内膜，造成月经量减少。如果内膜受损严重，会造成闭经，甚至绝经。

（2）多次人工流产小心不孕。近年来，由于性观念的改变，婚前性行为比较普遍。有关专家指出，由于婚前性行为增多，做人工流产次数越来越多，致使生殖道病毒感染及性传播疾病发病率正呈上升趋势，这不仅严重威胁妇女的自身健康，还影响生育能力，甚至影响下一代的生长发育。

（三）人工流产后注意事项

（1）人工流产术后当天有轻微下腹不适，疼痛，少量阴道流血。如果腹痛严重或阴道流血量多，应及时就诊。

（2）术后2周内，适当卧床休息，避免重体力劳动。

（3）注意阴部清洁，阴道流血未净时，禁盆浴。

（4）一个月内禁止性生活，以防生殖器官感染。

（5）一般经3～5天阴道流血渐渐停止，最多不超过15天。如果阴道流血量超过月经血量，持续时间过长，需及时就诊治疗。

（6）人工流产1个月后恢复性生活时就要采取避孕措施，避免再次怀孕。

（7）增加营养，保证优质蛋白质的摄入。

拓展阅读

识别和预防性侵害

性侵害主要是指违背当事人的意愿，采用暴力或威胁的手段，通过多种形式挑逗、侮辱和侵犯他人的性权利，引起他人的不悦、不安或伤害的行为。按照行为特点和危害程度分为三个层次：一般性骚扰、性侮辱/猥亵、性侵犯。性侵犯是一种最严重的性侵害，主要指强奸，触犯我国刑法。性侮辱/猥亵虽未构成强奸，但比一般性骚扰性质更加恶劣，危害更加严重，同样触犯我国刑法。一般性骚扰尚未立法，虽然立法呼声很高，但由于判定困难，依然处于道德评判层面。一般性骚扰可以有三种方式：口头性骚扰、行为性骚扰和环境性骚扰。

性侵害的对象不仅仅是女生，也包括男生。每个大学生都应该懂得如何保护自己，避免成为性侵害的受害者。

（1）自尊自爱，对性侵害时刻具有防范意识。施暴者与常人外表上无法区别，可能很丑陋，也可能很和善；可能是陌生人，也可能是你非常熟悉的人；可能是男性，也可能是女性。

（2）不饮酒或避免过量饮酒。酒精会刺激大脑，影响对事物的判断力和控制力，从而做出不负责任的决定。

（3）学会识别性侵害的蛛丝马迹，发现危险后及时离开。

（4）警惕危险情境。不要吃陌生人递过来的食物，不接受陌生人送的钱财、礼物、玩具，不随意搭乘陌生人的便车，遇到驾车的人问路，需要与车身保持一定的距离。

（5）远离危险人物。当你独自在街上或其他地方行走，发现被坏人盯上时，要设法迅速摆脱坏人。除非迫不得已，要尽量避免与坏人正面对抗。这时，重要的是保持头脑冷静，要根据当时的周围环境和自身条件迅速思考对策。如果是晚上，要朝灯光明亮的大街上或行人来往较多的地方跑。不要直接往家里跑。如果被坏人纠缠，要高声喊叫，并迅速跑开。

（6）不与网友秘密约会。尽量不要选择在孤立无援的场所与网友约会。

（7）亲密关系中，如果伴侣试图性侵害，需要保持冷静，明确告知对方自己的意愿，明确告知对方强行做事将触犯法律。

（8）不论男生、女生，不轻易在陌生人家中留宿，也不要轻易请陌生人到自己家中。

（9）训练自己沉着、冷静、顽强的心理品质，遇事不慌，沉着应对。

如果受到了性侵害，需要这样做：

（1）保持冷静，不要惊慌。

（2）寻找适宜的逃脱方式。

（3）及时拨打“110”报警电话，主动、勇敢地向公安部门报告，依法惩治罪犯。

（4）向自己信任的人倾诉。从自己信任的朋友或亲人那里获得情感支持是非常重要的。寻找值得信任的人倾诉，有助于渡过难关，做出正确的判断，采取有效的办法，缓解痛苦，尽快从中恢复。

（5）及时去医院检查、取证。尽早确定有无性病、艾滋病病毒感染、是否会怀孕，以及是否受到其他伤害，及时采取适宜的医疗措施。取证前，不要急于清洗身体，否则容易洗去证据。为避免意外怀孕，在72小时内服用紧急避孕药。如果怀疑可能被迫服用了新型毒品，在72小时之内尽快做尿检。

（6）如果心灵创伤严重，努力寻求心理援助，要相信自己没有任何过错。

第五节　性传播疾病

性传播疾病，是指以性接触为主要传播途径所感染的一组疾病。传统所称的性病包括梅毒、淋病、软下疳、性病性淋巴肉芽肿等，称为经典性病。2013年11月23日，国家卫生计生委修订了《性病防治管理办法》，明确了艾滋病、生殖道沙眼衣原体感染、尖锐湿疣、生殖器疱疹等为性传播疾病。性病因与性行为相伴，发病隐匿；性病由多种微生物感染引起，病种多且复杂；性病传播速度快，潜伏期短，人体普遍没有免疫力，流行范围广。

性传播疾病对人体危害十分严重，不仅可以引起生殖器官病变，还可侵犯其他脏器和组织，能引起各种并发症与后遗症，甚至导致患者残废或危及生命。不仅给患者的精神带来极大痛苦，经济上带来沉重负担，而且还会通过性交或生活的密切接触等方式在家庭成员中传播，殃及整个家庭，对人们的身心健康和家庭构成严重威胁。同时，它传染性极强，很容易在社会上广泛流行，不仅败坏社会风气，污染社会环境，而且还会给国家带来巨大的经济负担，必须引起全社会的高度重视。

一、淋病

淋病是当前患病人数居首位的性传播疾病，是最常见的性传播疾病，它是由淋球菌引起的一种泌尿生殖系统传染病。淋病几乎可以发生于任何年龄段，目前临床上淋病患者主要为性生活比较活跃的中青年，特别是青年。男性高发年龄组为20～24岁，女性为15～19岁。由于出现了耐青霉素的淋球菌菌株，某些患者治疗困难，危害严重。全世界淋病患者也有明显增加趋势，成为性传播疾病的主要发病病种。

（一）病原学及传播途径

淋球菌喜潮湿，怕干燥，在干燥的条件下仅能生存1～2小时，在潮湿毛巾上能存活10～24小时，对热敏感，在50℃环境下能存活5分钟，在100℃环境下立即死亡。对各种化学清毒剂的抵抗力差，在1%苯酚内能存活3分钟。

（1）性接触传染。淋病患者是重要的传染源，性接触是主要传播途径。成人男性淋病患者，99%通过性交传染。

（2）非性接触传染。主要是接触了被淋球菌污染的用具而感染。如接触沾有患者分泌物的毛巾、衣裤、床单、浴盆，甚至马桶的坐板等均可致感染。特别是女性（包括幼女），因其尿道和生殖道短，很容易被感染。

新生儿可通过产道被感染。如孕妇是淋病患者，分娩时产道内的淋球菌就会传染给新生儿，导致新生儿眼结膜炎。

（二）临床表现

淋病常表现为泌尿、生殖系统的感染。

1. 男性淋病

男性感染淋球菌2～5天后，可出现尿道瘙痒、刺痛、尿道口红肿等急性前尿道炎症状；尿道口有少量浅黄色脓性分泌物溢出。

若延误诊治，症状持续2个月以上则转变为慢性淋病。淋球菌可隐伏于尿道球腺、前列腺、精囊、附睾和睾丸内，并引发炎症，伴有性欲减退、早泄等性功能障碍。

2. 女性淋病

好发于子宫颈和尿道。宫颈炎主要表现为白带增多，常为脓性，有臭味，常有外阴瘙痒及烧灼感，偶有腰痛或下腹痛。尿道炎表现为尿道口红肿，有脓性分泌物溢出，可有尿频、尿急、尿痛及排尿烧灼感。检查出淋球菌即可确诊。

如不及时治疗可导致输卵管炎、盆腔炎。急性输卵管炎还会导致输卵管等部位积脓、积水、粘连、闭塞等，是造成女性不孕和宫外孕的原因。

另外，妊娠妇女染上淋病后，易发生胎膜早破，胎盘、胎膜、脐带、胎儿等羊膜腔内感染，以及早产、产后败血症等，增加新生儿的死亡率。新生儿通过产道时也易受子宫颈淋球菌的感染而患新生儿淋菌性眼炎，使新生儿在出生后2～3天内出现眼睑水肿、发红，有脓性分泌物，一旦延误治疗，可导致角膜穿孔而失明。

（三）预防

（1）杜绝滥交。要自觉抵制各种不正当的性行为，避免不洁性生活，坚持使用避孕套，洁身自爱，预防感染。

（2）注意卫生。一是要注意个人卫生，保持生殖器等部位的清洁；二是要注意公共部位的清洁卫生，尽量少使用公共场所的物品。

（3）积极治疗。患者要积极彻底进行治疗，对已治愈的淋病患者要定期进行追踪复查和必要的复治，以求根治，防止复发。

（4）防止非性接触传播。被淋病患者污染的物品，包括被褥、衣服、毛巾等生活日常用品应及时消毒处理；淋病患者禁止与儿童同床、共用浴盆和浴巾等。

二、梅毒

梅毒是由梅毒螺旋体引起的一种症状复杂、病程很长、危害严重的性传播疾病。早期主要侵犯皮肤和黏膜，晚期可侵犯身体的许多脏器，特别是心脏和中枢神经系统。

（一）传播途径

早期梅毒患者是传染源，梅毒患者的皮肤、血液中含梅毒螺旋体，感染后的头两年最具传染性，与其性接触时，皮肤或黏膜若有细微破损则可得病。

1. 直接性接触

直接性接触是最主要的传播途径，95%以上的感染是通过危险的或无保护的性行为传染的。接吻、握手等也可能直接传染。病人的黏膜等损伤表面有大量的梅毒螺旋体，很容易通过性接触者的皮肤与黏膜的擦伤或细微的损伤而感染。

2. 血液传播

早期梅毒患者血液中含有大量梅毒螺旋体，很容易通过输血传给他人。

3. 间接感染

间接感染是通过接触受污染的内衣裤、牙刷、毛巾、剃须刀、餐具、烟嘴、被褥、床单、门把手、便桶及未经消毒或消毒不彻底的医疗器械等而感染。

4. 母婴传播

母婴传播是指患梅毒的孕妇通过胎盘血流将梅毒螺旋体传给子宫内的胎儿，被感染的胎儿为先天梅毒。一、二期和早期潜伏梅毒的孕妇，传染给胎儿的概率相当高。

（二）临床症状

梅毒根据病程可分为一期、二期和三期。

1. 一期梅毒

一期梅毒所出现的皮肤或黏膜损害称为硬性下疳（简称“硬下疳”）。梅毒螺旋体通过黏膜或皮肤的微小损伤侵入，在侵入的局部发生红色丘疹、硬结、浸润性红斑及溃疡。溃疡边缘整齐且隆起，触之有一定硬度、不痛不痒，是一期梅毒的特征性损害。一期梅毒传染性很强，发生部位隐蔽，极易传染。

2. 二期梅毒

一期梅毒未经彻底治疗，梅毒螺旋体由附近的淋巴结进入血液传播，使全身的组织器官受累，称为二期梅毒。二期梅毒疹的形态多样，如斑疹、丘疹、结节、脓疱、扁平湿疣、脱发、白斑等，皮疹遍及躯干、四肢、颜面及手足，全身性淋巴结肿大、无压痛。

3. 三期梅毒

梅毒的病程缓慢，在感染后3～10年皮肤可出现树胶样肿，是三期梅毒的标志性损害。发生在鼻腔内的树胶样肿可使鼻骨遭到破坏，形成塌鼻梁；发生在上腭部时，可使软腭穿孔影响发音；发生在前额或头顶部皮肤上长期不能愈合。这时梅毒螺旋体已遍布全身，已危及生命。

（三）梅毒的防治

同预防其他传染病一样，预防梅毒应从保护易感人群、切断传播途径和管理传染源等三个方面入手。

1. 保护易感人群

首先应加强卫生宣传教育，了解和掌握梅毒的传播途径和一般特点，做好预防工作；树立自我保护意识，自觉遵守性道德行为规范，反对不正当的性行为。

2. 切断传播途径

梅毒最主要的传播途径是性接触传播。因此，防止不洁性行为是阻止梅毒大范围传播的最有效途径。应该不发生婚前或婚外等不健康的性行为，特别是清除卖淫嫖娼等性乱行为；未治愈前，绝对不能有性生活；患病未治愈的女性最好不要生育，应等完全治愈后再考虑生育后代。

3. 管理传染源

对可疑病人均应进行预防检查，做梅毒血清学试验，以便早期发现并及时治疗；对于梅毒病人必须强迫进行隔离治疗，病人的衣物及用品，如毛巾、衣服、剃刀、餐具、被褥等，要在医务人员指导下进行严格消毒，杜绝传染源；追踪病人的性伴侣，查找病人所有性接触者，进行预防检查，追踪观察并进行必要的治疗；对可疑患梅毒的孕妇，应及时给予预防性治疗，以防止将梅毒传染给胎儿；由于梅毒的复发率较高，即使采取最早期、最彻底的治疗措施，其复发率仍有5%，未经治疗或治疗不彻底者则复发率更高，因此对已接受治疗的病人，应给予定期追踪治疗。

三、尖锐湿疣

尖锐湿疣是由人乳头瘤病毒（HPV）感染所致的以肛门生殖器部位增生性损害为主要表现的性传播疾病。尖锐湿疣传染性极强，病情易反复发作，发病率仅次于淋病。

尖锐湿疣主要经不洁性接触而传播，患有尖锐湿疣的人发生性接触后，约有三分之二的性伴侣会受到感染。也可通过非性接触传播，如接触被污染的浴巾、内裤、浴盆等被感染。在分娩过程中通过产道感染而发生婴儿喉乳头瘤病等。

尖锐湿疣的潜伏期一般为1～12个月，通常为3个月左右。尖锐湿疣男性好发部位依次是包皮、冠状沟、阴茎头、尿道口、阴茎和阴囊等处，肛周的损害可发生在男性同性恋之间。女性感染者也可在阴道和宫颈口黏膜处发生。本病初起为红色小疙瘩，逐渐增至米粒大小。由单个逐渐增多、融合，表面呈白色或灰白色，凹凸不平“菜花”样突起，有痒感，根部有蒂，与皮肤粘连，易发生糜烂、渗液，触之易出血，皮损裂隙中常有浑浊的浆液或脓性分泌物，散发恶臭。

患本病时女性比男性症状更严重，主要表现为不易根治、易再犯。大量流行病学资料显示，HPV感染（主要是高危型HPV，如HPV16型、HPV18型）与生殖器癌的发生有密切的关系，如宫颈癌、阴茎癌等。

尖锐湿疣目前尚无根治的方法，但可以通过局部药物治疗和物理、手术治疗改善患者的症状和体征。

四、生殖器疱疹

生殖器疱疹是由单纯疱疹病毒（HSV）引起的性传播疾病。该病传染性很强，可反复发作，对病人的健康和心理影响较大，在青年人群中发病率较高。

生殖器疱疹主要通过性器官接触而传播，还可通过胎盘及产道感染新生儿，导致新生儿先天性感染。

Ⅱ型单纯疱疹病毒被认为是生殖器疱疹的病原菌，其主要存在于会阴部。经3～10天潜伏期，在外阴部会出现红色小丘疹、迅速发展为小水疱，出现痒、痛等症状。水疱破裂后10～15天后自行痊愈。

妊娠女性感染Ⅱ型单纯疱疹病毒后，可导致流产、死产及胎儿畸形。新生儿感染Ⅱ型单纯疱疹病毒可出现高热、呼吸困难和中枢神经系统症状，约有60%的新生儿死亡，幸存者常留有后遗症。

至今为止，生殖器疱疹仍然没有特效的治疗方法。Ⅱ型单纯疱疹病毒的感染与生殖器肿瘤可能有密切关系，是宫颈癌的致病因素。

生殖器疱疹的治疗主要采取抗病毒治疗和对症治疗。抗病毒治疗可用阿昔洛韦片口服；局部疼痛者可用利多卡因软膏；细菌感染者可用抗菌软膏；保持局部的清洁干燥。

拓展阅读

阴虱

阴虱很小，多寄生于阴毛处，吸食人血为生。寿命约30天，但离开人体仅能存活24小时。传播途径较多，除性交之外，还可通过被单、毛巾、睡袋等传播。阴部瘙痒是其主要症状。治疗方法是剃毛，彻底更换衣物并煮沸消毒。

第六节　艾滋病

艾滋病是一种非常严重的慢性传染病，全称是获得性免疫缺陷综合征（acquired immunodeficiency syndrome，AIDS），是由于感染了人免疫缺陷病毒（HIV）引起的，属于我国法定传染病中的乙类传染病。1988年，为了唤起人们对艾滋病的重视，世界卫生组织把每年的12月1日定为“世界艾滋病日”，过去10年，HIV感染和AIDS报告数不断攀升，尤其是年轻群体的占比逐年扩大，需要引起我们高度警惕。

一、病原学

人免疫缺陷病毒（HIV）是艾滋病的病原体，目前已发现两种亚型：HIV-1和HIV-2，HIV-1是引起我国以及全球艾滋病流行的主要病原体，HIV-2主要局限于西非。HIV依赖血液、体液中的活细胞生存，离体HIV裸露于外界时抵抗力较弱，对热敏感，实验室条件下，56℃ 30分钟灭活。HIV对化学品敏感，医用酒精、次氯酸钠、戊二醛等均可使其灭活。但紫外线不能灭活HIV，仅能降低活性。

二、临床表现

艾滋病临床分为急性期、无症状期和艾滋病期三个阶段。急性期大多数感染者症状轻微或无症状，感染HIV后约2～6周，出现一次类似感冒的症状，如发热、头痛、咽痛、恶心、腹泻、淋巴结肿大等，约1～2周后症状消失，但病毒仍在体内复制，形成慢性感染。随后进入无症状期，可以长达10多年。无症状期可以没有任何症状，与常人无异，部分病人可见淋巴结肿大，易被忽视。当病人出现临床症状，便进入了艾滋病期，这一阶段短则数月，长则2年。病人逐渐消瘦、发热、盗汗、腹泻、淋巴结明显肿大、记忆力减退、性格改变，由于免疫力低下出现各种感染和肿瘤引发的各种症状，如结核病、肺孢子菌肺炎、巨细胞病毒感染、卡波西肉瘤、淋巴瘤等。

HIV感染后14～21天，人体内无法检测到HIV抗体，但是HIV在体内不断复制，传染性非常强，这一阶段称“窗口期”。窗口期的血液，对临床用血和血制品带来了极大的风险。无症状期的感染者，由于没有症状，外观与健康人一样，非常容易在社会生活中，通过体液和血液传染给健康人。这是需要非常警惕的阶段。

三、流行病学

HIV感染者及AIDS病人，是本病的唯一传染源。感染HIV后人体会产生抗体，但此抗体对人体没有保护作用，因此感染了HIV直至病程终末，始终具有传染性。

HIV主要存在于感染者的血液和体液（包括精液、阴道分泌液、乳汁、创面渗出液、唾液）中，通过性接触、血液接触及母婴接触三条途径传播。①性传播。无保护的性接触，造成性器官哪怕是细微的黏膜擦伤，HIV便可通过性液交流而传播，这是HIV传播的主要方式，占全部传播途径的95%以上。②血液传播。通过输血、注射、静脉吸毒、血制品、器官移植等，HIV直接进入健康人体，是早年HIV传播的重要途径。③母婴传播。感染HIV的孕产妇，可通过胎盘、分娩时的血液或母乳喂养过程，使胎儿或婴儿感染HIV。

人群对HIV普遍易感。男男同性性接触、多性伴、经静脉吸毒以及性病患者，都是高危人群。

近些年，我国艾滋病流行具有三个特征：①性途径传播成为传播的主要途径。早期艾滋病主要经血液传播，2007年性途径传播首次超过血液传播并持续攀升，一些省份近几年已经超过98%。其中男男性行为感染的约占30%。②性别与年龄特征。在男性性途径感染者中，男男性行为感染的比例：15～24岁组约为70%，随着年龄增长而逐渐减少；相反，经异性性行为感染的比例，随年龄增长而升高，≥50岁组占比升至87%左右。女性感染者超过95%为异性性行为感染。③区域特征。性途径感染在不同区域呈现不同特征：大、中城市以男男同性性行为感染为主要流行方式，占比可超过70%；而在某些省份，如云南、广西、新疆等，异性性行为感染占比超过70%。目前我国尚属于艾滋病低流行的国家，但存在着潜在暴发流行的趋势，正处于控制艾滋病蔓延的关键时期。

四、预防和治疗

艾滋病在世界范围内迅速蔓延，而且诊断难，死亡率极高，危害极其严重，许多国家都致力于寻求有效的治疗药物。如“鸡尾酒疗法”“哈特疗法”“配伍疗法”等均有一定的作用，但这些疗法只能暂时抑制病毒的发作，延缓病人的生命，却无法根治，而且治疗费用极其昂贵、疗程长，对于普通的百姓而言，是无法承受得起的。

艾滋病是完全可以预防的。

（1）杜绝高危性行为。洁身自爱，不卖淫，不嫖娼，拒绝男男性伴和多性伴。

（2）使用安全套，是性生活中预防艾滋病和性病最简单、最有效的措施，正确使用安全套，可以阻断HIV的传播。

（3）拒绝毒品，不与他人共用注射器；避免不必要的注射、输血和血制品。

（4）不要借用或共用牙刷、剃须刀、刮脸刀等可能刺破皮肤的个人用品。文身、穿耳洞时，必须注意无菌操作。

正常的社交活动，如握手、拥抱、礼节性接吻、使用公厕、游泳、共浴、共餐、乘坐公共交通工具等生活接触，不会传播HIV。

（5）避免直接接触艾滋病患者的血液、精液、阴道分泌液等体液，特别是皮肤有破损时，应首先做好自我防护。

（6）HIV感染孕妇应早期干预，可以对HIV传播起到一定的阻断作用。

（7）自愿咨询检测。有高危性行为，或高度怀疑是否感染了HIV，应到疾控部门或疾控部门下设的自愿咨询检测点进行咨询、检测，及时接受干预治疗，干预越早效果越好。咨询检测无须担心隐私泄露，所有个人资料都是全程保密，不会对任何单位或个人公开。

（8）临床治疗。对HIV感染者或AIDS病人无须隔离，目前还缺乏疗效确切的治疗药物，现阶段治疗主要是最大限度地降低病毒载量，争取维护免疫功能，降低机会性感染和肿瘤的发生率，改善病人的生存质量。

拓展阅读

一、HIV尿液试剂自我检测

艾滋病自我检测是个体在私下独自或在其信任的人陪伴下，自我采集样本、检测和读取结果的过程。尿液检测具有无创口、取样简单等优势，除大量饮水后的首次尿液可能会对结果造成影响以外，其他情况对检测结果造成的影响都比较小。

1. 哪些人需要检测

发生过以下行为的人需要检测：

（1）有多个性伴；

（2）与HIV阳性者发生性行为；

（3）同性性行为；

（4）一夜情；

（5）共用针具或者注射器；

（6）使用非法的静脉注射药物；

（7）在非正规医疗机构拔牙、文身等。

但不限于以上情形，有HIV检测需求的人群都可以进行自我检测。

HIV 尿液试剂自我检测

2.HIV尿液试剂自我检测的操作步骤

（1）取样：使用一次性尿杯或洁净容器收集尿液；

（2）采集：使用一次性塑料滴管吸取尿液；

（3）加样：取出检测卡平放在台面上，加三滴一次性塑料滴管中的尿液至加样孔中；

（4）读取结果：等待15分钟，待样本充分反应后，读取结果。

3.HIV尿液试剂自我检测结果解释

自我检测试剂的检测结果是在结果显示窗口出现两条线，分别为对照线（C区）、检测线（T区）。根据检测线、对照线的显色情况，检测结果分为反应性（阳性）、无反应性（阴性）和无效。检测结果的解释可参考图4-3。

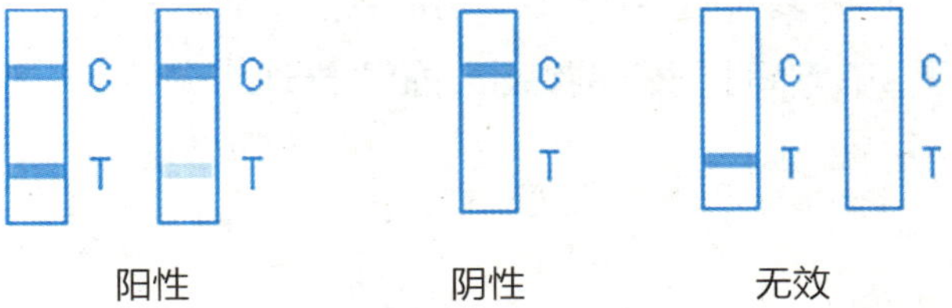

图4-3　HIV 尿液试剂检测结果解释

4. 检测结果进一步说明

艾滋病自我检测，是一种筛查方法，检测结果不能用于确诊个体是否感染HIV。若结果显示窗口出现C、T区两条线，提示初筛为阳性，先别恐慌，首先确认操作无误，最好再次进行检测，如果结果仍是阳性，提示自我检测者可能感染了HIV，应到当地的疾病预防控制中心或医疗机构进行咨询，并做进一步检测来确证HIV感染状态。即使检测线的颜色较浅，检测结果也是提示阳性。若结果显示窗口仅出现对照线（C区），可判断检测结果为阴性，提示自我检测者可能尚未感染HIV，或者处于HIV感染的窗口期。

如果自我检测距离最近一次高危行为的时间超过窗口期，提示目前没有感染HIV；如果自我检测距离最近一次高危行为的时间间隔在窗口期内，建议隔一段时间再检测，或到当地疾病预防控制中心或医疗机构咨询检测。若自我检测者仍存在高危行为，可能暴露于HIV，建议定期（随访）检测。若结果显示窗口内未出现任何线，或者只出现检测线（T区），判断检测结果为无效，建议自我检测者采用新的试剂盒重新检测，或到当地疾病预防控制中心或医疗机构进行咨询检测。若自我检测者不能判断结果，建议向当地疾病预防控制中心咨询，获取专业建议，并做进一步检测，以便及时获得最终的诊断结果。

二、黄金72小时——HIV阻断

发生高危性行为后是否还有机会避免HIV感染？回答是肯定的，但是必须在72小时内开始。研究显示，在高危性接触后的2小时内开始按疗程全程服用HIV阻断药，阻断成功率可达99.5%；24小时内开始按疗程全程服用HIV阻断药，阻断成功率约95%；超过24小时，但在72小时内开始全程服用HIV阻断药，仍有相当的阻断成功率。

阻断的成功率与首次服药时间以及服药依从性有关，高危行为后越早服用HIV阻断药，阻断成功率越高，超过72小时，就丧失了阻断的机会。因此，高危行为后的72小时被称作干预治疗的黄金72小时。

HIV阻断，是几种抗逆转录病毒药物联合应用，世界卫生组织推荐三种药物组合使用，连续服药28天。常用组合如替诺福韦(TDF)或替诺福韦艾拉酚胺(TAF)+恩曲他滨(FTC)或拉米夫定(3TC)+多替拉韦(DTG)或拉替拉韦钾片(RAL)。为了保证阻断效果，服药必须规律、全程，不可间断或提前终止，如果出现头晕、恶心等不适，应及时联系医生，遵医嘱执行。

交流与讨论

1.本章讲到女性和男性的自我卫生保健，对照你日常的保健措施，思考还有需要哪些改进的地方。

2.你认为避孕是自己的责任，还是性伴侣的责任，或者是共同的责任？

3.你认为自己在以后的生活中应该如何预防性传播疾病？

4.如果朋友遭遇性侵犯，该如何帮助他（她）？

5.在哪些情况下大学生会面临较高的感染HIV的风险？

6.辩论：艾滋病是社会问题还是医学问题？

性与生殖健康　安全套的正确使用步骤

第五章
心理健康

学习目标

1. 了解心理健康的概念和大学生心理发展特点
2. 理解大学生常见的心理问题，学会调节和求助
3. 了解大学生常见的心理疾病的防治方法，学会初步评估自己的心理状态

第一节　大学生心理健康概述

我国大学生年龄多在18～24岁，正处于青年中期，在体格上会逐渐发育成熟，身高、体重方面已跻身成人行列，身体各器官、系统功能达到完善，新陈代谢处于最佳状态，充满了生机与活力，神经系统处于最活跃状态，第一、第二性征已发育完成，进入性成熟期。大学阶段的生理发展已接近完成，已具备了成年人的体格及种种生理功能，为心理发展提供了良好的物质基础。

而此时大学生的心理发展正处于趋向成熟的关键阶段，同时也是心理发展过程中矛盾最突出的阶段，面对理想与现实的冲突、独立性与依赖性的冲突、友谊与竞争的冲突、心理闭锁与寻求理解的冲突、强烈的自我成熟意识与社会经验不足的冲突、性生理成熟与性心理成熟相对迟缓的冲突等。大学生的自我认知发展到了高峰阶段，情感发展的丰富程度高却缺乏稳定性，个人性格、气质、能力等个性心理特征基本形成，但对需要、动机、兴趣、理想、信念、世界观等倾向性问题的认知不够，导致心理的自我调节系统不够完善。面对大学不同阶段遇见的突出问题，解决问题的能力尚未达到。

因此，大学生虽然生理发育已基本成熟，但心理发展与生理上的发育成熟并非同步，有时还呈现一种相对延迟的现象，出现许多不协调和矛盾，需要不断地调整和完善，才能最终实现自我和谐。

一、心理健康的概念

心理健康可以分为狭义和广义两个角度来理解，狭义的心理健康是指个体的基本心理活动过程，即认知、情感、意志、行为和人格，内容完整，协调一致，能顺利适应社会；广义的心理健康指个体不仅没有心理疾病，而且自身的心理系统及其功能处于一种高效而满意的、持续而积极的发展状态。

美国心理学家马斯洛和迈特尔曼在20世纪50年代提出了衡量人类心理健康的标准，具体如下：

①有充分的安全感；

②充分了解自己，并能恰当地估计自己的能力；

③生活目标和理想切合实际；

④不脱离现实环境；

⑤能保持人格的完整和谐；

⑥善于从经验中学习；

⑦能保持良好的人际关系；

⑧能适度地发泄情绪与控制情绪；

⑨在符合团体意志的前提下能有限度地发挥个性；

⑩在不违背社会道德规范的情况下能适当满足个人基本需要。

在此基础上，广大心理工作者根据我国大学生的实际情况，认为大学生的心理健康标准可以从以下这些内容来评判：

①智力正常（IQ>80）；

②能保持对学习较浓厚的兴趣和求知欲望；

③自我意识正确，能悦纳自我；

④能协调和控制好情绪，保持良好的心境；

⑤意志健全，能适时地做出决定和采取合理的反应方式；

⑥具有健康的人格，知情意协调一致；

⑦人际关系和谐；

⑧有较好的社会适应能力；

⑨ 心理行为符合大学生的年龄特征。

大学生的心理健康其实就是指能够进行正常的心智活动和能够良好地适应社会环境。心理健康的标准只是一种理想的标准，这个标准是为了给人们提供衡量心理是否健康的标准，也是为了给人们指明提高心理健康水平努力的方向。对健康的追求无疑是人类前行和社会进步的标志，如果我们每个人都能够在自己现有的基础上积极追求发展自身的心理到更高层次，就能不断发挥自身的潜能，从而创造更多的社会文明。

二、大学生心理发展特点

1. 过渡性

大多数大学生的心理水平处于迅速走向成熟但又没有达到完全成熟的时期；在情感控制方面，从容易冲动发展到具有一定的自控力；在个性发展方面，性格、能力等个性心理特征都达到相对稳定和渐至成熟水平；在理想、信念、自我意识等方面，逐渐接近成人的发展水平。

2. 可塑性

大学时代是人生各种心理品质全面发展、急剧变化的时期。在这一时期大学生心理发展存在不稳定、可塑性大的特点。例如，在个性方面，虽然许多个性品质已基本形成，但却易受外界或生活情境的影响。一位平日里看起来干练、稳重的学生在失恋之后，会出现情绪波动、低落，甚至自暴自弃等异常表现。这些负性情绪如果得不到合理排解就有可能造成心理障碍。但如果能及时给予心理干预，也可使这位同学能够坦然面对这一人生挑战，形成积极的心理品质。

3. 差异性

大学生的心理发展特点因个体、性别、年级的不同而存在差异，应对的压力也会有所不同。通常，大学一年级新生面临的心理压力主要来源于适应问题，如何适应大学生活，如何建立新的人际关系。大学二年级、三年级学生已经适应了大学生活，进入了相对稳定的时期，这是大学生成才、定型的关键时期，面临的主要心理问题是掌握科学的学习方法，正确地认识自我，制定合理的人生愿景。经过三四年的学习，临近毕业的大学生，世界观、人生观逐步形成，这个时候要面对的心理挑战是职业的选择和人生目标的定位。

互动小测试

心理小测试：测测生活质量

请仔细阅读以下问题，凭你的第一感觉回答。请选择与你相符的答案，即使你感到不太确定，也要回答每个问题。评分标准附在题后。

是 否　我不是一个很积极的人。

是 否　我通常醒来都会带着对新的一天生活的恐惧。

是 否　我似乎有许多遗憾。

是 否　我经常嫉妒别人，并厌恶自己的工作。

是 否　我不如别人快乐。

是 否　我有许多忧虑。

是 否　我经常喜怒无常或郁闷。

是 否　我担忧或考虑得太多。

是 否　我似乎运气不好。

是 否　我经常以“如果……就好了”来开始考虑问题。

是 否　我没有安全感。

是 否　我经常太消极。

是 否　过去半年我不止一次感到惊恐。

是 否　我通常都会感到自己不如别人。

是 否　生活是不断挣扎的过程。

是 否　总是有事情不能称心如意。

是 否　我时常自我怀疑。

是 否　我办事很拖沓。

是 否　我宁可现在谨慎些，也不愿将来后悔。

是 否　我浪费了太多时间。

是 否　我经常做假定推测。

是 否　我经常焦虑或紧张。

是 否　在人际关系方面，我通常只感到竞争。

是 否　我经常感觉有不可名状的身体痛苦。

是 否　我经常做噩梦。

是 否　我接受过焦虑和抑郁的治疗。

是 否　我总是认为还会有更糟的情况出现。

是 否　我没有多少兴趣、爱好。

是 否　我很容易厌倦。

是 否　我的开销太大。

是 否　我不是一个好听众。

是 否　我缺乏毅力。

是 否　我很懒。

是 否　我一直很疲惫。

是 否　我羞于开口对别人说不。

是 否　我看电脑的时间太多。

是 否　我的睡眠不好。

是 否　我害怕变老。

是 否　我经常心怀怨恨。

是 否　我的相貌对我太重要了。

是 否　我入睡困难。

是 否　我吝啬。

是 否　我经常酗酒。

是 否　我对改变有些无所适从。

是 否　我无法全身心投入工作。

是 否　我的工作效率低。

是 否　我一直对别人吹毛求疵。

是 否　我一直感觉忙碌、时间不够。

是 否　我认为自己的感情不丰富。

计分方法：

将回答“是”的题目计1分，计算总分。

14 分以下，表明你对自己的生活质量感到满意。学习心理学知识和进行积极的心理训练能让你更深入地领会生活的真谛，学会无拘无束地生活和享受生活的乐趣。

15～30分，表明你的生活质量明显受限。学习心理学知识和进行积极的心理训练会帮助你提高生活质量，获得快乐的人生。

31 分以上，表明你的生活质量严重受损。学习心理学知识和进行积极的心理训练能让你的生活质量发生很大的变化。

资料来源：Joseph J. Lucian. 改变自己：心理健康自我训练，迟梦筠，孙燕，译.重庆：重庆大学出版社，2008.

第二节　大学生常见心理问题及应对

一、大学生心理问题的成因及基本表现

（一）心理问题形成的现实诱发因素

以下主要按照现实问题的来源进行划分，从学习与社会生活、人际关系、恋爱关

系三个方面来对大学生可能遇到的基本问题进行阐述。

1. 学习与社会生活

大学的学习生活和高中有着很大的不同，有的同学进入所选专业后，面对着大量的专业知识感觉提不起兴趣，认为与自己的设想相差比较大，学习状态会被自己的情绪所影响等，没有办法完成学习任务。大学的社团活动丰富多彩，刚刚入学的大学生会被各种各样的活动所吸引，当学习与参加社团活动所需要的时间产生冲突时，就需要较强的时间管理与自控能力来协调学习与业余活动，否则成绩会受到影响。在生活方面，大学中大部分同学住在学校的宿舍里，每个人需要独立处理自己的生活，如整理房间、整理衣物、整理仪容等。有些同学因为适应了过去由父母帮助管理的生活，适应不了大学的学习和生活节奏。在宿舍里，因为生活习惯的不同，室友之间需要相互适应。例如，有的同学习惯早睡早起，有的同学习惯晚睡晚起，睡眠习惯的不同如果处理不好会影响彼此的休息，对人的情绪及状态有较大的影响，甚至会积累矛盾。

2. 人际关系

大学的人际关系主要包括与家庭的关系、与班级同学的关系、与老师的关系、与社团中同学的关系、与室友的关系等。进入大学后，与家庭会有一定的分离，与家人的关系也会在原本的基础上有一些调整，父母因为担心可能会经常联系子女，过问关于学习以及生活上的小事情。这时候需要个体去协调，即如何让家人放心的同时，又能够有一定的自由，保留自己相对独立的空间。而与室友的关系，因为在一个共同的空间生活，每个人又都来自不同的家庭，有着不同的生活习惯，需要经过一段时间才能彼此适应。要重视建立与周边人群的良好关系，以丰富个体的社会支持系统，促进个体健康心理状态的形成。

3. 恋爱关系

很多人都是到大学才开始与异性建立亲密关系的。大学生需要学习如何建立和维持一段良好的恋爱关系，这对于个人成长有着很重要的作用。有些学生会遇到一些问题，比如会建立关系，但是没有办法很好地维持关系，面对关系中的冲突不知所措，或者不能接受一段关系的结束。这些都会加重大学生的心理负担，给大学生带来困扰。

上述这些问题几乎是每一个大学生都会遇到的问题。遇到了这样的问题并不代表个体的异常，大学仍然是一个学习和发展自我的过程。在遇到了问题之后，在解决的过程中我们才会成长。在成长的过程中，有的人能够很好地处理自己遇到的问题，但有的人却没有顺利度过这个过程，遭遇到了挫折，并且产生了一些心理困扰。

（二）心理问题的基本表现

虽然造成大学生心理问题的事件并不相同，但是在外在表现上却有着相似之处，主要表现在情绪、认知、行为和躯体症状等方面。在大多数情况下，这四个方面的表现不是单独存在的，而是相互作用的。

1. 情绪

当遇到问题、挫折或者挑战的时候，人会有各种各样的情绪反应。常见的情绪包括抑郁、焦虑、恐惧等，这些都是正常的情绪反应。当个体采用了很多办法都无法调节自己的情绪，无法从事件中转移注意力的时候，或者某种情绪的持续时间和严重程度已经影响到了正常的学习、生活和社交活动时，就需要引起个体的注意了。

2. 认知

认知即个体对于自己或者事物的一些固有的想法或者潜在的假设和评价。认知多是在我们已有的理念基础上加工而成的，并且与情绪和行为关系十分密切。例如，当一个人情绪比较低落时，他更容易回忆起自己曾经做得不好的事情，更容易对自己做出负面评价，在负面评价的基础上会采取一些行为来验证自己的负面评价，进而还会加重自己的负面情绪。这种负性认知包括对事物或者自己的负面评价，有自杀的想法等多方面的内容。认知包括的内容很多，有的时候不能被个体轻易察觉，如果有些不合理的信念和假设被个体认为是理所当然，就会不加判断地接受了。更多的时候，认知需要借助他人的视角来共同探讨、共同发掘。

3. 行为

在前面有关情绪的内容中，已经列出了几种行为，其中，异常行为主要包括不良行为习惯的养成、社交回避、暴力、自杀等。当个体出现异常行为时，往往比较容易被外界观察到。但单独的行为表现并不能说明个体有心理问题，需要结合情绪和认知等方面进行综合考虑。行为多是为了解决目前的问题而出现的，但是有时行为的选择可能会出现偏差，给个体带来负面影响。例如，在愤怒的情绪作用下，有些个体会选择暴力去控制冲突的另一方，进而让对方做出让步；但是暴力也许并不是解决问题的最佳方案，而且往往会让个体受到法律的惩罚。某种行为得以持续下去，是有它本身得以持续的机制在起作用的，因此改变行为并不容易，首先需要个体具有改变的意愿。

4. 躯体症状

首先是生活方式的改变，包括睡眠的改变和饮食的改变。睡眠的改变主要包括睡眠时间的增加或者减少、失眠、睡眠质量下降，如早醒、睡眠变浅等，第二天自觉精神疲惫。其中，失眠不仅会影响一个人的身体健康，也会影响一个人的情绪。饮食上的改变主要体现在饮食增加或减少两个方面。以饮食减少为例，饮食减少主要指持续一段时间的食欲下降、食量减少，并且在短期内体重迅速下降等，这些症状都需要引起个体的注意。除了睡眠、饮食等生活方式的明显改变，还应注意其他一般性的躯体症状，例如，心血管、胃肠道或呼吸系统不适，出现了疼痛，包括头痛、肌肉酸痛或不明部位的不适感等。虽然躯体症状的出现不一定提示存在心理问题，但需要先进行排查，排除躯体的疾病后再考虑是否是心理问题引起的。因为心理问题可能表现为躯体上的症状，所以当出现躯体不适时，个体需要意识到可能是心理状况的改变引起的。

二、如何面对自身的心理问题

尽管这些年来，人们对心理健康的认识已逐渐加深，心理健康教育也越来越普及，但对于发生在自己身上的心理问题，有不少大学生还是觉得难以启齿，常常不知所措。例如，在对待心理咨询的态度上，大学生就表现出了这种犹豫不决的矛盾心态。一项针对大学生的调查显示，当“自己遇到心理困惑、不适”时，愿意寻求心理咨询帮助的同学只占约 1/4，半数以上的同学持“说不清”的态度，还有近 1/5 的同学明确表示“不会”寻求心理咨询的帮助；相比之下，当自己的同学、朋友或亲属有心理问题时，有一半的受访者表示会动员他们去做心理咨询。可见大学生们在对待他人心理问题的态度上比对待自己的更为理性，一旦涉及自己时则表现得优柔寡断。近年来，随着各方对心理健康教育的重视程度和心理咨询普及程度的提高，这一情况有所好转，但社会文化的影响仍然有其根深蒂固的一面，大学生们在对待心理问题时仍然存在诸多落后的观念和误区。那么，正确的做法应该是什么呢？一般而言，要把握好以下几点：

（1）坦然面对。出现心理问题虽不是什么好事，但也完全不必如临大敌、疑神疑鬼。一些同学可能在情绪上出现一些困扰，或者在身体上出现某些不适，就担心忧虑，甚至害怕长此以往会得精神病等。其实，心理也跟身体一样，在人的一生中难免会出现这样或那样的问题，不必大惊小怪、怨天尤人。

（2）别急于“诊断”。心理问题本身多种多样，成因往往也很复杂，切忌盲目地从一些书籍上断章取义，或者道听途说，急于“对号入座”，认定自己患了什么病。弄清问题当然是必要的，但一般而言，大学生的问题还是发展性的居多，很多都是“成长中的烦恼”，实在不必自己吓自己。

（3）转移注意。心理问题往往有一个特点，就是你越是注意它，它似乎就越是严重。所以，建议你不要老盯住自己所谓的问题不放，不要过分关注自我，而应把注意力转移到你的学习、生活、工作方面。当然，有自己感兴趣的事情并全力投入是很有利于心理健康的。

（4）调整生活规律。很多时候，只要将自己习惯了的生活规律稍加调整，就会给自己整个的精神面貌带来焕然一新的感受，不少所谓的心理问题也就随之轻松化解了。

（5）不要讳疾忌医。就像得病了要去看医生一样，对于严重的、难以排解的心理问题如果条件具备，大可寻求专家的帮助。

三、当出现心理问题时如何求助

生活中的每一个人都可能遇到各种各样的问题，适合每个人的处理方式也各不相同。当遇到心理问题的时候，我们可以求助自己、求助亲戚朋友和求助专业人员。

（一）求助自己

当遇到问题时，很多人的选择是先进行自我调节。

自我调节的方式有很多，而这些方式并不见得适用于所有人，每个人都有自己个性化的方式。有的人会设法转移注意力，将精力投入到学习、参加社团活动、与朋友聚会等其他方面。暂时从问题中隔离出来虽然不会解决问题，但是却给个体一个空间冷静下来，待情绪平复以后再去思考自己目前的困境。有的人会将积累的情绪用其他方式发泄出去，如有的人会写日记、诗歌，进行创作，有的人会去运动，方式各异。每个人在成长的过程中都已经积累了一些个人经验，个体还可以从周围的人那里寻找一些有效的方式，然后进行尝试，看是否适用于自己。

个体还可以学习一些心理健康知识，通过学习课程、参加讲座、阅览书籍等方式从理论上提高自己。要重视心理健康对一个人的重要作用，在学习和实践的过程中，不断地完善自己，促进自己人格的发展与成熟。

（二）求助家人、朋友等一切个体信任的人

当遇到问题时，个体需要记住，自己并不是一个人在面对问题。每个人都是在一个环境系统中成长起来的。除了自然环境，这个系统还包括社会支持系统，系统中有自己的家人、朋友等。当自己遇到问题时，可以从自己的支持系统中寻找资源，跟他们分享自己的经历，讲述自己的困难，即使他们没有提出有效的方法，但倾诉及从他人那里获得理解和支持也能够帮助个体缓解压力。家庭是一个人社会支持系统的重要方面，个体的理念及生活习惯大多来源于家庭。而朋友对处于青春期的个体起着很重要的作用，相同的文化背景、相同的成长环境更有利于个体从朋友那里得到支持。一般的社会支持系统由不同的群体组成，只要是个体信任的人都可以作为社会支持系统的一部分，可以在个体遇到困难的时候提供支持。比如老师，会在学习生活中给学生提供帮助，向学生传授知识，是学生获得支持的力量来源之一。

（三）求助专业人员

如果你希望更加深入地进行自我探索，深入理解自己发生心理障碍的心理原因，提高自己的生活质量，那么你可以考虑寻求专业人员的帮助。目前大学里都设置了心理健康教育机构，如心理咨询中心，且一般都是免费向本校在读学生开放的，这是你可以利用的资源之一。心理咨询是由受过专门训练的人员（咨询师），运用心理学知识、理论和方法为来访者提供帮助的过程。很多学生由于对心理咨询不了解而存在着偏见，认为只有心理异常的人才需要进行心理咨询，这实际上大大限制了学生对于心理咨询资源的利用，限制了学生从专业人员获得帮助。希望通过以下内容增加对心理咨询的了解。

1. 心理咨询的时间设置及工作对象

根据不同的理论流派，心理咨询的时间不同，为50分钟至2小时。学校的心理咨询以短程心理咨询为主，每次咨询的持续时间会根据来访者的问题的不同而调整。

心理咨询的主要对象分为三类，一是精神正常，但遇到了与心理有关的现实问题并请求帮助的人群；二是精神正常，但心理健康水平较低，产生心理障碍导致无法正常学习、工作、生活并请求帮助的人群；三是临床治愈或处于潜伏期的精神病患者。以上三类对象都可以向心理咨询人员求助。

2. 心理咨询对个体的可能帮助

心理咨询遵守保密原则，通过心理咨询可以帮助个体认识自己的内部和外部世界，使来访者正确认识自己，了解和改变不合理的观念，学会面对现实和应对现实问题，协助个体构建合理的行为模式等。

3. 影响心理咨询效果的因素

尽管个体进行心理咨询之后，个体的改变很难量化，但有几个因素会影响到咨询效果，包括咨询师与个体之间关系的建立，个体是否有强烈的求治动机和积极的态度，是否有一套双方都相信的理论和方法，咨询师是否立足于促进求助者的认知改变、情绪调节和行为的改善等。而对于咨询效果的评价主要来源于个体对于自身变化的评价、他人对自己的评价或咨询师对个体的评价，有时还可以通过心理测量的方式反映个体的变化。个体可以通过以上几种方式衡量心理咨询带给自己的影响。

拓展阅读

一、十种正常的异常心理现象

精神正常并不意味着没有一点问题，关键是这些症状的产生背景、持续时间、严重程度以及对个体和环境的不良影响程度。正常人也可能出现短暂的异常现象，时间短，程度轻，尚未达到精神疾病的标准，下面这些症状就属于此类：

疲劳感：通常有对应的原因，持续时间较短，不伴有明显的睡眠和情绪改变，经过良好的休息和适当的娱乐即可消除。

焦虑反应：焦虑反应是人们适应某种特定环境的一种反应方式，但正常的焦虑反应常有其现实原因（现实性焦虑），如面临高考，但可随着时过境迁而很快缓解。

类似歇斯底里现象：多见于妇女和儿童，如女性和丈夫吵架尽情发泄、大喊大叫、撕毁衣物、痛打小孩，甚至威胁自杀。儿童可有白日梦、幻想性谎言表现，把自己构想的内容当现实。这是由于中枢神经系统发育不充分、不成熟所致。

强迫现象：有些脑力劳动者，特别是办事认真的人反复思考一些自己都意识到没有必要的事，如是不是得罪某个人、反复检查门是否锁好等，但持续时间不长，不影响正常生活和工作。

恐怖感：站在很高但很安全的地方仍会出现恐怖感，有时也想往下跳，甚至想到跳下去是什么情景；这种想法如果很快得到纠正不再继续思考，属正常现象。

疑病现象：很多人都将轻微的不适现象看成严重疾病，反复多次检查，特别是当亲友、邻居、同事因某病英年早逝和意外死亡后容易出现；但经检查如排除相关疾病后能接受医生的劝告，属正常现象。

偏执和自我牵挂：任何人都有自我牵挂倾向，如走进办公室时，人们停止谈话，这时往往会怀疑人们在议论自己。这种现象通常是一时的，而且经过片刻的疑虑之后就会醒悟过来，其性质和内容与当时的处境联系紧密。

错觉：正常人在光线暗淡、恐惧紧张及期待等心理状态下可出现错觉，但经反复验证后可迅速纠正。成语“草木皆兵”“杯弓蛇影”等均是典型的例子。

幻觉：正常人在迫切期待的情况下，可听到“叩门声”“呼唤声”。经过确认后，自己意识到是幻觉现象，医学人士称之为心因性幻觉。正常人在睡前和醒前偶有幻觉，不能视为病态。

自笑、自言自语：有些人在独处时自言自语甚至边说边笑，但有客观原因，能选择场合，能自我控制，属正常现象。

二、心理咨询的一般程序

心理咨询的一般程序主要包括以下内容：

首先是进行资料的收集。这个步骤需要个体提供自己的个人信息，主要包括人口学资料、个人的成长史、个人及家族健康史、个人生活方式、受教育情况、社会交往状况以及跟目前遭遇有关的信息，包括个人的情绪、感受等，这些信息并不是在所有咨询活动中都必需的，收集哪些信息要根据咨询师和个体的互动情况来决定。

其次是对资料进行分析和综合评估，主要目的是通过此步骤找到心理问题产生的原因、严重程度等，最终形成一个评估结果，并与其他心理问题相鉴别。

再次是咨询方案的制定。咨询方案会根据来访者目前的问题，咨询师拟采取的治疗方法，咨询时长、步骤以及想要达成的目标等方面来制定。方案实施后需要进行评价，并逐渐调整咨询方案。

以上程序都是在个体和咨询师的互动过程中完成的，是心理咨询程序中包含的内容，但并没有严格的先后顺序，比如资料收集的过程随着咨询师和个体关系的建立，会贯穿咨询过程的始终。对一个人的了解和认识是一个逐渐累积的过程，之后根据收集到的资料内容，逐渐地修正和调整原有的评估方案。

以上程序仅供参考，具体的咨询程序会根据咨询师理论流派的不同以及来访者问题的不同而不同。

第三节　大学生常见心理疾病及防治

一、大学生常见的心理疾病

1. 抑郁症

抑郁症的主要表现是孤独、自卑、自责、悲伤、绝望等，有的大学生对枯燥的专业学习、刻板的生活方式感到厌恶，为自己在某些方面的不成功而忧郁、悲观，由此导致失眠、思维迟钝、体重下降甚至自杀。

2. 双相情感障碍

双相情感障碍是一种较严重的精神疾病，其特征是极端的情绪变化。典型的双相情感障碍患者可从狂喜滑落到狂悲，并呈周期性运动。双相情感障碍症状不一，有的严重，有的轻微，大多表现是：不愿做任何事，包括起床，甚至不睡、不休息；常常不顾一切地表现自我，喋喋不休等，这种症状会突然来临，事先毫无迹象。

3. 强迫症

内心会反复出现强迫观念和强迫动作，属于神经性障碍，是以重复出现患者并不愿意出现的某些观念、意向和行为作为特征的一种神经症。患者常为这些重复出现的强迫现象所苦恼，虽努力克制但无法摆脱，最终屈从于强迫观念以减轻内心焦虑。

4. 癔症

癔症又称癔病或歇斯底里症。目前，认为癔症患者多具有易受暗示性、喜夸张、感情用事和高度以自我为中心等性格特点，常由精神因素或受不良暗示而发病。患者在躯体方面表现为运动、感觉、反射及自主神经功能障碍，如瘫痪、过敏、麻木、震颤、肌肉痉挛、失语等；精神方面主要是突然精神失常、大哭大闹、打人、骂人等，有时喜怒无常、意识处于朦胧状态，有时出现夜游症。

5. 疑病症

疑病症又称疑病性神经症，指对自身感觉或征象作出不切实际的病态解释，致使整个身心被由此产生的疑虑、烦恼和恐惧所占据的一种神经症。疑病症状可为全身不适、某一部位的疼痛或功能障碍甚至是具体的疾病，患疑病症的人也知道病态怀疑对健康不利，却又不相信体检结果和医生的解释或保证。

6. 妄想症

妄想症是一种慢性且以有系统、有组织的妄想为主要特征的疾病。患者妄想的内容会涉及日常生活中任何可能发生的情境，如被人跟踪、下毒、爱慕、欺骗、陷害等。

7. 网络心理障碍

这类疾病的患者无节制地花费大量时间和精力在互联网上，如网游等，以致损害身体健康并在生活中出现各种行为异常、心理障碍、人格障碍、交感神经功能部分失调等现象。

二、预防措施

1. 保持乐观的心态

人们在日常生活中总会面临很多挫折和困难，树立正确的心态和积极乐观的生活态度是我们必不可少的，同时应该锻炼自己适应环境的能力，应当养成乐观、豁达的态度，并拥有宽广的胸怀。

2. 善于自我调节

在我们面临生活中的考验时，不可能一直有良好的情绪，这就需要我们有自我调节的能力，比如多用一些美好的景色或者事物来震撼自己的心灵，时常听听音乐，晒晒阳光也是不错的选择。

3. 培养业余爱好

业余爱好可以有效调节和改善自己压抑的情绪，缓解身心的疲劳和忧郁，比如多参加体育锻炼、养生健体等。

4. 学会扩大社交范围

有时候来自朋友、同事和亲人的鼓励和交流会使自己感到心情舒畅，缓解压力，我们在交流的同时既快乐了他人也放松了自己。

5. 建立和谐的人际关系

良好的人际关系是缓解心理压力、振作精神的良方；人际关系不好，我们会感觉处处不顺，而良好的人际关系可以使人感受到自尊和自信，可以更好地适应环境。与人交往时，多结交品格优秀的人，远离品德不好的人，向优秀的人多交流和学习，对人品不好的人少计较，这样我们也会越来越优秀，人际关系也会越来越和谐。

6. 多向可以信赖的人倾诉

倾诉是预防和治疗心理疾病较好的方法之一，人的心理感觉是很微妙的，当我们心里有事或者压力过大时，常常感觉心里有大石头压着一样，而当我们将这些事向信任的人说出来，就感觉心里的大石头慢慢地被移开，最后有如释重负的感觉，所以要学会倾诉。

7. 向心理医生寻求帮助

当我们遇到自己无法解决的心理问题时，向心理医生寻求专业的帮助和治疗是一个不错的选择，现在看心理门诊的人越来越多，所以不要担心没有面子。

三、心理治疗

心理治疗就是用心理学的原理和方法，采用治疗者与被治疗者之间的互动关系和反应，矫正被治疗者的心理行为问题。心理咨询和心理治疗有许多相似之处，尤其在实践中往往难以区分。

互动小测试

一、抑郁自评量表（SDS）

本评定量表共有20个题目，分别列出了有些人可能会有的问题。请仔细阅读每一个题目，然后根据最近一星期以内你的实际感受，选择一个与你的情况最相符合的答案填在括号内。A表示很少有该症状，B表示少部分时间有该症状，C表示相当多的时间有该症状，D表示绝大部分时间或全部时间有该症状。

请你不要有顾忌，应该根据自己的真实体验和实际情况来回答，不要花费太多的时间去思考，顺其自然，根据第一印象做出判断。

1.我觉得闷闷不乐，情绪低沉。（　）

A.很少　B.小部分时间　C.相当多的时间　D绝大部分时间

2.我觉得一天之中早晨最好。（　）

A.很少　B.小部分时间　C.相当多的时间　D.绝大部分时间

3.我一阵阵哭出来或觉得想哭。（　）

A.很少　B.小部分时间　C.相当多的时间　D绝大部分时间

4.我晚上睡眠不好。（　）

A.很少　B.小部分时间　C.相当多的时间　D.绝大部分时间

5.我吃得跟平常一样多。（　）

A.很少　B.小部分时间　C.相当多的时间　D.绝大部分时间

6.我与异性密切接触时和以往一样感到愉快。（　）

A.很少　B.小部分时间　C.相当多的时间　D.绝大部分时间

7.我发觉我的体重在下降。（　）

A.很少　B.小部分时间　C.相当多的时间　D.绝大部分时间

8.我有便秘的苦恼。（　）

A.很少　B.小部分时间　C.相当多的时间　D.绝大部分时间

9.我心跳比平时快。（　）

A.很少　B.小部分时间　C.相当多的时间　D.绝大部分时间

10.我无缘无故地感到疲乏。（　）

A.很少　B.小部分时间　C.相当多的时间　D.绝大部分时间

11.我的头脑跟平常一样清楚。（　）

A.很少　B.小部分时间　C.相当多的时间　D.绝大部分时间

12.我觉得经常做的事情并没有困难。（　）

A.很少　B.小部分时间　C.相当多的时间　D.绝大部分时间

13.我觉得不安而平静不下来。（　）

A.很少　B.小部分时间　C.相当多的时间　D.绝大部分时间

14.我对将来抱有希望。（　）

A.很少　B.小部分时间　C.相当多的时间　D.绝大部分时间

15.我比平常容易生气激动。（　）

A.很少　B.小部分时间　C.相当多的时间　D.绝大部分时间

16.我觉得做出决定是容易的。（　）

A.很少　B.小部分时间　C.相当多的时间　D.绝大部分时间

17. 我觉得自己是个有用的人，有人需要我。（　）

A. 很少　B. 小部分时间　C. 相当多的时间　D. 绝大部分时间

18. 我的生活过得很有意思。（　）

A. 很少　B. 小部分时间　C. 相当多的时间　D. 绝大部分时间

19. 我认为如果我死了别人会生活得好些。（　）

A. 很少　B. 小部分时间　C. 相当多的时间　D. 绝大部分时间

20. 平常感兴趣的事我仍然感兴趣。（　）

A. 很少　B. 小部分时间　C. 相当多的时间　D. 绝大部分时间

计分：正向计分题A、B、C、D按1、2、3、4计分；反向计分题按4、3、2、1计分。反向计分题号：2、5、6、11、12、14、16、17、18、20。

总分乘以1.25再四舍五入取整数即得标准分，标准分分数越高，表示这方面的症状越严重。一般来说，中国常模标准分低于53分者为正常，标准分大于等于53分且小于62分为轻微至轻度抑郁，标准分大于等于63分且小于72分为中度抑郁，标准分大于等于72分为重度抑郁。

二、焦虑自评量表（SAS）

本量表包含20个题目，按4级评分，请您仔细阅读以下内容，根据您最近一周的实际感觉，在A、B、C、D上打“√”，每题限选一个答案。

1. 我觉得比平常容易紧张和着急。

A. 没有或很少时间　B. 小部分时间　C. 相当多的时间　D. 绝大部分或全部时间

2. 我无缘无故地感到害怕。

A. 没有或很少时间　B. 小部分时间　C. 相当多的时间　D. 绝大部分或全部时间

3. 我容易心里烦乱或觉得惊恐。

A. 没有或很少时间　B. 小部分时间　C. 相当多的时间　D. 绝大部分或全部时间

4. 我觉得我可能将要发疯。

A. 没有或很少时间　B. 小部分时间　C. 相当多的时间　D. 绝大部分或全部时间

5. 我觉得一切都很好。

A. 没有或很少时间　B. 小部分时间　C. 相当多的时间　D. 绝大部分或全部时间

6. 我手脚发抖打颤。

A. 没有或很少时间　B. 小部分时间　C. 相当多的时间　D. 绝大部分或全部时间

7. 我因为头痛、颈痛和背痛而苦恼。

A. 没有或很少时间　B. 小部分时间　C. 相当多的时间　D. 绝大部分或全部时间

8.我感觉容易衰弱和疲乏。

A.没有或很少时间 B.小部分时间 C.相当多的时间 D.绝大部分或全部时间

9.我觉得心平气和，并且容易安静坐着。

A.没有或很少时间 B.小部分时间 C.相当多的时间 D.绝大部分或全部时间

10.我觉得心跳得很快。

A.没有或很少时间 B.小部分时间 C.相当多的时间 D.绝大部分或全部时间

11.我因为一阵阵头晕而苦恼。

A.没有或很少时间 B.小部分时间 C.相当多的时间 D.绝大部分或全部时间

12.我有晕倒发作或觉得要晕倒似的。

A.没有或很少时间 B.小部分时间 C.相当多的时间 D.绝大部分或全部时间

13.我吸气、呼气都感到很容易。

A.没有或很少时间 B.小部分时间 C.相当多的时间 D.绝大部分或全部时间

14.我手脚麻木和刺痛。

A.没有或很少时间 B.小部分时间 C.相当多的时间 D.绝大部分或全部时间

15.我因为胃痛和消化不良而苦恼。

A.没有或很少时间 B.小部分时间 C.相当多的时间 D.绝大部分或全部时间

16.我常常要小便。

A.没有或很少时间 B.小部分时间 C.相当多的时间 D.绝大部分或全部时间

17.我的手常常是干燥温暖的。

A.没有或很少时间 B.小部分时间 C.相当多的时间 D.绝大部分或全部时间

18.我脸红发热。

A.没有或很少时间 B.小部分时间 C.相当多的时间 D.绝大部分或全部时间

19.我容易入睡并且一夜睡得很好。

A.没有或很少时间 B.小部分时间 C.相当多的时间 D.绝大部分或全部时间

20.我做恶梦。

A.没有或很少时间 B.小部分时间 C.相当多的时间 D.绝大部分或全部时间

计分方法：

（1）正向计分题A、B、C、D按1、2、3、4计分；反向计分题A、B、C、D按4、3、2、1计分。反向计分题号：5、9、13、17、19。

（2）20个题目的分数相加得总分，乘以1.25再四舍五入取整数即得标准分。

（3）低于50分者为正常；50～59分者为轻度焦虑；60～69分者为中度焦虑；70分及以上为重度焦虑。中度以上焦虑建议去精神专科咨询就诊，排除焦虑症。

拓展阅读

治疗抑郁——情绪的宣泄

由于压抑的能量纠结于心，导致抑郁，所以，抑郁的治疗最重要的步骤就是将纠结于心的能量宣泄出来，进行外向训练。

最佳的宣泄法是倾诉，找一个值得信赖的人将心中的想法与苦闷都讲出来，可以使抑郁得到缓解。在倾诉中，宣泄治疗与支持治疗同时起作用。

大声朗读也是一种很好的宣泄方法。这种方法比较适合于当代的大学生。大声朗读，把心灵打开，文字变成声音，将心与口统一，口成为心灵的一扇窗户，每一次响亮的声音意味着一种勇气、一种气概、一次直抒胸臆的宣泄，既能起到积极的作用，又是一种文雅的方式。

单纯的宣泄法简单易行。大声叫喊、摔东西(当然，最好是摔一些不怕摔的东西)、打游戏等，都是很好的方法。

运动是最值得提倡的一种方法。当你感到抑郁时，去跑步、打篮球或踢足球，这样你在宣泄情绪的同时也活动了身体。

当然，在运用宣泄法的同时，心理学还有很多有效的方法，比如认知疗法、森田疗法等，在心理咨询中经常被用到。

交流与讨论

1. 与小组同学共同探讨对心理健康标准的理解。

2. 你和身边的同学目前的心理困惑是什么，哪些心理异常状态可以通过自我调整来改善，哪些心理问题需要专业人员进行诊治？

3. 怎样看待接受心理咨询的人？

4. 哪些放松方法对你而言更有效？使用后，你有怎样的感觉？

5. 你打算做些什么，或者放下什么，让你的生命更加美好和灿烂？

心理健康

第六章
意外、灾难与自救互救

学习目标

1. 掌握现场急救技术，提高现场救护能力
2. 掌握常见意外伤害事件现场救护方法
3. 了解处理突发灾害事件的现场急救方法
4. 了解无偿献血的标准和注意事项，积极参与无偿献血活动

第一节　现场救护技术

一、现场心肺复苏

心肺复苏（cardio-pulmonary resuscitation，CPR）是用于呼吸心跳突然停止、意识突然丧失病人的一种现场急救方法，以恢复其心跳、呼吸和意识。CPR包括打开气道、人工呼吸、胸外按压三大基本步骤，是全球最为推崇、最为普及的急救技术，是针对呼吸心跳突然停止病人最为紧迫的救命技术，是现代救护的核心内容。

（一）心肺复苏实施的条件

心肺复苏必须是“第一目击者”在事发现场且周围环境安全的前提下实施的救助，被救人员必须满足“三无”条件，即无意识、无呼吸（或仅有喘息样无效呼吸）、无心跳。

心跳呼吸骤停表现如下：意识不清或意识丧失，面色苍白、发绀，呼吸停止或喘息样呼吸，心音消失及大动脉搏动消失。

（二）心肺复苏的意义和作用

心肺复苏的核心思想是“快、争分夺秒、时间就是生命”。因为人体内没有氧气储备，心脏一旦突然停止跳动，血液循环立即停止，全身脏器就会缺血缺氧。人的大脑如果缺血缺氧4～6分钟，脑细胞就开始出现损害，缺血缺氧超过6分钟，大脑将发生

不可逆的变化，中枢神经系统和各个脏器的新陈代谢受阻、损害直至终止。在4分钟内进行心肺复苏，效果最好，开始得越早，抢救的成功率越高。每耽误1分钟，成功率下降10%。目前“120”急救系统很难做到从拨打“120”后6分钟内到达急救现场，因此对心脏骤停的急救必须在救护车抵达前就展开。

心肺复苏的目的就是第一目击者在事发现场充分、及时、有效地利用这宝贵的黄金4分钟对病人进行抢救，通过人工呼吸和体外心脏按压给伤病员提供最低限度的脑供血，为医院的进一步救治创造有利条件。让大学生接受系统、规范的急救知识与技能培训，既可以增强学生自身能力，提高综合素质，同时在社会各领域形成急救知识的宣传网络，提高公众对突发事件的应急与救援能力。

（三）现场心肺复苏实施过程

1. 确认环境安全，做好自我防护

一旦发现患者，马上检查环境情况，首先确认周围环境是否安全，及早让患者脱离有害环境（如：有触电危险、有毒气体的场合，交通主干道等），否则不但救治难以成功，施救者自身也有危险。

2. 判断患者意识及反应

在判定事发地点易于就地抢救后，急救人员应在患者身旁快速判断其有无损伤、是否有反应，可轻拍患者肩部，凑近其两侧耳边大声呼叫“喂，您怎么了？”或直呼其名，观察有无反应，如均无反应，或仅有喘息样呼吸，则确定为意识丧失。

3. 翻转体位

如果患者不是复苏体位（仰卧位），需一手扶住头颈部，一手插入对侧腋下至前胸，保证脊柱呈轴向整体翻转至复苏体位。

4. 检查呼吸

用“听、看、感觉”的方法判断有无呼吸或异常呼吸，检查时间约10秒。不建议非专业人员为了明确心跳是否停止而反复触摸脉搏，甚至用听诊器探测心音，以免延误心肺复苏开始的时间。如果不能肯定是否有循环，则应立即开始心脏按压。

5. 高声呼救并取得自动体外除颤器（automated external defibrillator，AED）

意识丧失即为危险状态，如果只有一名急救者，则必须立即呼喊；如果有两名急救者，一名立即实施CPR，另一名快速求救，大声呼喊：“快来人啊，救命呵！”“这位先生（女士），请帮忙拨打120”“这位先生（女士），请帮忙去取自动体外除颤器”“有会救护的请跟我一起救护”……得到周围人的注意和帮助。

6. 启动“120”急救系统

拨打“120”急救电话时，需告知下列情况：

（1）急救患者所处位置（街道或路名、门牌号、办公室名称、房间号等），应尽可能详尽，方便救护车快速到达；

（2）急救患者所在地联系人电话号码；

（3）发生什么事件，如心脏病发作或交通事故等；

（4）所需急救的人数；

（5）患者的一般情况；

（6）已经给予患者何种急救措施。

最好在急诊医生对现场救治提出指导后，再挂断电话。

7. 实施 CPR

（1）心脏按压。心脏按压是指在胸骨中下1/3处进行按压，这种压力通过增加胸膜腔内压或直接挤压心脏产生血液流动，为脑和其他重要器官提供充足的氧气。按压频率为100～120次/分。

①心脏按压技术。固定恰当的按压位置：用手指从靠近自己一侧，沿患者的胸廓下缘向中线滑动，找到肋骨与胸骨连接处，将手掌贴在患者胸骨的下半部（双乳头连线的中点），另一手掌重叠放在这只手的手背上，双手十指相扣，掌心翘起。

②有效按压的标准。肘关节伸直，上肢呈一直线，双肩正对双手，以保证每次按压的方向与胸骨垂直。如果按压时用力方向不垂直，有可能造成身体滚动，影响按压效果。对正常体形的患者，按压幅度为5～6厘米，最理想的按压效果是可触及颈或股动脉搏动。每次按压后放松（但手掌需保持贴在按压位置，不得悬离），使胸骨恢复到按压前的位置。血液在此期间可回流到胸腔。

（2）开放气道。观察口腔，如有异物，可用指套或手指缠纱布进行清除；如患者装有义齿，应先取下义齿。患者无反应或无意识时，肌张力下降，舌体和会厌可能把咽喉部阻塞，舌又是造成呼吸道阻塞最常见的因素，因此要把患者颏骨向上抬，让舌离开咽喉部，使气道打开。如患者无颈部创伤，可以采用仰头抬颏法开放气道：将一只手置于患者的前额，然后用手掌推动，使其头部后仰，同时用另一只手的食指和中指提起下颏，使颏骨上抬。

（3）人工呼吸。人工呼吸是通过口对口或口对鼻呼吸向患者提供空气的有效方法。人工呼吸时，每次吹气必须使患者的肺膨胀充分。吹气不可过快或过度用力，推荐约500～600毫升潮气量。胸外按压与人工呼吸的次数比为30 ∶ 2，即每30次胸外按压后，进行2次人工呼吸。

口对口呼吸。口对口呼吸时，要确保气道通畅，同时要捏住患者的鼻孔，防止漏气。急救者应用口唇把患者的口全部罩住，呈密封状，缓慢吹气，深吹气后将口离开，让呼气自动排出。每次吹气应持续1秒，确保患者呼吸时胸廓起伏。

口对鼻呼吸。如患者牙关紧闭不能开口、口唇创伤，口对口呼吸难以实施时采用口对鼻呼吸。口对鼻呼吸时，将一只手置于患者前额并后推，另一只手抬下颏，使口唇紧闭。用嘴封罩住患者鼻子，深吹气后将口离开鼻子，让呼气自动排出。

（四）心肺复苏术有效性评估

胸外心脏按压30次、人工呼吸2次为心肺复苏操作的一个周期，连续做5个周期后，需评估检查循环体征。但若现场有AED，则需要按照AED的提示进行抢救（AED将在2分钟时停下来进行心律检查）。

1. 心肺复苏有效的表现

面色、口唇由苍白、青紫变为红润；恢复心跳和呼吸功能；眼球转动，对光反射恢复；有肢体反应，手脚抽动；呻吟。

2. 终止心肺复苏的条件

伤病员心跳、呼吸恢复；专业急救人员到场接替；医生确定伤病员已经死亡；救护员精疲力竭，没有体力继续进行心肺复苏。

（五）心肺复苏注意事项

（1）口对口吹气量不宜过大，吹气时间不宜过长，否则会引起急性胃扩张、胃胀气和呕吐。吹气过程要注意观察患者气道是否通畅，胸廓是否被吹起。

（2）如有两位施救者，第一名施救者进行胸外心脏按压，第二名施救者负责开放气道及进行人工呼吸，观察胸廓隆起情况，避免过度通气，并鼓励第一名施救者以足够的深度和频率进行按压，若有AED，第二名施救者还要负责粘贴AED贴片，启动AED。双人施救时胸外按压与人工呼吸的比例亦为30 ： 2。为避免胸外按压时因疲劳而导致复苏质量下降，建议每5个周期或每2分钟两名施救者交换职责，但交换用时应小于10秒。

（3）胸外心脏按压的位置必须准确，若不准确容易损伤其他脏器；按压用力要均匀，不可过猛；按压和放松所需时间相等；每次按压后必须完全解除压力，使胸壁回到正常位置；按压要有节律性，频率不可忽快忽慢。按压时，观察伤病员反应及面色的改变。

（4）施行心肺复苏术时应将患者的衣扣及皮带解松，以免引起内脏损伤。

拓展阅读

自动体外除颤器（AED）

自动体外除颤器（AED）是一种便携式的医疗设备，它可以诊断特定的心律失常，并且给予电击除颤，是可被非专业人员使用的用于抢救心搏骤停患者的医疗设备。在心搏骤停时，只有在最佳抢救时间的“黄金4分钟”内，利用自动体外除颤器对患者进行除颤和心肺复苏，才是最有效的防止猝死的办法。

AED使用简单明了，开机之后，遵照语音和动画指导进行操作即可。

（1）开机（因为AED品牌不同，有些AED开机需要按开关键，有些AED打开盖子自动开机）。

（2）开机之后，AED会自动进入语音提示，如解开病人衣服。按视频提示取出除颤电极片包装袋，并撕开包装袋取出电极片。

（3）撕下电极片塑料衬底，将电极片粘贴至指定区域（视频及电极片上均有提示粘贴位置）。

（4）AED自动进入心律分析（AED会通过采集到的心电图智能分析其是否为可除颤心律），分析之后，AED会自动提示“建议电击”或者“不建议电击”。

（5）如提示建议电击，AED会自动充电，并在充电后闪烁放电按钮，在提示周围人群“不要接触病人”后，尽快按下放电键。按AED提示继续做心肺复苏，同时观察患者反应。

（6）如提示不建议电击，AED不会充电，请按照AED提示继续做心肺复苏，同时观察患者反应。

二、创伤救护（止血、包扎、固定、搬运）技术

创伤是常见的对人体的伤害。严重创伤的应急救护需要快速、正确、有效，以挽救伤员的生命，防止损伤加重和减轻伤员的痛苦。下面重点介绍创伤救护的四项基本技术：止血、包扎、固定、搬运。

（一）出血与止血

出血在各种创伤中经常发生，是突发创伤的一种表现。止血是创伤现场救护的基本任务，只有尽快止血，才能保存有效血容量，防止休克，从而挽救生命，降低死亡率，为进一步抢救患者赢得时间。

1. 常用止血法

（1）包扎止血法

包扎止血法适用于小创口的出血，局部用生理盐水冲洗，周围用75%酒精涂擦消毒，然后盖上无菌纱布，用绷带加压包扎。

（2）指压止血法

①头顶部出血：一侧头顶部出血，用食指或拇指压迫同侧耳前方颞浅动脉搏动点。

②面部出血：一侧颜面部出血，用食指或拇指压迫同侧面动脉搏动处。面动脉在下颌骨下缘下颌角前方约3厘米处。

③头后部头皮出血：压迫耳后突起下方稍外侧的耳后动脉。

④头面部出血：一侧头面部出血，可用拇指或其他四指在颈总动脉搏动处，压向颈椎方向。颈总动脉在气管与胸锁乳突肌之间。

⑤肩腋部出血：用食指压迫同侧锁骨窝中部的锁骨下动脉搏动处，将其压向深处的第一肋骨处。

⑥前臂出血：用拇指或其余四指压迫上臂内侧肱二头肌内侧沟处的肱动脉搏动点。

⑦手部出血：互救时两手拇指分别压迫手横纹稍上处，内外侧（尺动脉、桡动脉）各有一搏动点。

⑧手指出血：用拇指、食指压迫指根部两侧固有动脉。

⑨大腿以下出血：若是自救，拇指重叠用力压迫大腿上端腹股沟中点稍下方股动脉搏动处。

⑩足部出血：用两手指分别压迫足背中部近踝关节处的足背动脉和足跟内侧与内踝之间的胫后动脉。

（3）填塞止血法

对软组织内的血管损伤出血，用消毒纱布、敷料填入伤口内压紧，再用加压包扎法包扎。

（4）止血带止血法

当四肢有大动脉损伤，或伤口大、出血量多时，若采用以上止血方法仍不能止血，方可选用止血带止血法。

方法：用左手的拇指、食指握住止血带的头端，将长的尾端绕肢体一圈后压住头端，再绕肢体一圈，系成一个活结。

取绞棒插在带状的外圈内，提起绞棒绞紧，将绞紧后的棒另一端插入活结小圈内固定。操作要点如下：

①止血带应扎在肢体的恰当部位（如上肢出血，在上臂的上1/3处；如下肢出血，在大腿的中上部）。

②用纱布、棉布或毛巾、衣物等物作为衬垫后再上止血带。

③记录上止血带的时间，连续使用时间不能超过5小时。每30～60分钟要缓慢松开止血带1～3分钟。

④松开止血带前，应先输液或输血，准备好止血用品。

⑤上止血带松紧要适当，以上后血止并摸不到动脉搏动为度。

（二）伤口包扎技术

创伤是人体的保护器官（皮肤）受到损伤，易导致细菌的侵入，需要在现场进行包扎。包扎是各种外伤中最常用、最重要、最基本的急救技术之一。包扎得法有压迫止血、保护伤口、防止感染、固定骨折和减少疼痛等效果。

1. 包扎的操作要点

包扎伤口动作要快、准、轻、牢。包扎时部位要准确、严密，不遗留伤口。包扎动作要快，不要碰撞伤口，以免增加伤者的疼痛和出血。包扎要牢固，但不宜过紧，以免妨碍血液流通和压迫神经。手指、脚趾无创伤时应暴露在外，以观察血液循环情况（如水肿、发紫等）。

2. 包扎的方法

（1）绷带包扎法

①环形包扎法：适用于肢体粗细较均匀部位的包扎，如胸、四肢、腹部等。将绷带作环形缠绕，第一圈做环绕稍呈斜形，第二圈应与第一圈重叠，将第一圈斜出的一角压入环形圈内，再作加压缠绕4～5层，用胶布粘贴或绷带打结固定。

②螺旋反折包扎法：适用于四肢粗细不均部位的包扎，如小腿、前臂等。先作螺旋状缠绕，缠绕到渐粗的地方时每圈把绷带反折一下，盖住前圈的1/3～2/3，由下而上缠绕。

③螺旋包扎法：适用于上肢和躯干等处。使绷带螺旋向上，每圈应压在前一圈的1/2处，最后用胶布粘贴固定。

④“8”字形包扎法：多用于肩、膝、踝等关节处。方法是一圈向上，再一圈向下，每圈在正面和前一圈相交叉，并压盖前一圈的1/2，最后用绷带尾端固定。

⑤回反包扎法：多用于头和断肢端。用绷带多次来回反折。第一圈常从中央开始，接着一左一右，直至将伤口全部包住，再用环行法将所反折的各端包扎固定。此法常需要一位助手在反折时按压一下绷带的反折端。松紧要适度。

（2）三角巾包扎法

使用三角巾时注意：边要固定，角要抓紧，中心伸展，敷料贴实。

①头部帽式包扎法：将三角巾底边叠成两横指宽，边缘置于伤者的前额眉弓上部，顶角位于枕后，然后将底边经耳上向后紧压住顶角，在头后交叉，再经耳上到额部拉紧打结，最后将顶角向上反嵌入底边用胶布或别针固定。

②肩部包扎法：将三角巾顶角盖住伤侧肩部，一个底角斜放在受伤肩部的对侧胸前腋下，用顶角系带在上臂三角肌处扎紧，再把另一个底角上翻后拉，在对侧腋下两底角打结。

③胸、背部包扎法：将三角巾折叠成燕尾式，燕尾夹角约100°，铺于伤员胸前，夹角对准胸骨上凹，两燕尾角过肩至背后，将燕尾顶角系带围胸，在背后打结，然后将一燕尾角绕横带上提与另一燕尾角打结。背部包扎时，把燕尾跳到背部即可。

④腹部包扎法。三角巾底边向上，顶角向下横放在腹部，两底角围绕到腰部后打结，顶角由两腿间拉向后面与两底角连接处打结。

3. 特殊伤口包扎处理

（1）开放性气胸

胸部开放伤时，伤口与胸膜腔相通，伤员感到呼吸困难，伤口伴随呼吸可有气流声发出。

处理：伤员取半卧位。立即用纱布或清洁敷料压在伤口上，再用不透气的塑料或皮质布片盖住伤口，用三角巾折成宽带绕胸固定于健侧打结，用三角巾按胸部包扎法包扎。

（2）腹部内脏脱出

发现腹部有内脏脱出，就不要将脱出物送回腹腔，以免引起腹腔感染。

处理：伤员平卧，双腿屈曲。立即用大块敷料覆盖伤口，用三角巾做环形圈，套住脱出物，用饭碗将环形圈一并扣住，用三角巾进行腹部包扎。

（3）伤口异物的处理

伤口表浅的异物可以去除，但若异物为尖刀、钢筋等扎入较深，不要轻易去除，以免引起出血及神经损伤。

处理：敷料上剪洞，套过异物，置于伤口上，用敷料将异物固定，用三角巾包扎。

（三）现场骨折固定

1. 现场骨折固定的意义

对于骨折、关节严重损伤和肢体挤压伤等创伤进行正确的固定，能迅速减轻疼痛，减少出血、预防休克，防止严重脊髓、血管和神经等重要组织的损伤，为伤员的搬运做准备。对开放性软组织损伤应先止血，再包扎。固定时松紧宜适度，牢固可靠。

2. 急救固定器材

院外急救骨折固定时需就地取材，如2～3厘米厚的木板、竹竿、树枝、木棍以及伤者健肢等，均可作为固定的代用品。

3. 现场骨折固定的原则

首先应检查意识、呼吸、脉搏，处理严重出血。使用夹板的长度应能将骨折处上下关节一同加以固定，固定要牢固，在骨折和关节突出处要加衬垫，以加强固定和防止皮肤压伤。不要把开放性骨折送回到伤口内，骨断端不要轻易拉动。要暴露肢体末端观察末梢血液循环情况。对伤肢固定后，应尽可能将伤肢抬高，以减轻肿胀。

4. 常用的现场骨折固定

（1）脊椎骨折固定：包括颈椎、胸椎、腰椎骨折的固定。

具体操作方法如下：

①使伤者的头颈与躯干保持颈椎轴线位置，上颈托。

②平卧位放置于脊柱固定板上。

③将头部固定，双肩、骨盆、双下肢及足部用宽带固定在脊柱板上，以免搬运途中颠簸、晃动。

（2）锁骨骨折固定：用绷带在肩背做“8”字形固定，并用三角巾或宽布条于颈上吊托前臂。

（3）肱骨骨折固定：用2～3块夹板固定患肢，并用三角巾、布条将其悬吊于颈部。

（4）前臂骨折固定：用两块木板，一块放前臂上，另一块放背面，但其长度要超过肘关节，然后用布带或三角巾捆绑托起。

（5）股骨骨折固定：用两块木板将大腿、小腿一起固定。置于大腿前后两块木板长达腰部，并将踝关节一起固定，以防这两部位活动引起骨折错位。

（6）小腿骨折固定：在没有固定材料的情况下，可将患肢固定在健肢上。

（四）伤员搬运

1. 搬运伤员的目的

搬运伤员的目的是使伤员迅速脱离危险地带，避免再受伤害，尽快使伤员获得专业治疗，能最大限度地挽救生命，减轻伤残。

2. 常用的搬运法

（1）徒手搬运法

①单人搬运法：适用于伤势比较轻的伤员，可采取背、抱或扶持等方法。

②双人搬运法：一人托双下肢，一人托腰部，在不影响损伤的情况下，还可以用椅式、轿式和拉车式。

③三人搬运法：由三人配合，一人托住头、肩胛部，一人托住臀部和腰部，另一人托住两下肢，三人同时把伤员轻轻抬到担架上。

④多人搬运法：对脊椎受伤的患者向担架上搬动应由四人一起搬动。一人专管头部的牵引固定，使其始终保持与躯干成直线的位置，维持颈部不动，一人托住肩背，一人托住臀部和腰部，一人托住下肢，协调地将伤者平直放到担架上。

（2）担架搬运法

常用的担架有以下几种：

①折叠楼梯担架：便于在狭窄的走廊、曲折的楼梯上搬运。

②折叠铲式担架：担架双侧均可打开，将患者铲入担架，用于脊柱损伤患者的搬运。

③帆布担架：适用于内科患者，怀疑有脊柱损伤的患者禁用。

④脊柱固定板：可将患者固定于担架上。

3. 搬运伤员的要点

做好伤员的现场救护，先救命，后止血、包扎、固定，最后才搬运。搬运伤员身体时体位要合适。若遇脊椎受伤者，应将其身体固定在硬板担架上搬运，以免加重脊椎损伤。运送患者时，随时观察呼吸、体温、心率、脉搏等生命体征。动作要轻巧、迅速，避免不必要的震动，切忌随意搬动。

拓展阅读

红十字运动的基本原则

红十字运动的基本原则是人道、公正、中立、独立、志愿服务、统一、普遍，这七项原则既是本运动全部组成机构所必须遵守的特定准则，也是本运动的各种行为的标准和规范。

1. 人道

国际红十字运动的宗旨是不加歧视地救护战地伤员，努力防止并减轻人们的痛苦，不论这种疾苦发生在什么地方。本运动的宗旨是保护人的生命和健康，保障人类的尊严；促进人与人的相互了解、友谊和合作，促进持久和平。

2. 公正

本运动不因国籍、种族、宗教信仰、阶级和政治见解而有所歧视，仅根据需要，努力减轻人们的疾苦，优先救济困难最紧迫的人。

3. 中立

本运动在冲突双方之间不采取立场，任何时候也不参与涉及政治、种族、宗教或意识形态的争论。

4. 独立

本运动是独立的。必须始终保持独立，以便任何时候都能按本运动的原则行事。

5. 志愿服务

本运动是志愿救济运动，绝不期望以任何形式得到好处。

6. 统一

任何一个国家只能有一个红十字会。

7. 普遍

国际红十字运动是世界性的。

第二节 常见意外伤害现场救护

一、溺水

（一）概述

溺水时，大量水、泥沙进入人的口鼻、胃、气管和肺内或因冷水刺激引起喉痉挛，阻塞呼吸道造成窒息或缺氧。发生淡水淹溺时，由于大量水分进入机体血循环，血液被稀释，出现低钠、低氯、低钙血症及溶血；溶血引起高血钾，导致心室纤维性颤动而死亡。发生海水淹溺时，海水中含3.5%氯化钠，含有高渗氯化钠的液体进入肺泡内，因渗透压作用，致使血中水分大量进入肺内，造成严重肺水肿，导致心肺衰竭而死亡。

（二）溺水的症状

溺水后，轻者口唇四肢末端青紫、面肿、四肢发硬、呼吸表浅，重者眼睛突出，皮肤黏膜苍白和发绀，口、鼻腔充满泡沫或淤泥、杂草，腹部常隆起伴胃扩张，四肢厥冷，昏迷，呼吸和心跳微弱或停止。恢复期则可能出现肺炎、肺脓肿。溺水整个过程十分迅速，常常在4～6分钟内死亡。

（三）现场急救

1. 自救

（1）不会游泳者落水后不要心慌意乱，一定要保持头脑清醒。采取头向后仰，口向上方，将口鼻露出水面，此时就能进行呼吸。切记：千万不能将手举起或拼命挣扎，否则反而容易使人下沉。

（2）会游泳者一般是因为小腿腓肠肌痉挛而致溺水，应心平气静，及时呼人援救。自己浮上水面，深吸一口气，将身体抱成一团，浸入水中，将痉挛（抽筋）的下肢的踇趾用力向前上方拉，使踇趾翘起来，持续用力，直到剧痛消失，抽筋自然也就停止。一次发作之后，同部位可能再次抽筋，所以对疼痛处要充分按摩，再慢慢向岸边游去。

2. 互救

（1）现场急救者应镇静，尽可能脱去衣裤，尤其要脱去鞋靴，迅速游到溺水者附近。

（2）对神志清醒、筋疲力尽的溺水者，从后面双手托住落水者的头部，两人均采用仰泳(以利于呼吸)，将其带至安全处。对心慌意乱的溺水者，救护者应从背后接近，用一只手从背后抱住溺水者的头颈，另一只手抓住溺水者的手臂游向岸边。

（3）如救护者游泳技术不熟练，则最好携带救生圈、木板或用小船进行救护，或扔下绳索、竹竿等，使溺水者握住再拖至岸上。

（4）救护时要注意防止被溺水者紧抱缠身而双双发生危险。如被抱住，不要互相拖拉，应放手自沉，使溺水者手松开，再进行救护。

3. 岸上救护

（1）发现溺水者后立即拨打“110”或“120”电话求救。

（2）立即清除溺水者口鼻中的淤泥、杂草、呕吐物等，解开纽扣、领口，并打开气道。

（3）溺水者上岸后，迅速将患者放在救护者屈膝的大腿上，头部向下，随即按压背部，迫使吸入呼吸道和胃内的水流出。

（4）呼吸停止者应立即进行人工呼吸。心跳停止者应进行胸外心脏按压。不要轻易放弃抢救，直到专业医务人员到达现场。

（5）经现场急救溺水者心跳呼吸恢复后，可脱去湿冷的衣物以干爽的棉被裹身保暖。

（6）溺水者被救上岸后，切忌只顾送往医院，不做任何现场急救措施而丧失有效抢救的时间。

（四）注意事项

大学生如到江河湖泊游泳应尽量结伴而行，不会游泳者不单独下水也不去水深的地方。游泳前要做暖身运动，不要在吃完饭后马上游泳。在体力不佳时，不要下水游泳；疲乏、四肢抽筋时应立即上岸；游泳时自己遇险应镇静，尽早举手呼救或漂浮等待救援。如见有人溺水，须大声呼救；不熟悉救生技术者不要赴救。

二、触电

（一）概述

电对人体的伤害可概括为电流本身及电能转换为热和光效应所造成的伤害。触电包括交流电和雷电击伤，其损伤包括外损伤和内损伤。触电可造成体表入口和出口伤，均由电能通过身体产生的热能所致。由于触电对人致命的伤害是引起心室纤维颤动、心搏骤停，因而心脏除颤、心肺复苏是否及时有效是抢救成功与否的关键。

（二）判断要点

1. 电流伤（触电）

轻者，有惊吓、发麻、心悸、头晕、乏力等症状，一般可自行恢复。重者，出现强直性肌肉收缩、昏迷、休克；电流通过心脏，可引起严重的心律失常和心室纤维颤动，持续数分钟后造成心搏骤停并发呼吸中枢的抑制、麻痹，导致呼吸衰竭、呼吸停止。

2. 电烧伤

电流通过人体引起的局部损伤称电烧伤。临床表现有入口与出口伤，常见椭圆形，一般限于导电体接触的部位。轻者仅为局部皮肤的损伤，严重者伤害面积大，破坏较深，可达肌肉、骨骼或内脏，以入口处更为严重。外观局部黄褐或焦黄，严重者组织完全炭化、凝固，边缘整齐、干燥，早期疼痛较轻。电烧伤的周围皮肤常因电火花或衣服着火而被烧伤，一般也多为深度烧伤。

（三）现场急救

发生了触电事故，首先不要惊慌，应该采取以下基础急救措施。

1. 迅速切断总电源

（1）立即拉下闸门或关闭电源开关，拔掉插头，使触电者很快脱离电源。

（2）急救者用竹竿、扁担、木棍、塑料制品、橡胶制品、皮制品等绝缘体挑开接触病人的电源（如电线），使病人迅速脱离电源。

2. 保护自身安全

如患者仍在漏电的机器上，赶快用干燥的绝缘棉衣、棉被将病人推、拉开。在浴室或潮湿地方，救护人员要穿绝缘胶鞋，戴胶皮手套站在干燥木板上以保护自身安全。在切断电源以前，抢救者切忌用手直接去拉触电者，因人体是导体，较易使抢救者自己也触电。

3. 心肺复苏

呼吸心跳停止者，持续在现场进行心肺复苏救护，不要轻易放弃，直到专业医务人员到达现场。

4. 紧急呼救

大声紧急呼救，并拨打“120”电话求救。保护触电者的创伤面，及时转送到医院。

（四）注意事项

电器最好接有地线，自己不懂不要拆卸安装电器，若发现电源开关、电器等有问题，应请专业人员修理。禁止在潮湿的地板上修理电器。必须先断开电源，再移动电器。手潮湿时不要动用电器设备，也不要碰开关插头，以防触电。不要用湿抹布擦电线、开关和插销，也不要用水冲洗电线及各种用电器。不在电线上搭晒衣物，远离大风刮断的高压线。雷雨时，不要在大树下或高层建筑物旁避雨；不要打手机；不要撑金属柄的伞；不要站立在窗前，以免招雷击。

三、中暑

（一）概述

正常人体温维持在37℃左右。当高温、高湿度且通风不良时，由于热辐射的长时间作用，使过高的环境温度在人体内积聚大量余热，导致机体体温调节出现障碍，水、电解质代谢紊乱，出现神经系统和心血管功能损害的症状和体温升高的现象称为中暑。中暑是热平衡功能紊乱而导致的一种急症。

（二）临床表现

根据中暑后临床表现的轻重，中暑可分为先兆中暑、轻症中暑和重症中暑。

1. 先兆中暑

处高温环境一段时间后，出现大量出汗、口渴、头晕、耳鸣、胸闷、心悸、恶心、全身乏力、四肢乏力、注意力不集中等症状，体温可正常或略有升高。如能及时脱离高温环境，经休息后短时间内症状即可消失。

2. 轻症中暑

除出现先兆中暑症状外，出现面色潮红、皮肤灼热等症状，有呼吸、循环衰竭的早期症状，体温达到38℃以上。轻症中暑在4～5小时后可以恢复。

3. 重症中暑

重症中暑包括热痉挛、热衰竭和热射病三种类型。

（1）热痉挛多见于健康青壮年，表现为在高温环境下进行训练、运动或操作时，出现短暂性、间歇发作的肌肉抽动，一般持续时间约3分钟。患者常无明显的体温升高，可能与大量出汗的情况下，只补充水分、不补充盐分，体内大量缺钠或者过度通气有关。

（2）热衰竭多见于老年人、儿童和慢性疾病患者。患者出现以血容量不足为特征的一组临床综合征，表现为多汗、疲劳、乏力、眩晕、头痛、判断力下降、恶心和呕吐等。此时，患者体温升高，无明显神经系统损伤表现。如不能及时诊治可发展为热射病。

（3）热射病分为劳力型热射病和非劳力型热射病两类。

劳力型热射病多见于健康年轻人（如参加体育运动者、训练的官兵），表现为长时间暴露于高温、高湿、无风的环境中，进行高强度训练或重体力劳动一段时间后，出现发热、头痛或忽然晕倒、神志不清等。继而体温迅速升高，达40℃以上，出现谵妄、嗜睡和昏迷。患者可伴有横纹肌溶解、急性肾衰竭、急性肝损害、弥散性血管内凝血等多脏器功能衰竭等表现，病情恶化快，病死率极高。

非劳力型热射病常发生于年老、体弱（小孩）和慢性病人群，一般发病较慢。刚开始症状不容易发现，1～2天后症状加重，出现神志模糊、谵妄、昏迷等。患者体温可达40～42℃，直肠温度最高可达46℃，可有心力衰竭、肾衰竭等表现。

（三）现场急救

1. 先兆中暑与轻症中暑

（1）立即将患者移至阴凉通风处，最好移至空调室内，解开衣扣，让病人平卧，可用冷水毛巾敷其头部，用纱布包裹冰块敷在大动脉处，以增加辐射散热。有条件的情况下，冷水浴、酒精浴也是降温的较好选择。

（2）同时给予中暑者清凉含盐饮料，可选服仁丹、十滴水、藿香正气水等药物，并用风油精擦中暑者太阳、合谷等穴位，必要时可用5%葡萄糖静脉滴注。一般经30分钟到数小时治疗可恢复。

2. 重症中暑

对病情危重或经适当处理无好转者，应在继续抢救的同时立即送医院。

（四）注意事项

（1）适当进行热适应锻炼。

（2）天气炎热可补充含盐清凉饮料。

（3）不要在空气不流通、高温湿热的环境里学习、工作，夏季不要长期处在阳光直射下，可戴墨镜、太阳帽等各种必要措施预防中暑。

四、毒蛇咬伤

（一）概述

我国现有毒蛇40余种，常见的有10余种。毒蛇多在夏秋两季出现，伤人事件多发生于每年的4—10月。蛇毒由毒蛇的毒腺分泌，呈半透明黏稠状液体，微酸性。蛇毒可分为神经毒、血循毒、混合毒三大类。毒蛇一般在上颌处有一对特大毒牙，无毒蛇则为一排或两排细牙，从死蛇或牙痕可明确诊断，但某些情况下伤口可能模糊不清（图5–1）。

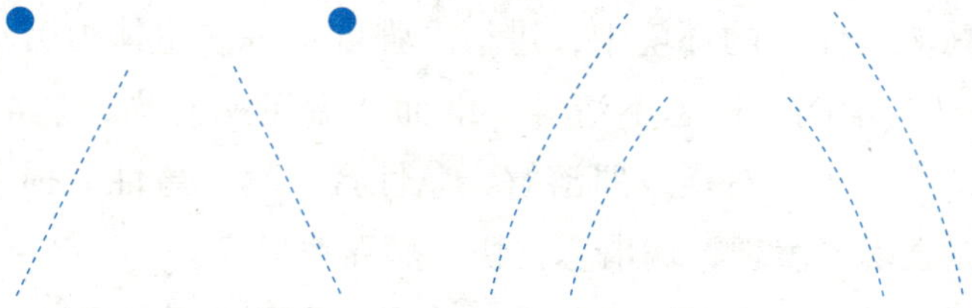

图 5–1　蛇牙痕

（二）临床表现

被毒蛇咬伤后，一般局部有牙痕、出血、疼痛、肿胀、淋巴结肿大。

被神经毒类毒蛇咬伤后，主要影响神经、肌肉的功能，表现为局部红肿不明显，流血少，疼痛轻，不久出现麻木、头昏、眩晕、嗜睡、恶心、呕吐、乏力、步态不稳、眼睑下垂。严重者视物模糊、呼吸困难、发绀、昏迷，最后因呼吸麻痹而死亡。

被血循毒类毒蛇咬伤后，表现为伤口剧痛、四肢酸痛、皮下出血、鼻出血、血尿、吐血、休克、心力衰竭、惊厥、高热，严重者可并发破伤风而死亡。

被混合毒类毒蛇咬伤后，可出现以上两类症状。

（三）现场急救

1. 防止毒液扩散和吸收

（1）被毒蛇咬伤后，不要惊慌失措、奔跑走动，避免毒液快速向全身扩散。伤者应立即坐下或卧下，自行或呼唤别人来帮助。

（2）迅速用鞋带、裤带之类的绳子绑扎在伤口的近心端。绑扎的目的仅在于阻断毒液经静脉和淋巴回流入心，而不妨碍动脉血的供应。绑扎的松紧应掌握在能够使被绑扎的下部肢体动脉稍微弱为宜。绑扎后每隔30分钟左右松解一次，每次1～2分钟，以免影响血液循环而造成组织坏死。

2. 迅速排除毒液

（1）立即用凉开水、泉水、肥皂水冲洗伤口及周围皮肤，以洗掉伤口外表毒液。

（2）用手从肢体的近心端向伤口方向反复挤压，促使毒液从切开的伤口排出体外，边挤压边用清水冲洗伤口，时间需持续20～30分钟。

（3）必要时可用嘴吸吮伤口排毒，但须注意吸吮者的口腔、嘴唇无破损，无龋齿，否则有中毒的危险。之后对患处局部降温，减少吸收。伤肢尽量减少移动，用生理盐水及1 ∶ 5000高锰酸钾溶液再次清洗伤口。

（4）排毒完成后，伤口湿敷有利于毒液的排出。

3. 药物治疗

（1）口服蛇药。用于临床的口服蛇药有不少，最常用的是南通蛇药（季德胜蛇药），伤后应立即服用20片，以后每6小时服用10片，同时将药片用温水融化后涂于伤口周围皮肤。其他如上海蛇药，首次服10片，以后每4小时服5片；广东蛇药，首次服14片，以后每3小时服7片。以上用药至全身症状明显好转为止。

（2）抗蛇毒血清。若明确蛇毒种类，选用单价抗蛇毒血清，是解蛇毒的特效方法，其疗效可达90%以上；对蛇毒种类不明确者，可选用多价抗蛇毒血清，仍能取得一定疗效。

（四）注意事项

每年4月至10月，学生集体活动在选择宿营地时，要避开草丛、石缝、树丛、竹林等阴暗潮湿的地方。

五、交通事故

（一）概述

交通事故是指车辆在道路上因过错或者意外造成人身伤亡或者财产损失的事件。

交通事故不仅是由不特定的人员违反交通管理法规造成的，也可以是由于地震、台风、山洪、雷击等不可抗拒的自然灾害造成的。交通伤常因暴力大而伤害严重，发生多脏器损伤、脊柱骨折、脱位、截瘫、颅脑损伤、血气胸、肝脾破裂、开放性骨折等，致残、致死率高，常伴有烧伤和烫伤等复合伤，致伤因素多因碰撞、挤压、碾锉等原因造成。

（二）对交通伤严重程度的判断

交通事故损伤的主要受伤部位为头部、四肢、盆腔、肝、脾、胸部。其死亡原因多为头部损伤、严重的复合伤和碾压伤。现场急救要先分清主次、轻重、缓急，以先救命、后救伤为原则。

1. 判断生命体征变化

（1）神志不清表明有颅脑损伤或休克，病情危重。

（2）呼吸不规则、呼吸困难、呼吸停止表明有颅脑损伤或高位颈椎损伤，胸部外伤，呼吸道梗阻。

（3）脉搏弱或摸不到，表明出血多，损伤严重，处于休克状态。

（4）瞳孔不等大或扩大，表明有严重的颅脑损伤。

2. 对重要脏器的判断

（1）颅脑损伤：头部出血或血肿，意识不清，瞳孔改变。

（2）胸部损伤：胸部有伤口或擦伤，胸廓变形，呼吸困难。

（3）腹部损伤：腹部压痛，肝区、脾区叩击痛，休克。

（4）脊柱骨折：脊柱畸形、四肢瘫痪（颈椎骨折）或双下肢瘫痪（胸腹椎骨折）。

（5）四肢骨折：肢体肿胀，畸形，活动受限。

（三）现场急救

交通事故常造成群死群伤，故需政府、公安、急救、医疗部门多系统联合急救。现场应急的顺序为：紧急呼救→保护现场→现场急救→转运伤员。拨打救护电话“120”“110”“119”；呼救的同时，首先查看伤员的伤情，要做到正确判断伤员的伤情和受伤部位，注意运用正确的搬运伤员的方法，保护脊柱和骨折肢体；先进行心肺复苏抢救，后处理受伤部位；意识清醒的伤员可询问其伤在何处，做到迅速止血，包扎伤口，固定骨折；尽可能快地转送伤者到医院。

（四）注意事项

（1）掌握道路交通事故预防要点。

（2）学生应当在道路交通中自觉遵守交通管理法规，增强自我保护和文明交通意识，预防交通事故的发生。

（3）做到行人要走人行道，红灯停，绿灯行，走人行过街天桥或地道。

（4）不要三五成群并肩而行，不要在道路上玩耍，不要图方便走捷径，或在车后乱穿马路。

（5）不要酒后驾车。

六、气道异物梗阻

人的气管和食管位于颈前部，上端都与咽喉连接，通常由于有会厌等保护，吞咽时食物不会被误吸入气管。但如果人在进食时大笑、哭闹或讲话，因常伴有短时间吸气，食物就很容易呛入气管。昏迷或醉酒的人亦可将义齿误吸入气管。此外，处于昏迷、麻醉状态下的患者也可能将呕吐物呛入气管。食物或其他异物呛入气管后，病人可突然出现刺激性呛咳、气喘、胸闷，甚至面色青紫。

（1）自救法。如果患者意识清醒，可以采取自救方法，即自己一手紧握拳头，拇指藏在拳内，将拳眼面紧按在肚脐上，然后用另一手握住拳头，快速而猛烈地挤压，压后随即放松。也可将自己的肚脐对着椅背或台边，然后猛然向上一压，压后随即放松。

（2）站位急救法。若患者无法自救，救护者可以从背后抱起患者，用右手握拳压在患者的上腹部，左手按在右拳上用力向上向后猛烈挤压病人的上腹部，挤压速度要快，压后随即放松；连续几次，以促使异物排出。一些小异物，如米粒，呛入气管后经过咳嗽多能排出，患者咳嗽时头部适当低一些，另一人帮助拍击其背部以促使异物受震动后随气流排出。如果异物较大，不易咳出，出现面色发青时，应火速送往医院救治。

（3）卧位急救法。病人仰卧，救护者两腿分开跪在病人大腿外侧的地面上，双手掌叠放在病人肚脐稍上方，向下、向前快速挤压，压后即放松，连续几次即可排出异物。

（4）儿童急救法。救护者取坐位，让小儿背靠救护者，坐在救护者的腿上，然后救护者用两手食指和中指用力向后上方挤压患儿的上腹部，压后随即放松。也可让小儿仰卧平放，救护者以食指和中指用相同的方法挤压。

拓展阅读

大学生实习安全防范原则

（1）增强安全意识。时刻树立“安全第一”的意识，在实习过程中保持警惕，及时发现危险。

（2）提高安全知识水平。认真参加学校与实习单位的安全教育活动，主动通过各种途径学习安全知识，如各种危险识别方法、安全防范技巧、实习单位可能会接触的危险等。

（3）远离危险区域。严禁私自进入实习单位有明确安全标志或要求的区域；需要进入时应在专业人员带领下并遵守安全要求。

（4）严格遵守实习单位安全规章制度及岗位安全要求。一般正规的单位都有明确的安全规章制度，事故的发生往往与违反这些规章制度有关。

（5）正确使用个人防护用具。在暴露于危险因素时，一定要按照要求正确佩戴和使用安全防护用具，如防护服、耳罩、护目镜、安全帽、手套、口罩等。

（6）使用仪器设备要遵守操作规程。严格按照仪器设备使用说明或单位要求进行操作，对可能导致危险的设备尽量不要单独操作。

（7）发现安全隐患及时报告。发现操作设备安全隐患，或工作场所环境布局等方面有安全风险、意外事故征兆时，及时向指导老师或主管报告。

（8）勇敢拒绝危险作业要求。如有实习单位将实习生当作免费劳动力，派实习生进行危险工作，要勇敢拒绝不合理的要求。

第三节　突发灾害事件救护

突发事件是指发生突然，可能造成严重社会危害，需要采取应急处置措施的紧急事件。《中华人民共和国突发事件应对法》将突发事件界定为：突然发生，造成或者可能造成严重社会危害，需要采取应急措施予以应对的自然灾害、事故灾难、公共卫生事件和社会安全事件。对大学生来说，突发事件不但会给他们的身体带来伤害，也可以对他们的心理、家庭等造成不良影响，对他们的世界观、人生观和价值观的形成都会产生极大影响，对成长不利。

一、地震

地震是地壳快速释放能量过程中造成震动，同时会产生地震波的一种自然现象。地震常常造成严重人员伤亡，能引起火灾、水灾、有毒气体泄漏、细菌及放射性物质扩散，还可能造成海啸、滑坡、崩塌、地裂缝等次生灾害。地震现场的及时抢救，不仅包括严重的压、砸、土埋窒息的救护，同时更有着烧伤、中毒、触电、挤压综合征，以及各种宿疾急性发作的救护。现场处理正确得当，能明显减轻地震对生命健康的危害以及后遗症的发生。

（一）地震救护原则

在保证救护者安全的前提下，现场采取先抢后救的原则，即开展对震区现场人员的搜寻、脱险、救护医疗一体化的大救援观念。

（1）先挖后救，挖救结合。震后的自救与互救是灾区群众性的救助行动，它的成效在于能赢得抢救伤员的有利时机。在大体查明人员被埋情况后，应立即组织骨干力量，建立抢救小组，就近分片展开，先挖后救，挖救结合，按抢挖、急救、运送进行合理分工，提高抢救工作效率。

（2）对被救出的垂危伤员进行急救，先救命，后治伤。特别要注意清除口鼻中的泥土，保持呼吸道通畅。

（3）对开放性创伤面给予包扎，骨折应予固定。

（4）脊柱骨折在地震中十分常见，在现场又难以确诊，因此，要严加注意，运送伤员要用硬质担架并将伤员固定在担架上。

（5）检伤分类。在群众性自救互救基础上，对需要进行医疗救护的伤员，必须初步分类，分清轻重缓急。对严重威胁生命的重伤员，如窒息、骨折、大出血、昏迷等，先行抢救。在交通运输条件许可的情况下，必须实施分级医疗救护，以减轻灾区救护压力。

（二）地震现场救护方法

（1）保持呼吸道通畅，快速清除压在伤者头面部、胸腹部的沙土和口中异物。

（2）对埋在瓦砾中的幸存者，先建立通风孔道，以防缺氧窒息、土埋窒息，挖出后应立即清除口、鼻腔异物，检查伤员，判断意识、呼吸、循环体征。

（3）从缝隙中缓慢将伤者救出时，保持脊柱水平轴线及稳定性。

（4）救出伤员后，及时检查伤情，颅脑外伤、神志不清、面色苍白、大出血等危重症患者应优先救护。对于外伤、出血者给予包扎、止血；对于骨折固定、脊柱骨折者要采取正确的搬运方法。

（5）因恐惧心理，原有心脏病、高血压可加重、复发引起猝死，对此类伤员要特别关注。

（6）地震后，余震还会不断发生，所处的环境还可能进一步恶化，要尽量改善自己所处的环境，保存体力，敲击求救，设法脱险包扎伤口。

1）设法避开身体上方不结实的倒塌物、悬挂物或其他危险物。

2）搬开身边可搬动的碎砖瓦等杂物，扩大活动空间。

3）设法用砖石、木棍等支撑残垣断壁，以防余震时再被埋压。

4）不要随便动用室内设施，包括电源、水源等，也不要使用明火。

5）不要乱叫，保持体力和节约氧气，用敲击声求救。

6）闻到煤气及有毒异味或灰尘太大时，要用湿衣物捂住口、鼻。

7）保护并节约使用饮用水和食物。

（7）危重伤员的现场救护。

1）呼吸心跳停止者，在现场立即进行心肺复苏。

2）休克伤员取平卧位，对伴有胸腹外伤者，要迅速护送转运至医疗单位。

3）对严重、开放性、污染的伤面，要除去泥土秽物，用无菌敷料或其他干净物覆盖。

4）人体如在地震时被挤压，因四肢肌肉丰满部位长时间受压，致使肌肉组织缺血性坏死、肢体肿胀及急性肾功能衰竭，伤者被救出后，表现少尿或无尿。对此类伤者的伤肢稍加固定限制活动，肢体严禁用加压包扎和止血带，口渴者给予碱性饮料，尽快就医。

（三）在各种场所避震

就近选择牢固地点躲避，逃离危险场所，避开易发生次生灾害的地方，切断危险源，避免人为事故。

1. 在公共场所避震

（1）听从现场工作人员的指挥，就近在牢固物处蹲伏。

（2）不要慌乱，不要拥向出口。

（3）要避免拥挤，避开人流，避免被挤到墙壁附近或栅栏处。

2. 在家庭避震

（1）迅速躲在坚固家具附近或内墙墙根、墙角、炕檐下等处。

（2）如果离厨房、厕所、储藏室等开间小的地方很近可以迅速躲到里面。

（3）不要跳楼，不要站在窗边及靠阳台墙边，不要到阳台上去。

3. 在学校避震

（1）正在上课时，要在教师指挥下迅速抱头，闭眼，躲在各自的课桌旁。

（2）在操场或室外时，可原地不动蹲下，双手保护头部，注意避开高大建筑物或危险物。

（3）避开和切断危险物，逃离时不要拥挤，不要跳窗、跳楼和在楼梯间停留。

4. 在户外避震

（1）就地选择开阔地避震，蹲下或趴下，以免摔倒；不要乱跑，避开人多的地方；不要随便返回室内。

（2）避开高大建筑物，如楼房，特别要避开有玻璃幕墙的建筑，避开过街桥、立交桥、高烟囱、水塔等。

（3）避开危险物，如变压器、电线杆、路灯、广告牌、吊车等。

（4）避开其他危险场所，如狭窄的街道、危旧房屋、危墙、雨棚下、砖瓦木料等物的堆放处及广告牌、吊车。避开公路、铁路。

5. 在影剧院、体育馆等处避震

（1）就地蹲下或趴在排椅旁。

（2）注意避开吊灯、电扇等悬挂物。

（3）用书包等保护头部。

（4）等地震过去后，听从工作人员指挥，有组织地撤离。

6. 在商场、书店、展览馆、地铁等处避震

（1）选择结实的柜台、商品（如低矮家具等）或柱子边，以及内墙角等处就地蹲下。

（2）用手或其他东西护头。

（3）避开玻璃门窗、玻璃厨房或柜台，避开高大不稳或摆放易碎品的货架，避开广告牌、吊灯等悬挂物。

7. 在行驶的电车、汽车内避震

（1）抓牢扶手，以免摔倒或碰伤。

（2）降低重心，躲在座位附近。

（3）地震过去后再下车，远离车辆。

二、火灾

火灾是指在时间和空间上失去控制的燃烧所造成的灾害。在各种灾害中，火灾是威胁公众安全和社会发展的主要灾害之一。为避免在火灾中受害，掌握群众性自救互救常识就显得尤为重要。火灾事故的现场救护，应该组织现场人员搞好自救互救，使受伤者能够尽快脱离事故现场，进而处在一个安全环境之中，这对挽救生命、避免伤情加重有着极其重要的作用，且能为后续救护人员实施快速救治奠定基础。增强群众

自救互救能力，掌握火灾事故现场的救护原则，与减少火灾事故现场人员的伤亡有着密切的关系。

（一）火灾的救护原则

火灾现场救护应立足于现场自救互救，要求受惊人员务必做到“头脑冷静，了解信息，认清危险，理性决定，果断行动，争分夺秒”。具体说来，应把握好以下环节。

1. 报警

不论何时何地，一旦发现火灾，立即拨打“119”电话报警。

2. 火灾的扑救

火灾初起阶段火势较弱，范围较小，若能及时采取有效办法，就能迅速将火扑灭。对于远离消防队的地区首先应强调群众自救，力争将火灾消灭在萌芽状态。通常使用冷却（水）灭火，以及窒息、扑打灭火等方法。使用灭火器、就地取水灭火，自来水和盆缸存水浇火，使其迅速冷却，从而达到灭火的效果。

3. 撤离

发生火灾时若被大火围困，应想方设法撤离，撤离方法如下。

（1）选择好逃生路线，要走最近的安全通道，迅速逃离火灾现场。

（2）千万不能贪恋财物，以免耽误了最佳逃生时机。

（3）正确选择所有的出口，入口和太平门都是疏散逃生的主要道路，烟雾过大时要用湿毛巾和湿衣服阻塞门缝，防止烟雾进入室内。

（4）楼下着火，楼上的人应关闭通向走廊和阳台的门窗，在室内或阳台上等待，切忌跳楼和往楼下的火场里跑。

（5）当生命受到威胁又无路可逃时，可选择从阳台、窗户处逃生，遇低楼层火灾时可利用安全绳、床单、被套撕成条状连成绳索，一端拴在门窗栏杆或暖气设施上，拴扎要牢固，沿绳索向楼下滑。若楼层不甚高，被迫跳楼时，先扔下棉被、海绵床垫等物，以便缓冲，然后爬出窗外，手扶窗台向下滑，以缩小落下高度。

（6）火灾初起时烟雾大，热的烟雾向上升，应注意自身防护，可沿着墙壁趴在地面匍匐前进，上下楼梯也应采用爬行姿势，这样可减少烟气的袭击。千万不要乘坐普通电梯。

（7）用湿毛巾、湿口罩、湿内衣捂住口鼻，看清火源位置后再设法迅速撤离。

（8）开门前应先摸门把，判断是否热，以防开门时火苗蹿入室内。

（9）室内人员被困时应通过窗户或在阳台上呼救，不得在室内久留，不能过于胆小，也不能蛮干。

（10）受困人员要选择在上风处，用粗绳帮助自己或他人从不通风处撤离。

（11）衣服着火时，伤员不宜奔跑呼叫，以免风助火势，造成吸入性损伤，可采取双臂抱胸、卧倒打滚的方法扑灭，也可用湿毯子包裹打滚，切忌用手拍打，防止手部烧伤致残。

（12）脱离火灾现场或通过过火处时，可将衣服打湿或用湿毯子、湿棉被包裹冲出。

（13）房间火盛，门被烈火封住，无法通行时，可利用阳台或下水管道向下滑落，同时应搞好自身安全保护。

（14）若居住在高楼层，当发生火灾时，应大声呼救或发出明显信号，等待救援。若下层火势大，可向上层逃生。

（15）夜间发生火灾时，应先叫醒熟睡的人，尽量大声喊叫，以提醒其他人逃生。

（16）疏散人员应从最危险处开始，高楼层火灾发生后借助器材逃生和救人可采用缓降器、救生袋、救生网、救生软梯、救护气垫、云梯车等，由消防人员直接参与救护。

（17）救护人员要加强自我保护，进而保护他人。

（18）灭火救护人员到达现场后，应迅速关掉通风设备和空调，防止可燃、毒性气体或蒸汽扩散。

（19）对火灾现场要加强人员搜寻工作，便于早发现、早抢救、早转送。

（二）火灾的现场救护

在发现火情时，应保持头脑清醒，火灾现场的处理一般要遵循“一灭、二查、三防、四包、五送”的救护原则来进行。

（1）“一灭”是采取各种有效方法迅速灭火，脱去或剪去已着火的衣服，特别注意着火的棉衣、毛衣，有时明火虽熄，但暗火仍燃。应迅速从火场移出伤员，使其立即离开烟雾环境，置于安静通风凉爽处，解开衣领、裤带，适当保温。

（2）“二查”就是查看人员是否受伤，迅速抢救生命，保持呼吸道通畅，对呼吸停止者实行人工呼吸，判断有无吸入烧伤，有时候诸如内脏损伤、一氧化碳中毒等很容易被忽略。

（3）“三防”就是防休克、防窒息，严重口渴者可口服少量淡盐水或淡盐茶。条件许可时，可服用烧伤饮料。不可饮水过多，以免发生胃扩张或脑水肿；有呼吸道烧伤者，应注意口、鼻的卫生，及时清理呼吸道分泌物，保持呼吸道畅通。

（4）“四包”就是创面要用清洁的被单或衣服简单包扎，将烧伤处包裹起来，防止再受感染。在现场，可用冷清水冲洗或浸泡伤处，降低表面温度，一度烧烫伤可涂上外用烫伤膏药。对二度烧烫伤，创面不能处理的，尽量不弄破水疱，保护表皮。严重烧伤者不要在创面上涂任何药粉、药水、油脂或膏药，以免给入院后的诊治造成困难，应用干净清洁的敷料或方便取得的器材（如方巾、床单等）覆盖伤部，以保护创面，防止污染或再损伤。

（5）“五送”就是紧急呼救，启动应急医疗系统（EMS），迅速将病人送离现场。首先要将重伤员送到有条件的医院，搬运动作要轻柔，行进要平稳。

（6）气体中毒的救治。在抢救火灾伤员时，除了“烧伤”，还应重视“气体中毒”，因为发生火灾时，必然产生一些有毒气体和一氧化碳，从而使人中毒。对于有害气体中毒人员，应立即将患者抬到空气新鲜的巷道或地面，根据中毒情况采取急救措施。对于高浓度的硫化氢、一氧化碳污染区和严重的缺氧环境，必须立即通风。救护人员要佩戴供氧式防毒面具，对其他毒物也应采取有效的防护措施。

三、踩踏

踩踏一般是指在某一事件中，因聚集在某处的人群过度拥挤，致使一部分甚至多数人因行走或站立不稳而跌倒未能及时爬起，被人踩在脚下或压在身下，短时间内无法及时控制、制止的混乱场面。历史上发生的踩踏事件大都会造成严重的人员伤亡，轻者造成交通混乱，重者严重影响社会治安秩序，造成极坏的影响。

因此，在那些空间有限、人群又相对集中的场所，例如球场、商场、狭窄的街道、室内通道或楼梯、影剧院、酒吧、夜总会、宗教朝圣的仪式上、彩票销售点、超载的车辆、航行中的轮船等都隐藏着潜在的危险，当身处这样的环境中时，一定要提高安全防范意识。

1. 如何在险境中进行自我保护

（1）举止文明，人多的时候不拥挤，不起哄，不制造紧张或恐慌气氛。

（2）尽量避免到拥挤的人群中，不得已时，尽量走在人流的边缘。

（3）发觉拥挤的人群向自己行走的方向来时，应立即避到一旁，不要慌乱，不要奔跑，避免摔倒。

（4）顺着人流走，切不可逆着人流前进，否则，很容易被人流推倒。

（5）假如陷入拥挤的人流时，一定要先站稳，身体不要倾斜失去重心，即使鞋子被踩掉，也不要弯腰捡鞋子或系鞋带。有可能的话，可先尽快抓住坚固可靠的东西慢慢走动或停住，待人群过去后再迅速离开现场。

（6）自己不幸被人群拥倒后，要设法靠近墙角，身体蜷成球状，双手在颈后紧扣以保护身体最脆弱的部位。

（7）在人群中走动，遇到台阶或楼梯时，尽量抓住扶手，防止摔倒。

（8）在拥挤的人群中，要时刻保持警惕，当发现有人情绪不对，或人群开始骚动时，就要做好准备保护自己和他人。

（9）在人群骚动时，脚下要注意些，千万不能被绊倒，避免自己成为拥挤踩踏事件的诱发因素。

（10）当发现自己前面有人突然摔倒了，马上要停下脚步，同时大声呼救，告知后面的人不要向前靠近。

面对混乱的场面，良好的心理素质是顺利逃生的重要因素，争取做到遇事不慌，否则大家都争先恐后往外逃的话，可能会加剧危险，甚至出现谁都逃不出来的惨剧。

2. 事故已经发生该怎么办

（1）拥挤踩踏事故发生后，一方面赶快报警，等待救援，另一方面，在医务人员到达现场前，要抓紧时间用科学的方法开展自救和互救。

（2）在救治中，要遵循先救重伤者、老人、儿童及妇女的原则。判断伤势的依据有：神志不清、呼之不应者伤势较重；脉搏急促而乏力者伤势较重；血压下降、瞳孔放大者伤势较重；有明显外伤，血流不止者伤势较重。

（3）当发现伤者呼吸、心跳停止时，要赶快做人工呼吸，辅之以胸外按压。

拓展阅读

大学生如何提高应对突发事件的能力

突发事件发生后，它对人体产生的危害和消极影响是不可避免的，但是我们可以采取积极措施将这种影响降到最低程度，甚至可以将部分消极影响转化为积极的影响。因此，高校应注意加强对大学生应对突发事件能力的培养，而学生本人也要积极参与，加强安全防范，提高个人的心理承受能力和应对处置能力。

1. 积极参加应对突发事件的相关训练

学校应积极开展应对突发事件的训练，而大学生则应通过培训学会在事件发生时如何分析自己的处境，调节和控制自己的情绪和心理状态，积极寻求解决问题的办法，从而获得应对经验，掌握应对策略，进而提高应对突发事件的认知和行为能力。

2. 积极参与提升应对突发事件能力的心理健康教育

针对突发事件发生后给大学生带来的负面心理影响，学校可以有针对性地对大学生开展旨在提高大学生应对突发事件能力的心理健康教育和心理辅导讲座，引导学生学会如何在突发事件中消除恐惧和焦虑情绪，增强自我情绪的控制能力。作为大学生，应该主动参与，通过开展心理训练、角色扮演、心理游戏辅导等活动，逐渐培养应对突发事件的敏锐观察力、果断处置能力、良好的自控力和顽强的意志。

3.建立合理的认知结构，树立积极的人生态度

对突发事件正确的认知会导致产生适当的行为和情绪反应，而错误的认知往往是导致产生不良情绪和行为反应的直接原因。因此，大学生要在参与提高应对突发事件的能力培训的同时，树立积极的人生态度，建立符合客观实际的理性信念，从而在面对突发事件时，才能表现出乐观的态度、坚强的意志和较强的承受挫折的能力。

4.建立和谐的人际关系，扩展社会支持系统

要注意建立和谐的人际关系，加强与老师、同学、朋友、家庭的交流与沟通，拓展自己良好的社会支持系统。作为学校，在发生突发事件时，要让学生在第一时间全面地了解真实信息，同时鼓励学生表达自己的关注、担忧、要求和建议等，通过交流沟通，加强相互理解、相互信赖和相互支持，共同应对危机。

5.加强思想修养，树立正确的人生观和价值观

大学生要以突发事件前因后果为契机，认真思考什么是正确的世界观、人生观和价值观，认真培养自己从不同角度看问题的能力，消除突发事件给思想带来的混乱，感受社会责任感和牺牲精神的伟大，明白团结合作的价值，培养自己在突发事件中的团队合作精神、互助互救意识及社会责任感。

第四节　无偿献血

无偿献血是指为了拯救他人生命，自愿将自己的血液无私奉献给社会公益事业，献血者不向采血单位或献血者单位领取任何报酬的行为。无偿献血是我国血液事业发展的总方向。《中华人民共和国献血法》于1998年10月1日起施行，规定了我国实行无偿献血制度，提倡18～55周岁的健康公民自愿献血，同时鼓励国家工作人员、现役军人和高等学校在校学生率先献血，为树立社会新风尚作表率。

一、献血与健康

目前血液还不能用人工制造或其他的物质来代替，只有依靠广大健康的适龄公民献血来获取，所以无偿献血就意味着帮助了需要血液的病人。外伤性出血、产后出血、严重烧伤、各种血液病人以及实行外科手术的伤员，需要靠输血来补充血液，完成

救治。

符合献血条件的公民，一次献血200～400毫升不会影响健康。

（1）从血量来看，成年人全身总血量约占体重的8%，也就是说体重为50千克的成年人，全身总血量约为4000毫升，一次献血200～400毫升，只占全身总血量的5%～10%。

（2）从血液循环来看，成年人体内的血液并不完全在血管里流动，其中20%～25%贮存在“贮血库”内，也就是肝、脾等器官内，只有在应急的情况下“贮血库”里的血才会被调动出来参加血液循环，从而保持血液生理平衡。

（3）从血液的新陈代谢来看，血液和其他有生命的东西一样，经历着新生、成熟、衰老、死亡的生理过程。人体血液中红细胞的存活时间约为120天，白细胞的存活时间约为13天，血小板的存活时间为8～9天。在正常情况下，每人每天有40毫升血液中的红细胞衰老死亡，同时有相应数量的红细胞新生。几乎在献血的同时，血液的恢复就开始了。首先，身体“贮血库”中的血液会立即被释放来参与血液循环。其次，血液中的水分和钠盐在献血后1～2小时内恢复，血浆蛋白在1～2天内恢复，红细胞恢复稍慢，需要10天左右的时间达到献血前的数量。总之，献血200～400毫升，只需10天左右各种血液成分就能恢复正常，不但对健康没有什么影响，反而还可刺激身体的造血功能。

二、献血者健康标准

（1）年龄：18～55周岁。

（2）体重：男性≥50千克，女性≥45千克。

（3）血压：收缩压90～140毫米汞柱，舒张压60～90毫米汞柱。

（4）体温正常，心、肺正常，肝、脾正常。

（5）发育正常，无畸形、残疾。

（6）血液检验血红蛋白：男性≥125克/升，女性≥115克/升。

（7）肝功能正常，乙型肝炎表面抗原阴性，丙型肝炎病毒抗体阴性。

（8）梅毒试验、艾滋病病毒检测结果均为阴性。

三、暂缓与不能献血的情况

接受麻疹、腮腺炎、脊髓灰质炎等减毒活疫苗者最后一次免疫接种两周后方可献血；接受风疹活疫苗、人用狂犬病疫苗、乙型脑炎减毒活疫苗等最后一次免疫接种四周后方可献血；被动物咬伤后接受狂犬病疫苗注射者最后一次免疫接种一年后方可献血；接受抗毒素及免疫血清（包括破伤风抗毒素、抗狂犬病血清等）注射者于最后一次注射四周后方可献血；接受乙型肝炎人免疫球蛋白注射者一年后方可献血。

有下列情况者，暂时不能献血：月经前后3天；妊娠期、流产后未满6个月，分娩及哺乳期未满1年者；半个月内拔牙或者做各种手术者；患各种急性感染性疾病，如一周内感冒、肠炎、发热者；服药期间暂不献血。

有以下情况不能作为献血者：有吸毒史者；各种传染病患者及病毒携带者，如肝炎、淋巴结核、肺结核、乙型肝炎病毒携带者、丙型肝炎病毒携带者、艾滋病病毒携带者；患各种过敏性疾病，如反复发作性荨麻疹、支气管哮喘等。

四、献血前后注意事项

1. 献血前

（1）学习献血知识，消除紧张心理。

（2）保证充足睡眠，不宜做剧烈运动，避免过度劳累。

（3）不饮酒，尤其是烈性酒。

（4）食物以低脂清淡为宜。

（5）避免空腹献血，献血前最好喝些糖水或进些饮食，增强人体的耐受力和调节功能，减少低血糖反应。

2. 献血后

（1）起床或站立不要过猛，要紧压针眼处10分钟，以助止血。

（2）献血后24小时内应注意保持针眼处清洁以防感染；若发现针眼附近青紫，24小时后可用毛巾热敷数次，促进皮下淤血吸收消退。

（3）饮食要荤素搭配，不必特意“进补”，适当地吃些瘦肉、鸡蛋、豆制品、新鲜水果和蔬菜，可促使血液成分恢复。

（4）献血后1～3天内不宜参加剧烈运动和通宵娱乐活动或熬夜。

（5）不宜饮用冰冷性食品，不宜洗冷水澡，注意预防感冒。

五、成分献血

成分献血是利用先进的科学仪器帮助采集血液中的某一指定成分，如红细胞、白细胞、血小板、血浆蛋白等，以满足临床病人病情的需要，从而达到节约血资源，提高疗效，降低输血后反应的目的。

临床上某些病人，并不是因为全血的缺乏要输血，只是因为血液中缺乏某种成分。例如，血小板减少的病人，只需要输注血小板就可以了，如输注全血，不仅会造成浪费，有时还很难达到满意的疗效。由于献血者献出的是血小板，富含血小板的血浆总量不超过250毫升，而其余的血液成分均已回输入献血者的体内，并未受到损失，所以不会对身体造成不良影响。

目前，世界上一些发达国家成分献血占全部用血量的95%以上，并以将成分输血开展好与否作为衡量一个国家医疗技术水平高低的重要标志之一。我国也广泛开展成分献血工作，并已取得可喜的成绩。

拓展阅读

骨髓捐献

骨髓移植是当患者的骨髓（造血干细胞）因疾病等原因发生异常时，将他人的正常骨髓（造血干细胞）移植到患者体内，并使其在新的机体内生长繁殖，重建患者的正常造血和免疫相关功能的一种治疗方法。骨髓移植是各种血液肿瘤、再生障碍性贫血、重度地中海贫血以及一些先天性免疫缺乏症或代谢性疾病的根本治疗方法。

近年来，世界上接受骨髓移植的病人逐年增加，而因骨髓移植所带来的病人长期存活率也大大增加，各种血液疾病，如再生障碍性贫血与慢性骨髓性白血病，如有适当的供髓者，进行骨髓移植后可有80%～90%的长期存活率，而对成人急性白血病亦可达到50%左右的治愈率，这些成果远非传统之化学疗法所能比拟的。

20年前，骨髓移植要经过多次穿刺才能取得600毫升骨髓，因此必须给供髓者做局部麻醉，经过多次骨穿才能完成。近年来，随着科学技术的发展，骨髓移植已被造血干细胞移植代替，现在运用造血干细胞“动员”技术，只需采集分离约50～200毫升外周血即可得到足够数量的造血干细胞。采集足够数量的造血干细胞后，血液可回输到捐献者体内，对供髓者基本上不会产生不利影响。造血干细胞具有自我复制功能，捐赠造血干细胞后人体将在短时间内恢复原有的造血干细胞数量。所以，对捐献者来说，不会感到任何不适，也很安全。适合捐献骨髓的年龄为18～45岁，健康要求如同献血，捐献者必须无可经血液传播的传染病，如乙型肝炎、丙型肝炎、艾滋病等。

骨髓捐献的流程如下：

（1）年龄在18～45周岁，身体健康。志愿捐献骨髓者，可先拨打中华骨髓库的热线电话报名。

（2）有关机构安排您在适当的时间验血（5毫升），并将化验后的HLA分型储存在电脑资料库中，供患者寻找配对。

（3）初步配型相同后，骨髓库将通知您作进一步的验血检测。

（4）如配型完全相同，工作人员会向您详细介绍捐献过程，并安排做全身检查。合格者，将进行捐献。

（5）捐献时，您完全处于清醒状态，从您的手臂静脉中采集造血干细胞（总量为50毫升），通过血细胞分离机收集，将其余的血液回输体内。

交流与讨论

1.生活中如果遇到突发意外你愿意伸出援手吗？我们又该怎样正确施救呢？

2.我们该如何防范突发事件？

3.小组讨论无偿献血的意义，并完成一份无偿献血倡议书。

意外、灾难与自救互救　　心肺复苏　　包扎

第七章

安全合理用药

学习目标

1.掌握药物的基本知识

2.学会合理使用常见药物

第一节　药物基本知识

药物是指能影响机体器官生理功能及（或）细胞代谢活动的物质，有适应证、用法和用量的明确规定，用于预防、治疗及诊断疾病等方面。药物包括中药材、中药饮片、中成药、化学原料药及其制剂、抗生素、生物制品、放射药品、血清疫苗、血液制品和诊断药品等。药物可以防病治病，但大多数药品又有不同程度的不良反应，有的药品本身就是从毒物发展而来的，两者只有量的差异。因此，了解药物的作用，掌握临床用药的一般常识、学会合理用药，对于增强大学生的自我保健意识，提高人们的健康水平具有重要意义。

一、药物的来源

药物的来源有两个：一是自然界，二是人工制备（包括仿生药物）。来自自然界的药物为天然药物，包括中药及一部分西药；由人工制备的药物为化学药物，包括大部分西药。天然药物，特别是中药，大多已经过长期的临床使用，其疗效多已肯定，使用安全性较高。相比之下，化学药物的某些品种不良反应较大，而且有些不良反应还需要较长期使用后才能被发现。但人们认为中药比西药的毒副作用要小，相对比较安全，并不正确，中药中也有剧毒药，若服用不当，同样会引起严重后果。

二、处方药与非处方药

《中华人民共和国药品管理法》规定，药物分为两类：处方药和非处方药。处方药指那些考虑到医疗安全只能在医疗监护下使用的药物，必须由执业医师出具书面处方，如抗生素、精神用药、麻醉药品等。非处方药（OTC）指那些不用医疗监护即具相当安全性的药物，可在无处方情况下由药店直接出售，一般公众凭自我判断，按照药品标签及使用说明就可以自行使用。

三、药物不良反应

凡是不符合用药目的并为患者带来不适或痛苦的有害反应统称为药物不良反应。多数不良反应是药物的固有效应，在一般情况下是可以预知的，但不一定是可以避免的。

1. 副作用

副作用是指药物在使用治疗剂量时引起的与治疗目的无关的作用。如用阿托品治疗胃肠道痉挛时，患者同时出现的口干、视物模糊、便秘等反应。

2. 毒性反应

毒性反应是指在剂量过大或药物在体内蓄积过多时发生的危害性反应。毒性反应的性质因药物的不同而各异，但其严重程度是随剂量增加而增加的。致癌、致畸、致突变反应也属于慢性毒性反应范畴。因此，企图增加剂量或延长疗程以达到治疗目的是有限度的，过量用药是十分危险的。

3. 过敏反应

过敏反应是指少数致敏患者对某种药物的特殊反应，致敏原可能是药物本身，或药物在体内的代谢物，也可能是药物制剂中的杂质，它们与体内蛋白质结合而引起过敏。这种反应与药物剂量无关，反应性质因人而异，且难以预测，如青霉素引起的过敏性休克等。

4. 继发反应

继发反应是指继发于药物治疗作用的一种反应，是药物发挥治疗作用的不良后果。如长期应用头孢菌素类广谱抗生素时，可造成肠道菌群失调继发真菌感染。

5. 后遗效应

后遗效应是指停药以后血药浓度已降至有效水平以下时残存的药物效应。如服用巴比妥类催眠药后，次晨出现的乏力、困倦现象。

6. 停药反应

停药反应是指突然停药后使原有的疾病加剧，故又称回跃反应。如长期服用可乐定降血压，停药次日血压将激烈回升。

7. 特异质反应

少数特异质患者对某些药物反应特别敏感，反应性质也可能与常人不同，这种情况叫特异质反应。特异质反应是一类先天遗传异常所致的反应。

8. 依赖性

依赖性是指某种药物反复足量应用后使机体产生一种精神或行为的反应，此时一旦停药就会产生痛苦，从而使患者连续或周期性地要求应用这些药物来避免停药时的不适。

四、常用药物剂型

1. 注射剂

注射剂是指药物与适宜的溶剂或分散介质制成的供注入人体的溶液、乳状液或混悬液，以及供临用前配制或稀释成溶液或混悬液的粉末或浓溶液的无菌制剂。注射剂可分为注射液、注射用无菌粉末与注射用浓溶液。

2. 片剂

片剂是指将药物与适宜的辅料混匀压制而成的片状或异型片状的固体制剂。片剂以口服普通片剂为主，另有含片、舌下片、口腔贴片、咀嚼片、分散片、可溶片、泡腾片、阴道片、阴道泡腾片、缓释片、控释片与肠溶片等。

3. 胶囊剂

胶囊剂是指将药物和辅料充填于空心硬质胶囊或密封于软质胶囊中制成的制剂。胶囊剂分为硬胶囊剂、软胶囊剂、缓释胶囊、控释胶囊和肠溶胶囊。一般供口服用，也可供其他部位如直肠、阴道植入等使用。

4. 颗粒剂

颗粒剂是指将药物与适宜的辅料制成具有一定粒度的干燥颗粒状制剂。供口服用，颗粒既可吞服，又可混悬或溶解在水中服用。

5. 散剂

散剂是指药物或与适宜的辅料经粉碎、均匀混合制成的干燥粉。散剂分为口服散剂和局部用散剂，可供内服或外用。散剂按用途分为内服散、溶液散、外用散、吹散等。

6. 丸剂

丸剂是指饮片细粉或提取物加适宜的黏合剂或者其他辅料制成球形或类球形制剂。丸剂分为蜜丸、水蜜丸、水丸、糊丸、蜡丸和浓缩丸等。

7. 气雾剂和喷雾剂

气雾剂是指将含药溶液与适宜的抛射剂共同装封于具有特定阀门系统的耐压容器中制成的制剂。气雾剂使用时借抛射剂的压力将内容物呈雾状喷出。气雾剂用于肺部吸入或者直接喷于腔道黏膜、皮肤等，如硫酸沙丁胺醇气雾剂。喷雾剂系指药液填充于具有特制阀的装置中，使用时借助手动泵的压力等将内容物呈雾状释出，如布地奈德鼻喷雾剂。

8. 栓剂

栓剂是指药物与适宜基质制成的有一定形状供人体腔道给药的固体制剂。栓剂分为直肠栓、阴道栓和尿道栓。栓剂在常温下为固体，塞入腔道后，在体温下能迅速软化熔融或溶解于分泌液，逐渐释放药物而产生局部或全身作用，如硝呋太尔制霉菌素阴道栓。

9. 缓释制剂和控释制剂

缓释制剂是指用药后能在较长时间内持续释放药物以达到延长药效目的的制剂。控释制剂是指药物能在设定的时间内自动以设定速度释放，使血药浓度长时间恒定地维持在有效浓度范围内的制剂。

五、给药途径

给药途径有口服、注射、局部用药、直肠用药、舌下用药等。每种给药途径均有其特殊目的、各有利弊。不同的给药途径药物的吸收速度不同，从而影响药物作用的快慢和强弱。

1. 口服

将药物通过口服，经过胃肠黏膜吸收而发挥治疗作用。

2. 注射

按照注射部位和深度的不同，可分为以下几种：

（1）皮下注射。皮下注射是将药液注射在皮下组织，注射部位一般多位于上臂外侧三角肌处，如注射预防接种针一般采用皮下注射。刺激性药物不宜进行皮下注射。

（2）肌内注射。肌内注射是将药液注入肌肉组织，注射部位一般多位于臀大肌或上臂三角肌。由于肌肉组织感觉神经末梢少，故痛觉较轻。肌肉组织的血管丰富，所以吸收较皮下注射快。

（3）静脉注射和静脉滴注。静脉注射和静脉滴注就是将药液直接注入或滴注于静脉血管中。注射部位一般常在上肢静脉。此种方法药液起效最快，而且某些有刺激性药物可用此方法注射，如钙剂。较大容量的药液宜用静脉滴注，就是通常所称的静脉输液。

（4）鞘内注射。鞘内注射又称椎管注射，是将药液注入脊柱的椎管内，阻断神经冲动的传导，多用于手术麻醉。

3. 直肠用药

直肠用药是将药液注入直肠或将栓剂塞入肛门，药物可在局部发生作用，也可通过直肠黏膜吸收而发挥全身作用。如灌肠治疗肠炎、痢疾，是在局部发挥作用；退热栓塞入肛门，起到退烧作用，在全身发挥作用。

4. 舌下用药

舌下用药是将药物置于舌下，使药物经口腔黏膜通过舌下静脉吸收，可以避免肝脏的首过效应（药物被部分降解），血药浓度迅速达到峰值，缓解疾病，但舌下黏膜吸收面积有限，仅限于剂量小、脂溶性高的药物，通常用于急症。如心绞痛时含服硝酸甘油，2～5分钟后就可获得缓解疼痛的效果。

5. 局部用药

局部用药的目的主要是起局部治疗作用，如外用软膏、搽剂、洗剂、贴膏等，但有时虽用于局部，药物可通过吸收作用于全身，如舌下给药等。

拓展阅读

减少不必要的输液

临床用药需遵循的原则是：能不用就不用、能少用就不多用，能口服不肌注、能肌注不输液。现实中不少患者认为打针比服药效果好、见效快，主动向医生要求点滴输液。其实，这是一个认识上的误区。静脉注射给药时，药物直接进入血液循环，不需要经过口服药物的溶解、吸收等过程，是所有给药途径中最快产生药效的一种，但是所带来的风险也比较高，原因是人体有一套自身保护系统，血管就像一道天然屏障，可以将有害物质阻挡在外面。当静脉输液时，这个天然的屏障被打破，就很容易发生问题。另外，在输液的过程中，液体和药品本身就可能产生一些微小的不溶性颗粒，同时在配伍操作过程中也不可避免地产生一些微小颗粒而进入体内，这些微粒不能被代谢或排出体外，可以在体内长期存在，也可以引发静脉炎、血管栓塞、热源性反应等。如果输液用的器械灭菌达不到要求，或药品存在质量问题等，就可能产生更多的不溶颗粒，导致严重的输液反应。同时，药物刺激也可能发生静脉炎、组织水肿等不良情况。因此，患者用药要尊重医生的建议，选择疗效好、安全、副作用小的治疗手段和给药途径，千万不能盲目输液，以免发生不良后果。

第二节　合理用药

随着医药科技的发展，用于防病治病的药物品种在迅速增加，然而浪费药品、延误治疗、药疗事故等不合理用药现象仍较严重。不合理用药严重危及人类的健康与生命安全，因此应该引起高度重视。合理用药是指安全、有效、经济地使用药物。安全在于使患者承受最小的治疗风险，获得最大的治疗效果；有效表现在根除病源治愈疾病、缓解疾病进程、缓解临床症状、预防疾病发生和调节人体生理功能等；经济是指以尽可能低的医疗费用达到尽可能好的治疗效果。

一、合理用药的基本原则

从理论上说，合理用药就是要求充分发挥药物的疗效而避免或减少可能发生的不良反应。其基本原则包括：

（1）明确诊断，针对适应证的同时还要考虑禁忌证。

（2）根据药理学特点选药。

（3）用药个体化。

（4）对因、对症治疗并重。

（5）用药后严密观察病情，及时调整剂量或更换治疗药物。

二、合理使用抗生素

抗生素是细菌、霉菌等微生物在生活、繁殖过程中产生的具有抗菌性能的一类化学物质。常用的抗生素有从微生物培养液中提取的，如从青霉菌中提炼的青霉素；有以微生物提炼的抗生素为基础，对其结构进行改造后得到的半合成抗生素，如头孢唑林、罗红霉素；还有用化学合成方法制成的全合成抗生素，如喹诺酮类的氟哌酸、硝基咪唑类的甲硝唑。抗生素的应用已经使过去对人类危害性较大的微生物感染性疾病得到了一定的控制。随着抗生素的发展，人们对抗生素的了解越来越深入，品种也日益增多，但随之抗生素的滥用现象也越来越严重。

有些人把抗生素作为万能药，只要发烧感冒，不管什么原因，首先盲目服用抗生素。滥用抗生素造成的不良后果有以下几类：

（1）过敏反应。过敏反应是应用抗生素后常见的不良反应。很多抗生素都有这种缺点。

（2）毒性反应。许多抗生素具有毒性反应，如链霉素损伤听神经，引起耳聋眩晕，氯霉素可引起再生障碍性贫血，四环素引起小儿四环素牙等。许多抗生素还对肝、肾功能有损害或有局部性刺激。现在发现的抗生素不下千种，但用于临床的仅有几十种、因为大多数抗生素具有相当的毒性。

（3）引起菌群失调、二重感染。在人体表面及与外界相通的腔道中（如消化道、呼吸道）寄居有多种无害的微生物，它们成为人体的“正常菌群”。正常菌群是机体与微生物、微生物与微生物在进化过程中互相适应而形成的特定的微生物组合。长期应用抗生素，会使人体正常菌群中许多对抗生素比较敏感的细菌受到抑制，而不敏感的细菌则大量繁殖，使细菌之间相互依存、相互制约的关系遭到破坏，原来不致病的细菌因大量繁殖而引起疾病，造成胃肠道、呼吸道、泌尿道等处新的感染。

（4）耐药菌株的产生。随着抗生素的广泛应用，许多病原菌逐渐对抗生素产生了适应性，增加了抵抗力，对原来敏感的药物，敏感性降低甚至不敏感。

合理使用抗生素需要从以下几点做起：

（1）严格掌握适应证，发热原因不明不宜用（除病情严重外），以免贻误诊断和治疗；病毒性疾病或估计为病毒感染的疾病不宜用，因为抗生素对病毒无作用。

（2）应严加控制预防性使用抗生素，尽量避免长期服用抗生素，不能把抗生素作为万能药。可用窄谱抗生素，就不用广谱抗生素；可用一种抗生素就不用两种抗生素。

（3）抗生素的用量必须适当，要在医生的指导下掌握适度的用量。①开始使用剂量大，叫突击量，以后应避免剂量过大。当抗生素在体内达到一定剂量时，即使加大用量作用也并不增加，而毒副作用却增加。②剂量应给足，剂量不足反而使细菌产生耐药性。③疗程应充足，疗程过短易使疾病复发，转为慢性。

（4）尽量避免皮肤黏膜等局部使用抗生素，因为不适当的局部用药往往容易使细菌产生耐药性。

（5）在使用抗生素治疗的过程中，要观察病情。如果经过一段时间的治疗，效果不好，应考虑下列几种可能：①细菌已产生耐药性或选用抗生素不当，应及时更换。②无效的预防。③抗生素不能抵达病变部位。④致病菌的变迁和二重感染。⑤剂量不足或给药途径不对。

三、合理使用退热药

发热是许多疾病的症状之一，医学研究证实：发热是机体的一种防御反应，体温适度升高能促进人体机能旺盛，代谢或解毒、排毒过程加速，同时机体的抗病能力也会得到充分发挥，有利于抵抗致病微生物对人体的侵袭，促进机体恢复健康。但是，长时间的发热或体温过高可明显增加机体的消耗，营养供给不足，各器官组织的调节功能失常，出现一些严重反应。因此，发热时建议大家参考以下办法用药。

（1）病因不明不用药：对病因不明的发热不能乱用退热药，尤其在发热初起时更不能乱用，以免因用药干扰了发热原有的规律而引起医生误诊。

（2）不随意用退热药：低热（体温≤38.5℃）对机体影响不大，不建议使用退热药。

（3）突发高热慎用药：当病人体温显著升高达40℃时，使用退热药必须谨慎，必须尽快就诊，在医生指导下用药。

（4）配合物理降温：对一些高热持续不退的病人，在使用退热药的同时，可辅以物理方法降温，加速体内散热，控制病情发展。

（5）服药期间多饮水：应用退热药后会引起病人出汗，消耗较多的能量、水和水溶性维生素，因此病人在使用退热药期间宜多饮水，同时适量补充维生素，促进机体康复。

四、合理使用安眠药

镇静催眠药（也称安眠药）属于国家严格管理的精神类药品，多具有成瘾性。它的作用随剂量不同而异，小剂量时产生镇静作用，中等剂量时可引起近似生理性睡眠，大剂量时则产生麻醉、抗惊厥作用。安眠药在临床上使用相当普遍，应注意以下问题：

（1）安眠药的品种较多，各有特点，需遵医嘱用药。短效药因代谢速度快，应作为首选。随着服药时间的延长，所用剂量会逐渐增大，所以在保证睡眠的情况下，应从一开始就严格限量。同时尽量避免长期大量服用，以防产生依赖性和蓄积中毒。

（2）一般情况下安眠药以单用为佳，不应同时服用多种安眠药，以避免或减少安眠药的副作用。对初次或偶尔失眠的人，不要急于使用安眠药。

（3）长期使用安眠药时应不断更换品种，这样不但可以提高睡眠质量，又可避免对安眠药产生耐药性和依赖性。不要在大脑皮层高度兴奋状态下立即服用安眠药，否则，不仅不能起到催眠作用，反而会更加兴奋。

（4）有肝肾功能障碍者应慎用安眠药，长期使用应定期检查肝肾功能情况。

（5）对于长期使用安眠药的患者，应逐渐减量后再慢慢停用，防止突然停药发生戒断反应。

（6）避免饮酒等危险行为。酒精可增加安眠药对中枢神经系统的影响，因此不要在服用安眠药期间饮酒。另外，服药后，会有共济失调、头昏、乏力等反应，所以服药后，切不可从事有危险的行为，如游泳、登高、机械操作等，以免发生意外。

五、合理应用补药

补药是补充维生素及其他营养物质（如氨基酸、葡萄糖、微量元素等）、补血药或某些中药补益药（如人参）的统称。补药必须合理应用，否则既造成浪费，又会带来不良后果，就拿维生素来讲，维生素是人类维持正常生理活动所需的一种有机物质，是重要的营养物质，但不能误认为用得越多越好，或者滥用。在正常情况下，人体每日的维生素需求量并不大，一般从膳食中即可得到充分供应，不必额外补充，只有儿童、孕妇、吸收障碍的患者才需要适当补充。成人若一次服维生素A超过50万单位，就可能引起急性维生素A中毒。滋补药人参长期服用后，一些人会出现失眠、易激动等现象，需药效过后才能好转。

六、正确看待新药

近年来新药不断出现，价格也相对较贵。有些人认为产品越新、价格越贵的药就是好药，新药似乎成了好药的代名词。一些患者一听说是新药就设法赶紧用上。其实，新药并不一定都是好药。新药对某些疾病可能有着良好的疗效，或者比同类药物更胜一筹，但是，新药毕竟用药时间短，试用病例也有限，某些副作用在短期内还未能被发现，所以使用新药比使用老药承担的风险更大。

拓展阅读

应该如何保存药品？

（1）做好明确标记：药品说明书不能与药品分开，包装完好的药品，可原封不动地保存；散装药应在药瓶（盒）贴上醒目标签，写清楚药物名称、规格、用法与用量、失效或有效期。对标签脱落不能辨认或模糊不清的，禁止使用。

（2）避光防潮保存：药品会吸收空气中的水分而潮解。潮解后的药品可出现溶化、发霉、发酵、粘连等现象，不能使用。而有些药品在光线作用下会发生变质或毒性增强，所以药品应放置在阴凉干燥避光处保存，包装要严密，以防吸潮变质。对某些容易挥发的药品，如酒精、碘酒及乙醇制剂，要注意严密加盖保存，使用后及时封好。

（3）特殊药品冷藏保存：有些药品在常温下只能短暂保存，故应存放在冰箱冷藏室，否则容易变质失效。

（4）内服药、外用药须分开存放：外用药多具刺激性、腐蚀性和毒性，若将外用药当内服药误服，会造成不良后果。因此，两种药物要用不同标签或不同颜色以示区别，避免用错。

（5）注意失效期：贮藏备用的药品再次使用时，要认真查看药品是否超过有效期或变质，过期或失效药品严禁使用。

第三节　学习使用非处方药

一、非处方药的概念

非处方药（OTC）指不需要执业医师处方，消费者可自行判断、购买及使用的药品。

二、非处方药的特点

（1）使用安全。非处方药是经过长期临床使用，被证实安全性大的药品，消费者能够自我诊断病情，自行在药店或者商店购买，不需要执业医师的处方。根据药品说明书即可正确使用，一般不会出现严重的不良反应或者中毒反应。

（2）质量稳定。即使在一般贮存条件下，贮存较长时间也不会变质。

（3）说明书、标签简明易懂。可指导合理用药，药品包装规范化。

（4）疗效确切。有效成分稳定、无毒，无药物依赖性，不良反应少而小，且使用方便，消费者可根据药物作用、用途使用。非处方药缓解轻度不适、治疗轻微的病症或慢性疾病疗效确切，连续多次用药后，不会引起疗效降低。

（5）使用方便。非处方药以口服、外用等为主，药品剂量容易掌握，消费者可以自行使用。

（6）方便购药。非处方药可以通过网络销售，这样既可以降低销售成本，又能方便群众购药。

三、非处方药的适用范围

非处方药具有患者可根据自我判断的病症自行购买，凭标签或说明书自行治疗的特点，故其适应证必须是小伤小病，如呼吸系统的感冒、支气管哮喘，消化系统的消化不良、腹泻、便秘、胃酸过多、嗳气，神经系统的头痛、偏头痛，口腔科的牙痛，外科的肌肉关节痛、小外伤，妇科的痛经等。而感染性疾病、心血管疾病、内分泌疾病则不属于非处方用药范围。如果病情较重，或自我诊断不明，不宜使用非处方药，以免延误治疗或加重病情。

四、使用非处方药注意事项

正确使用非处方药能达到省时、省钱、方便的目的，但若使用不正确，也会带来不良后果。在选用非处方药时，应注意以下事项。

（一）判断疾病

根据症状，结合自己掌握的医药知识或通过咨询药品销售人员，对自己的疾病有明确的判断，以便选用合适的药品。如病因不明或病情较重，不宜用非处方药。

（二）仔细看说明书

正规药品的说明书应印有批准文号、药品名称、主要成分、药理作用、适应证、用法用量、不良反应、禁忌证、注意事项及药品生产日期、有效期、储存条件等，根据自己的症状和身体状况，判断是否适用。

（三）准确用药

遵照药品说明书，结合自己的性别、年龄、体重等因素掌握用法、用量、次数及疗程，尤其是药量，若用量不足，起不到应有的效果，用量过大，又会增加毒副反应，乃至中毒。

（四）避免联合用药

有些人用药存在贪多心理，认为用药越多越保险，殊不知许多药物之间有配伍禁忌，合用时不仅会降低疗效，而且能增加毒副作用，联合的药品愈多，毒副作用的发生率愈高、愈严重。

（五）注意疗效及不良反应

任何药品都有毒副作用，非处方药应用安全是相对处方药而言的。故在使用时，既要观察有无疗效，也要观察有无不良反应的发生。若用药不见效，甚至病情反而加重或出现头痛、高热、哮喘等异常情况，应立即停药去医院诊治。

拓展阅读

药品使用说明书

（1）药品名称：可分为商品名或通用名、化学名。通用名和化学名世界通用，任何教科书或文章上出现的应是同一名称，一般以英文和译文表示。通用名相同的药品，可因生产企业不同有很多个商品名。不同的商品名，意味着不同厂家的产品，也意味着不同的品质。用药时要认准通用名或者化学名，避免重复服药，导致过量中毒。

（2）药品的批准文号：药品生产必须经国务院药品监督管理部门批准并发给生产文

号，通常以“国药准字××××××××××”表示。

（3）药品有效期、保质期或失效期：药品外包装盒和内封装上，都应注明“生产日期”和“有效期”，药品超过有效期则为过期失效，过期药物绝对不能服用。药品外包装盒上还标注了“产品批号”，是用于识别生产企业某一批产品的标号，与产品生产日期无关，一般消费者可以忽略。

（4）适应证或作用与用途：根据药品的药理作用及临床应用情况，将使用本品确有疗效的疾病列入适应证范围。此项在中成药说明书中常用“功能与主治”表示。服药一定要在适应证范围内，尤其是非处方药物，应按照适应证服用，避免错服。

（5）不良反应及注意事项：为了安全使用药物，通常都会列出该药的适用、忌用和禁用对象，以及药品在使用过程中可能出现的不良反应。注意事项还包括孕妇、哺乳期、慢性病等特殊患者应注意的内容。有禁忌证的人，绝对不能使用相应的药物，慎用的药物要在医生指导下使用。认真阅读不良反应及注意事项，加强用药的自我监测，有助于在出现不良反应时及时采取措施。

（6）药品规格：是指该药每片或每支的含量。

（7）药品的用法与用量：药品的用法是指根据该药的剂型和特性注明的服用方法，如口服、肌内注射、饭前服、饭后服等。如果没有特别说明，一般标明的剂量为成年人的常用剂量，并以药品的含量为单位标明。若小儿或老人使用还需按要求折算。

（8）贮藏：不同药品对贮存的条件要求不同，大多数药品需避光、密闭并在阴凉干燥处保存。生物制品大多需冷藏或低温保存。应严格按照说明书注明的方法进行药品贮藏。

交流与讨论

1.小明发烧了，室友立即给他拿来抗生素和退热药，并帮助小明服下。室友的做法对吗？为什么？

2.我们应该怎样用药才是安全的呢？

安全合理用药

参考文献

[1] 柏树令，应大君.系统解剖学[M]. 9版.北京：人民卫生出版社，2018.

[2] 陈孝平，汪建平，赵继宗.外科学[M]. 9版.北京：人民卫生出版社，2018.

[3] 葛均波，徐永健，王辰.内科学[M]. 9版.北京：人民卫生出版社，2018.

[4] 黄希庭，郑涌.大学生心理健康教育[M].3版.上海：华东师范大学出版社，2020.

[5] 李兰娟，任红.传染病学[M].9版.北京：人民卫生出版社，2018.

[6] 罗威.大学生健康教育[M].长沙：湖南大学出版社，2019.

[7] 马毅，吴明宇，苑海盐，等.大学生生理健康教育[M].北京：清华大学出版社，2018.

[8] 王启威，董周威.大学生公共卫生与健康教育[M].成都：电子科技大学出版社，2012.

[9] 吴东红.大学生性健康教育融媒体教程[M].杭州：浙江大学出版社，2021.

[10] 徐建红.心肺复苏急救技术培训[M].杭州：浙江大学出版社，2019.

[11] 杨小丽，孙宏伟.大学生心理健康教育[M].3版.北京：科学出版社，2020.

[12] 余小鸣.大学生健康教育[M]. 北京：高等教育出版社，2018.

[13] 张爱珍.医学营养学[M].4版.北京：人民卫生出版社，2018.

[14] 张爱珍.营养与健康[M].杭州：浙江大学出版社，2020.

[15] 张金萍，张雷家.生殖健康与优生[M].杭州：浙江大学出版社，2013.

[16] 张培峰，刘原媛.大学生健康教育教程[M]. 北京：清华大学出版社，2021.

[17] 张仁炳，缪锋，徐俊.大学生健康促进2030[M].杭州：浙江大学出版社，2018.

[18] 张圣华.高职实用健康教育[M].上海：上海交通大学出版社，2013.

[19] 赵玉.新编大学生健康教育与急救教程[M].北京：中国水利水电出版社，2014.

[20] 钟建安.探索心理的奥秘：心理学及应用[M].杭州：浙江大学出版社，2020.

[21] 周莉，刘海娟. 大学生心理健康教育[M].3版.北京：中国人民大学出版社，2020.

附　录

附录一　正确的洗手法（七步洗手法）

勤洗手是预防传染病最简便有效的措施之一，日常工作、生活中，人的手不断接触到被病毒、细菌污染的物品，如果不能及时正确洗手，手上的病原体可以通过手和口、眼、鼻的黏膜接触进入人体。通过洗手可以简单有效地切断这一途径。正确洗手是个人卫生的基础，保持手部清洁卫生是降低呼吸道传染病和肠道传染病患病风险最有效和最廉价的方法之一。在日常生活中，如果忽视手部卫生，将导致新型冠状病毒感染、流行性感冒、手足口病、腹泻、沙眼等疾病传播的概率增大。

一、正确的洗手步骤

第一步（内）：洗手掌。用流水湿润双手，涂抹洗手液（或肥皂），掌心相对，手指并拢相互揉搓。

第二步（外）：洗背侧指缝。手心对手背沿指缝相互揉搓；双手交换进行。

第三步（夹）：洗掌侧指缝。掌心相对，双手交叉沿指缝相互揉搓。

第四步（弓）：洗指背。弯曲各手指关节，半握拳把指背放在另一手掌心旋转揉搓；双手交换进行。

第五步（大）：洗拇指。一手握另一手大拇指旋转揉搓；双手交换进行。

第六步（立）：洗指尖。弯曲各手指关节，把指尖合拢在另一手掌心旋转揉搓；双手交换进行。

第七步（腕）：洗手腕、手臂。揉搓手腕、手臂；双手交换进行。

用流动的清水将手冲洗干净。洗手后要用干净的毛巾或者一次性纸巾擦干，也可用吹干机吹干。

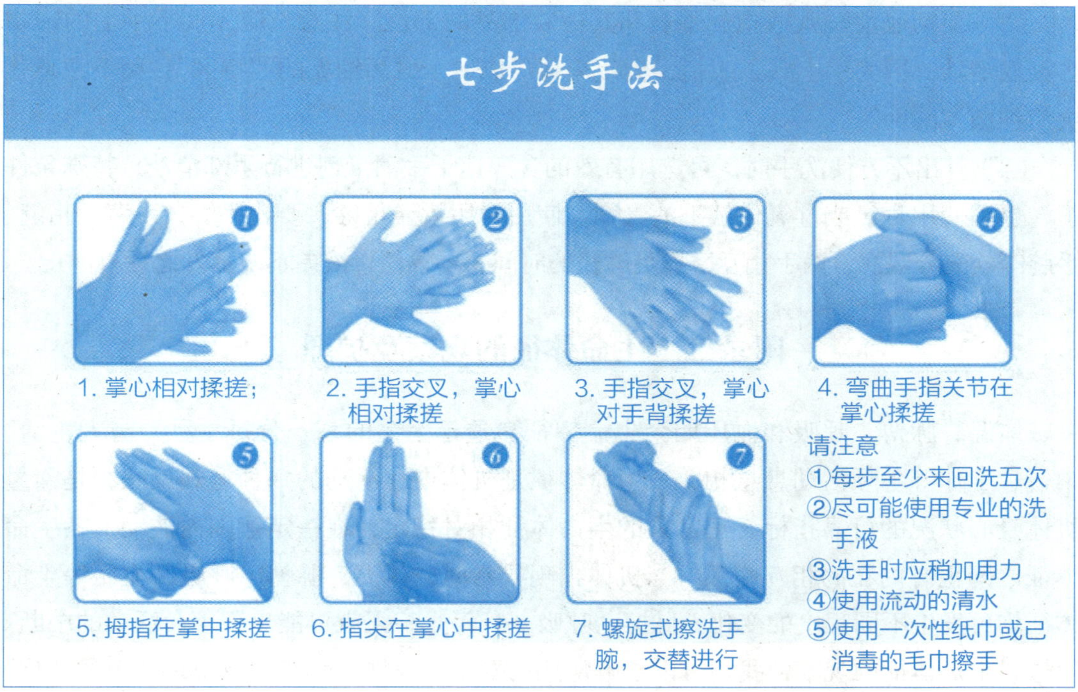

二、需要洗手的情况

（1）在接触眼睛、鼻子及嘴前。

（2）吃东西及处理食品前。

（3）上厕所前后。

（4）当手接触到呼吸道分泌物时，如打喷嚏、咳嗽和碰到鼻涕后。

（5）接触及护理病人后。

（6）接触过公共设施，如电梯和交通工具的扶手、门把手和电器按钮等。

（7）接触动物或家禽后。

（8）外出回家后。

（9）戴口罩前及摘口罩后。

三、洗手注意事项

（1）要用流动的清水洗手。如果没有自来水，可用水盆、舀子、水壶等器具盛水，把水倒出来，形成流动水来冲洗双手。

（2）每个地方都要洗干净，包括手心、手指、手背、手指缝、指甲缝、手腕，每个角落都不能放过，时长不少于20秒。

（3）要彻底清洗戴戒指、手表和其他装饰品的部位。注意，应先摘下手上的饰物再彻底清洁，因为手上戴了戒指，会使局部形成一个藏污纳垢的“特区”，稍不注意就会使细菌“漏网”。

（4）外出不方便洗手时，可选用有效的含醇速干手消毒剂进行手部清洁，特殊条件下，也可使用含氯或过氧化氢手消毒剂。使用时用量要足够，要让手心、手背、指缝、手腕等处充分湿润，两手相互摩擦足够长的时间，要等消毒液差不多蒸发之后再停止。

附录二　生命体征的观察及护理

体温、脉搏、呼吸和血压四个生命体征渗透于生命的每一分每一秒，与人生活、学习、工作等各项活动息息相关。生命体征是机体内在活动的一种客观反映，是衡量机体身心状况的可靠指标。正常人的生命体征相对稳定，在一定范围内波动。各生命体征之间也有内在的相互联系，当机体出现异常时，体温、脉搏、呼吸、血压等生命体征均可发生不同程度的变化。脉搏、呼吸一旦停止，人就可能出现生命活动的中断。通过对生命体征的观察，我们可以了解疾病的发生、发展、转归以及心理状况的变化，为预防、诊断、治疗和护理提供依据。因此，需学会正确判断生命体征的正常与否，以便在身体出现异常时能够给予及时的判断，并获得救助。

一、体温

体温是指人体内部胸腔、腹腔和中枢神经的温度，其相对稳定，且比皮肤温度高。由于身体内部的温度不容易测量，所以日常生活中常以口腔、腋窝和直肠的温度来代表体温。正常的口腔温度为36.3～37.2℃（平均37.0℃），腋窝温度为36.0～37.0℃（平均36.5℃），直肠温度为36.5～37.7℃（平均37.5℃）。其中，直肠温度最接近人体内部的温度，但是测量不方便，所以大多采用腋下和口腔温度。

体温的测量结果可分为体温正常、体温过高（又称发热）和体温过低三种情况。一般而言，当腋下温度超过37℃或口腔温度超过37.3℃，可称为发热。发热的程度以口腔温度为标准划分为：低热（37.3～38.0℃）、中等热（38.1～39.0℃）、高热（39.1～41.0℃）、超高热（41℃以上）。人体能耐受的最高温度为40.6～41.4℃，直肠温度持续超过41℃，可引起永久性脑损伤，高热持续42℃以上24小时可导致休克及严重并发症。体温过高主要表现为疲乏无力、畏寒、干燥无汗，甚至寒战，皮肤灼热，颜面潮红，呼吸、脉搏增快，口唇干燥，头晕，头痛，食欲缺乏，全身不适等。体温过低是指体温低于35℃，是一种危险的信号，常常提示疾病的严重程度和不良预后，主要表现为皮肤苍白、皮温下降、呼吸减慢、心律不齐、脉搏细弱、血压下降、感觉和反应迟钝，严重者可出现昏迷。

一般来说，感染引起的发热比较多见，主要由各种病原体（如细菌、病毒、支原体、寄生虫等）感染引起，如扁桃体炎、阑尾炎、支气管炎、肺炎等。

正常人的体温保持在相对恒定的状态，机体的产热与散热保持动态平衡，过高或过低都会影响人体的新陈代谢，使细胞、组织和器官的功能紊乱，甚至危及生命。因此，维持体温恒定，维持机体内部环境的稳定，是保证新陈代谢等生命活动正常进行的必要条件。

体温出现异常的时候要分析原因，严重体温异常者立即就医。体温高于39℃，应注意休息，可在前额、腹股沟、腋窝放置冰袋（包在布袋里）、冷毛巾，通过热传导散热。退热时，因身体大量出汗，应及时擦干汗液，保持皮肤清洁、干燥，并且鼓励进食高热量、高蛋白、高维生素、易消化的汤汁、稀粥类食物，少量多餐以补充机体的消耗，提高免疫力。同时鼓励多饮水，补充高热时水分的消耗。及时就医，明确发热原因，在医生的指导下安全用药。

二、脉搏

在每个心动周期中，随着心脏的收缩与舒张，动脉内压力和容积发生周期性变化而导致动脉管壁发生周期性搏动，称为动脉脉搏，简称脉搏。脉搏搏动沿动脉管壁向小动脉传播，我们用手指可以在体表触及，触摸动脉搏动有着非常重要的意义。

脉率指每分钟脉搏搏动的次数。正常成人在安静状态下脉率为60～100次/分。正常情况下，脉率和心率是一致的。凡是靠近骨骼的表浅大动脉均可作为测量脉搏的部位，最常选择的是桡动脉，测量脉搏时用食指、中指、无名指的指腹按压桡动脉处。某些心血管疾病患者，脉率小于心率的时候，需要分别测量，以判断病情。如果成人在安静状态下脉率超过100次/分，称为心动过速或速脉，常见于发热、甲状腺功能亢进、心力衰竭、血容量不足、疼痛等病人。一般体温每升高1℃，成人脉率增加约10次/分，儿童增加约15次/分。如果成人在安静状态下脉率低于60次/分，称为心动过缓或缓脉，常见于颅内压增高、房室传导阻滞、甲状腺功能减退等病人。

正常成年人心率如果小于60次/分或大于100次/分，应加强观察，增加休息的时间；戒烟限酒，保持情绪稳定。如同时有其他感觉异常（如心慌、胸闷、头晕等），需尽快去医院做检查。如患有影响心脏搏动的慢性基础性疾病，为避免发生严重后果，要坚持治疗，定期复查，直到痊愈为止。当遇到心搏骤停的情况时，应立即进行心肺复苏，同时拨打急救电话，紧急送往医院。

三、呼吸

机体不断地从外界环境中摄取人体新陈代谢所需要的氧气，并排出自身产生的二氧化碳，这种机体与外界环境之间进行气体交换的过程，称为呼吸。呼吸是维持机体生命活动所必需的基本生理过程之一，呼吸一旦停止，生命便将终结。

呼吸系统由气体出入的呼吸道和气体交换的肺所组成。参与人体呼吸的肌肉主要是膈肌和肋间肌。正常人的呼吸频率为16～20次/分，节律规则，频率和深度均匀平稳，呼吸运动无声，不费力。男性、儿童以腹式呼吸为主，女性以胸式呼吸为主。呼吸的测量可以直接观察胸部或腹部起伏（一起一伏为1次），由于呼吸受意识控制，故测量时要分散病人注意力，使其呼吸状态自然，测量脉搏的手可保持做诊脉的姿势。危重病人呼吸微弱，可以将少许棉花放于病人鼻孔前，观察棉花纤维被吹动的次数，但不可因为未数清呼吸而耽误抢救。

如成人安静状态下呼吸频率超过24次/分，称为呼吸过速，也称气促，见于发热、疼痛、甲状腺功能亢进等。一般体温每升高1℃，呼吸频率大约增加4次/分。若呼吸频率低于12次/分，称为呼吸过缓，见于颅内压增高、麻醉剂或镇静剂过量等。呼吸困难是指病人主观上感觉空气不足、胸闷，我们观察到的表现为呼吸费力、烦躁不安、口唇青紫等。

如出现异常呼吸，应立即拨打急救电话，尽量保持呼吸道通畅，有条件的可以给予氧气吸入，及早就医。

四、血压

血管内流动的血液对单位面积血管壁的侧压力称血压。一般说的血压是指动脉血压，通常指的是上臂测得的肱动脉血压。在一个心动周期中，动脉血压随着心室的收缩和舒张发生规律性变化。当心室收缩泵血时，动脉内的血液对动脉管壁所形成的最大压力，称为收缩压。当心室舒张时，动脉内的血液对动脉管壁所形成的最小压力称为舒张压。收缩压与舒张压之差称为脉压。人体正常血压是血液循环流动的基础，将足够的血量提供给各组织器官，以维持机体正常新陈代谢所需要的氧气和营养。

常用的血压测量仪有电子血压计和水银血压计。测量血压时应注意安静休息30分钟后再进行，血压计“0”点与肱动脉和心脏位于同一水平。电子血压计因有自动传感装置，操作方便，清晰直观，是非医务人员测量血压的首选方法。

人体血压以测量肱动脉为标准。正常成人在安静状态下的血压范围收缩压为90～139毫米汞柱，舒张压为60～89毫米汞柱，脉压之间的差距为30～40毫米汞柱。

高血压患者应注意休息，调整生活和工作节奏，科学治疗以维持正常血压或者避免血压继续上升；当伴有剧烈头痛、头晕、恶心、呕吐时应立即去医院就诊，避免发生危险。当血压低于90/60毫米汞柱，同时有头晕、心慌、出汗、四肢发冷时，应尽快到医院做进一步检查。

附录三　常用的护理技术

一、体温测量

1. 目的

测量并记录患者的体温，以观察体内温度及病情变化与转归，为治疗、护理提供依据。

2. 操作方法及程序

以水银体温计为例。首先检查体温计完好性及水银柱是否在35℃以下。

（1）口温测温法：将体温计水银端斜放于舌下，闭口用鼻呼吸3分钟。正常口温36.3～37.2℃。

（2）腋温测温法：先擦干腋窝下汗液，将体温计水银端放入腋窝深处并紧贴皮肤，屈臂过胸，夹紧体温计，10分钟后取出。正常腋温比口温低0.2～0.4℃。用过的体温计用75%酒精棉球擦净，水银柱甩至35℃以下，放至含氯消毒液中浸泡30分钟后取出，并用冷开水冲洗，消毒纱布擦干，放置清洁容器内备用。

3. 注意事项

（1）进食、喝水、吸烟，面颊部做热、冷敷者应休息30分钟后方可测口腔体温。

（2）腋下部位有划伤、炎症、多汗者不适宜腋下测温。

（3）沐浴后需待20分钟后，再测腋下温度。

（4）发现体温与病情不相符时，应重复测温，必要时可以同时测量另一部位作对照，以便得到更为准确的体温数值。

（5）甩表时用腕部力量，不可碰及他物，以防碰碎。切忌把体温计放在热水中清洗，以防爆裂。

（6）如不慎咬碎体温计，应立即清除玻璃碎屑，再口服蛋清或牛奶延缓汞的吸收。可食用粗纤维丰富的食物促进汞的排泄。

二、冷湿敷法

1. 目的

冷湿敷法能起到降温、止血、止痛、消炎作用。

2. 操作方法及程序

把纱布浸入盛有冷水或内放冰块的面盆里。暴露患部，局部涂凡士林，盖单层纱布，以保护皮肤。将纱布拧至不滴水为止，然后敷于患处。高热患者敷于前额，每3～5分钟更换一次敷布，持续时间为15～20分钟。冷敷过程中，应观察局部皮肤情况，注意有无纱布移动及脱落。冷敷结束用纱布擦净局部。记录冷敷部位、时间、效果及反应。

3. 注意事项

冷敷时注意观察局部皮肤的颜色及患者的主诉，以免发生冻伤。

三、热湿敷法

1. 目的

热湿敷法起到促进浅表炎症消散和局限，以及解痉、镇痛作用。

2. 操作方法及程序

把纱布放入水温为50～60℃的盆内。暴露治疗部位，将治疗巾或橡胶单垫于热敷部位下面，局部涂凡士林，盖单层纱布，以保护皮肤，把纱布拧至不滴水为止。抖开纱布以手腕部掌侧试温，如不烫手，将纱布折叠敷于局部，上置塑料纸，盖上棉垫，以维持温度。每3～5分钟更换一次纱布，可用热源维持水温或及时更换盆内热水，一般热敷时间为15～20分钟。如果患部不忌压，可将热水袋放置在纱布上以保温，再盖大毛巾进行热湿敷。热敷毕，揭开纱布擦去凡士林。记录热敷部位、时间、效果、反应。

3. 注意事项

注意观察局部皮肤的颜色，防止烫伤。热湿敷者敷后休息30分钟方能外出，以防感冒。

四、高热的护理

高热患者卧床休息，室内空气流通，环境阴凉，以利降温。每4小时测量体温、脉搏一次，待体温恢复正常后逐渐减为每日两次。物理降温：可用酒精擦浴、冰袋冷敷。药物降温：按医嘱口服退热药。补充水分，给予大量维生素，少食多餐，少食油腻食物。体温骤退时，予以保温。注意口腔卫生。每日用漱口溶液漱口3次，口唇干裂时涂润唇膏。

五、便秘的护理

1. 生活护理

（1）饮食原则

多食蔬菜水果，保证粗纤维的供应，多饮水。可吃些蜂蜜、香蕉、西瓜、番茄、海带等，以助通便。忌辛辣及油炒的食物。

（2）增加活动

适当增加活动以促进肠蠕动，养成有规律的生活饮食习惯，若有过分紧张、焦虑、抑郁等消极情绪，应及早进行自我心理调适。

（3）养成定期排便的习惯

每日排便1～2次，保持肠道舒畅。

2. 其他方法

（1）穴位按摩法

每日按摩1～2次，取迎香、合谷、外膝眼、足三里等穴（从右到左顺时针方向回旋）。

（2）大腿弹筋法

用推拿手法拿拔，弹动双腿内侧肌肉，每侧3次，即会产生便意。

（3）内服导泻药

可口服酚酞片两片，每日一次。

（4）外用药通便

将药塞入肛门，等有便意后再去排便。

六、癔症的护理

癔症是神经症中较常见的一种，患者具有暗示性强、喜欢幻想、虚构、夸张、故作姿态、自制力不足、感情用事、以自我为中心等性格特征。因此，常有明显的情绪因素或在消极性暗示下使得病症发生、加重或迁延，也可由积极性暗示得以控制。这种暗示是词语联想过程中产生的心理活动，其冲动直接影响机体对他人的行为的模仿，患者本人又可以进行自我消极性暗示，后者常常形成恶性循环。

发作时患者的心理行为表现是异常复杂且多种多样的，既可有精神异常和类似神经症的各种症状，又可有内脏神经失调或自主神经功能障碍的症状，在意识、情感、知觉、运动等各方面都可能有不同的表现。所以在处理时要特别谨慎，因为言行可能产生正面或负面的作用。

1. 发作时的护理

对癔症患者关心照顾是必要的，但周围人的过分紧张、关心围观及语言不当会形成一种不良暗示，易给患者造成一种自己的病情确实严重的错觉。在这种不利的环境中，症状多加重且不易对付，因此护理时要镇静自若，泰然处之，并及时劝走围观者，避免过分关注的气氛。同时要热情地用平静的语调见机行事，选择适当的言词、动作，并配合用药、针灸、按摩等手段，使患者情绪稳定，通过良性的暗示缓解症状。一些急性发作的患者往往因呼吸深而短促，造成吸氧过多而导致呼吸性碱中毒，出现手足发麻及情绪更为烦躁不安等换气过度综合征，进而再通过自我暗示形成恶性循环使病情发展。此时，应指导患者正确地呼吸。

2. 症状控制后的护理

患者情绪稳定后，要针对不同的情况进行心理护理，疏泄其消极情绪，从调整认知结构、增强自我意识的锻炼入手，鼓励患者塑造健全的个性，努力改变行为方式，正确地协调好人际关系，使情绪能积极而适度地发挥，增进身心健康。

此外，还可以配合一些药物或穴位按摩对症处理及安定情绪，也可在医护人员指导下进行自我保健。

3. 常用的治疗方法

（1）按摩疗法

取百会、心俞、关元、气海、内关、合谷、足三里、三阴交等穴位按摩调节经络。

（2）音乐疗法

选择适合的、舒缓的乐曲调整情绪。

（3）松弛疗法

在指导训练的基础上自行坚持锻炼。

（4）其他

取得家属的合作，鼓励患者保持对现实的接触，坚持正常的工作、学习，有规律地生活，保证充足的睡眠时间，增强心理承受能力。